Gemeinschaftsaufgaben

zwischen Bund, Ländern und Gemeinden

Schriftenreihe der Hochschule Speyer

Band 11

Gemeinschaftsaufgaben zwischen Bund, Ländern und Gemeinden

Vorträge und Diskussionsbeiträge
des 29. Staatswissenschaftlichen Fortbildungskursus
der Hochschule für Verwaltungswissenschaften Speyer
1961

DUNCKER & HUMBLOT / BERLIN

Gedruckt 1961 bei Hans Winter Buchdruckerei, Berlin SW 61
Printed in Germany

Vorwort

Mit dem Thema *„Gemeinschaftsaufgaben zwischen Bund, Ländern und Gemeinden"* hat die Hochschule für Verwaltungswissenschaften Speyer bei ihrem 29. Staatswissenschaftlichen Fortbildungskursus vom 22. bis 24. März 1961 vor 320 Verwaltungsbeamten des höheren Dienstes aus der Bundesrepublik ein Problem zur Diskussion gestellt, das noch in mancher Hinsicht der Klärung bedarf. Die hier vorgelegten Vorträge und der Bericht über die Diskussionsbeiträge sind darauf abgestellt, mit den vielfältigen Fragen, die sich aus dem Gesamtthema ergeben, vertraut zu machen, um so einer Lösung der Probleme näher zu kommen. Die Erörterung der „Gemeinschaftsaufgaben" hat gezeigt, daß die zur Begriffsbestimmung, Wirksamkeit und verfassungsrechtlichen Begrenzung gemachten Ausführungen die Problemstellung gefördert, aber noch nicht vollständig gelöst haben. Die Fragen des hier behandelten Themas sind bisher noch viel zu wenig unter den angedeuteten Gesichtspunkten untersucht worden, obwohl es weder an einer Bestandsaufnahme noch an Beiträgen über Teilbereiche fehlt. So kommt es, daß die in einigen Bundesministerien vertretenen Auffassungen über die „Gemeinschaftsaufgaben" in der Verwaltungspraxis der Länder und Gemeinden nicht in allen Punkten geteilt werden. Soweit man sich wissenschaftlich bisher mit dem Thema befaßt hat, sind recht abweichende Meinungen erkennbar geworden, die weitere Bemühungen unerläßlich machen. Mit Absicht ist auf die naheliegende Vergleichung supranationaler Aufgaben mit supraföderalen und suprakommunalen Aufgaben nicht eingegangen worden, weil eine solche Gegenüberstellung den Rahmen unserer Veranstaltung gesprengt hätte. Die in dieser Publikation vertretenen Auffassungen sind persönliche Ansichten der Autoren; es gibt weder eine Legaldefinition noch eine herrschende Lehre über die charakteristischen Merkmale der Gemeinschaftsaufgaben öffentlicher Gemeinwesen.

Seitdem Paul *Laband* die öffentlichen Aufgaben (in der Besprechung der „Theorie des französischen Verwaltungsrechts" von Otto *Mayer* [ArchöffR 1887]) aus der Dogmatik des öffentlichen Rechts ausgeklammert hat, wird nur noch selten danach gefragt, welche Aufgaben der Staat nach Maßgabe der Rechtsordnung erfüllt, was Richard *Thoma* ausdrücklich als zulässig anerkannt hat. Die Erfüllung öffentlicher Aufgaben durch öffentliche Gemeinwesen steht aber unter den

Bedingungen des öffentlichen Rechts, insbesondere auch des Verfassungsrechts, einerlei ob es sich um gesetzesakzessorische oder nichtgesetzesakzessorische Aufgabenerfüllung handelt und einerlei ob öffentlich-rechtliche oder privatrechtliche Formen und Mittel zur Erfüllung öffentlicher Aufgaben verwendet werden. Die öffentlichen Aufgaben müssen nicht nur in der Staats- und Verwaltungslehre und nicht nur in der Staats- und Verwaltungspolitik, sondern auch unter den Gesichtspunkten des Staats- und Verwaltungsrechts erörtert werden.

Einen höchst bedeutsamen Ausschnitt aus dem Gesamtproblem der öffentlichen Aufgaben stellen die *„Gemeinschaftsaufgaben“* dar, deren Qualität und Quantität schon längst nach grundsätzlichen Untersuchungen verlangen, bevor die Rechtsfragen um die Gestaltung des zweiten Fernsehprogramms durch eine Anstalt des öffentlichen Rechts, die von den Ländern insgesamt (mit dem Bund oder ohne ihn) errichtet werden soll, dem Fragenkomplex eine ganz besondere Aktualität verliehen haben. Man wird sicher gut daran tun, die „Gemeinschaftsaufgaben“ zunächst einmal von der „Mischverwaltung“ und dem „Verwaltungsverbund“ zu unterscheiden. Dann wird man m. E. sehr bald erkennen, daß zu den „Gemeinschaftsaufgaben“ nur solche öffentliche Aufgaben gerechnet werden können, die als eigene Angelegenheiten der beteiligten Aufgabenträger im Wege der Koordinierung mehrerer Gemeinwesen entweder auf Grund eines Verwaltungsabkommens durch eine gemeinsam getragene Verwaltungseinheit oder entsprechend einer Vereinbarung durch ein Gemeinwesen zugleich für andere Gemeinwesen erfüllt werden. Im ersten Fall tritt an die Stelle einer eigenverantwortlichen Alleinentscheidung eine nicht aufhebbare Mitverantwortung, die den Anteilen der Aufgabenverantwortung entspricht, der die Ausgabenverantwortung folgen muß. Das Merkmal der Koordinierung schließt die Einbeziehung von Subordinationsverhältnissen begrifflich aus den „Gemeinschaftsaufgaben“ aus. Die gemeinschaftliche Erfüllung der gleichen Aufgabe mehrerer Gemeinwesen setzt also eine entsprechende Sonderung eines Teiles ihrer Verbandskompetenz voraus, der fortan nicht mehr allein, sondern in Gemeinschaft mit anderen (oder zugleich für andere) besorgt werden soll. Anlaß und Ziel lassen sich vielseitig durch gemeinsame Interessen, Gründe der Rationalisierung u. a. m. begründen. Damit ist jedoch noch nichts über die (verfassungs-) rechtlichen Grenzen solcher Vorgänge gesagt; die Praxis, die in dieser Weise verfährt, fordert gerade zu einer Überprüfung heraus, die im Falle eines negativen Ergebnisses zu einer Änderung der praktischen Gepflogenheiten oder zu einer Verfassungsänderung führen könnte. Soweit aber die Erfüllung gemeinschaftlicher Aufgaben für verfassungsrechtlich zulässig erkannt wird, bleiben jedoch Einflußnahmen „ohne Sachzuständigkeit", Schmälerungen der Verbandskompetenz durch sog. „Entlastungen" sowie Widersprüche zum verfassungsrechtlichen Sinngehalt durch „Ausweitung der zentralen Fondswirtschaft" mit der verfassungsmäßigen Ordnung unvereinbar. Ein besonders kennzeichnendes Merkmal der „Gemeinschaftsaufgaben" ist also *nicht* eine irgenwie geordnete, verwaltungstechnische Zuordnung mehrerer Aufgabenträger im Wege der Unterwerfung, sondern die gemeinsame Aufgabenerfüllung unter Beachtung der Verbandskompetenz, der Koordinierung und der eigenen Verantwortung im Rahmen der Gesetze.

Im Hinblick auf die vielfältigen Auffassungen, die in den Meinungsäußerungen der Speyerer Tagung zum Ausdruck kommen, soll die hier skizzierte Problemstellung Anlaß zu einer erneuten Überprüfung der Maßnahmen der Praxis und zu einer weiteren, wissenschaftlichen Untersuchung bieten, nachdem die Materialien hinreichend dargeboten und die widerstreitenden Gesichtspunkte in Fülle aufgezeigt worden sind. Die Hochschule für Verwaltungswissenschaften Speyer strebt eine weitergehende Klärung an und hat deshalb über eine Spezialfrage unter ihren 3500 ehemaligen Referendaren ein Preisausschreiben über „Die gemeinschaftlichen Aufgaben der Länder in der Bundesrepublik" eröffnet.

Speyer, den 12. Mai 1961

Professor Dr. Dr. *Erich Becker*

Inhalt

Auszug aus der Eröffnungsansprache des Chefs der Staatskanzlei Rheinland-Pfalz

Von Ministerialdirektor *Fritz Duppré*, Mainz

Zunächst möchte ich nicht von den *Auf*gaben, sondern von den *Aus*gaben sprechen und deshalb auf das Kernstück der Finanzverfassung, nämlich Art. 106 Abs. 4 des Grundgesetzes, hinweisen.

Dort lesen wir, daß der Bund und die Länder gesondert die Ausgaben tragen, die sich aus der Wahrnehmung ihrer Aufgaben ergeben, und daß sie im Rahmen der ordentlichen Einnahmen gleichmäßig Anspruch auf Deckung ihrer notwendigen Ausgaben haben. Daraus ergibt sich zunächst die *Konnexität* zwischen Ausgaben- und Aufgabenverantwortung, die sich aus der Regierungsvorlage des Finanzverfassungsgesetzes vom 29. April 1954 noch viel eindeutiger ergeben hatte. „Die Ausgabenverantwortung" — so führt der Bundesfinanzminister aus —, „deren Grenzen durch die Kompetenz zur Wahrnehmung der korrespondierenden Befugnisse und Aufgaben bestimmt werden, beschränkt sich nicht auf die Kosten des behördlichen Vollzugs, die sogenannten Personal- und Sachausgaben; sie erstreckt sich auch auf die allgemeinen Haushaltsausgaben. Die so umgrenzte Ausgabenverantwortung einer Gebietskörperschaft bezieht sich somit nicht auf den behördlichen Vollzug im rein technisch-administrativen Sinn; unter Wahrnehmung einer Befugnis oder Aufgabe ist jede Form der Verwaltungstätigkeit zu verstehen, insbesondere auch die Förderung von Staatszwecken im gesetzesfreien Raum". So viel zum Grundsatz der Konnexität.

Art. 106 Abs. 4 enthält aber auch den Grundsatz der *Gleichwertigkeit* der Aufgaben mit der Maßgabe, daß die Deckungsbedürfnisse des Bundes und der Länder aufeinander abzustimmen sind. Diese tragenden Grundsätze unserer Finanzverfassung wollte ich Ihnen in Erinnerung rufen, weil sie gewissermaßen das Fundament für unsere heutige Diskussion darstellen; denn „das Spannungsverhältnis zwischen der geschriebenen und der gelebten Verfassung, zwischen Verfassungsrecht und Verfassungswirklichkeit wird im Bereich der Finanzverfassung besonders deutlich. Die Kategorien des Geldlichen pflegen höchst real zu sein", sagt Hettlage im Staatslexikon für Recht, Wirtschaft und Gesellschaft.

Und nun wollte ich mich eigentlich auf die Suche nach einer handfesten Definition der Gemeinschaftsaufgaben begeben. Nehmen Sie es mir nicht übel, wenn ich zunächst *nicht* auf die bereits zitierte amtliche Begründung der Regierungsvorlage des Finanzverfassungsgesetzes zurückgreife, obwohl die dort eingeführte Terminologie bereits Schule zu machen beginnt.

Gehen wir vom blanken Wortsinn aus, dann vermag doch das Wort Gemeinschaftsaufgaben nichts anderes zu bezeichnen, als Aufgaben, die den genannten Trägern öffentlicher Verwaltung gemeinsam sind und um der Gemeinsamkeit willen koordiniert wahrgenommen werden sollten. Ich denke an die *Raumordnung,* bei der der Bundesgesetzgeber von seiner Rahmenkompetenz keinen Gebrauch macht und aus guten Gründen in einem Bund-Länder-Abkommen die Zusammenarbeit in einer administrativen Lösung sichergestellt hat. Die Länder haben sich ihrerseits verpflichtet, die Durchführung raumbedeutsamer Maßnahmen des Bundes innerhalb ihres Bereichs zu gewährleisten, wobei wiederum bemerkenswert ist, daß die Mehrzahl der Länder sich administrativer und nicht gesetzlicher Mittel bedient. Diese Zusammenarbeit von Bund, Ländern und Gemeinden soll die harmonische Einfügung der Regionalpläne in den Raumordnungs- oder Entwicklungsplan des Landes und dessen Abstimmung mit dem Leitbild des Bundes gewährleisten, an dem der sogenannte SARO schon seit Jahren arbeitet.

Ich denke — weil es sich im Zusammenhang aufdrängt — an Maßnahmen zur *Strukturverbesserung.* Dem seit Jahren laufenden regionalen Förderungsprogramm des Bundes hat beispielsweise die Landesregierung von Rheinland-Pfalz aus eigener Initiative und mit eigenen Mitteln ein Landesergänzungsprogramm angefügt. Daß auch die Landkreise sich im Rahmen ihrer Zuständigkeit an derartigen Maßnahmen beteiligen, zeigt ein Blick in die Haushaltspläne.

Ich denke weiterhin an den *Straßenbau,* eine Aufgabe, die allen Baulastträgern bei den rapide gestiegenen Anforderungen große Lasten auferlegt und die gebotene Koordinierung von Maßnahmen der Unterhaltung, des Umbaues und des Ausbaues zwischen allen Lastenträgern ganz offensichtlich werden läßt. Ähnliches wäre von Wasserhaushalt und Wasserwirtschaft zu sagen. Ich glaube, Ihnen damit einige Aufgaben insbesondere *nichtgesetzesakzessorischer* Art aufgewiesen zu haben, die Bund, Länder und Gemeinden gemeinschaftlich wahrnehmen sollen.

Was die Wahrnehmung gemeinschaftlicher Aufgaben durch die Bundesländer in ihrer Gesamtheit oder durch Gruppen von Bundesländern betrifft, so gibt es eine außerordentliche Vielfalt von Absprachen, Vereinbarungen, Abkommen und Staatsverträgen, wobei ich zur Vermeidung einer außerordentlich umständlichen Enumeration lediglich auf die Zusammenstellung verweisen möchte, die Schneider anläßlich der Behandlung des Thema „Verträge zwischen Gliedstaaten im Bundesstaat“ auf der Jahrestagung der Vereinigung Deutscher Staatsrechtslehrer am 13. Oktober 1960 in Köln vorgelegt hat.

Im Bund-Länder-Verhältnis ist insbesondere das Abkommen über den Wissenschaftsrat bekannt geworden, das am 5. September 1957 geschlossen und im August 1960 um drei weitere Jahre verlängert wurde und die gemeinsame Förderung von Forschung und Wissenschaft zum Gegenstand hat. Ob es allerdings zu dem seit zwei Jahren behandelten Rahmenabkommen zwischen Bund und Ländern über die Abgrenzung finanzieller Förderung kultureller Aufgaben kommen wird, dürfte in Auswirkung des Urteils des Bundesverfassungsgerichts vom 28. Februar 1961 außerordentlich fraglich sein.

Daß es sich bei einer derartigen auf konkrete Abmachungen und Verträge gegründeten Zusammenarbeit der Länder untereinander oder mit dem Bund nicht um Wildwuchs innerhalb der Verfassungswirklichkeit handelt, hat gerade Geiger dieser Tage mit dem Hinweis auf das Gebot bundesfreundlichen Verhaltens dargetan, denn dieser Grundsatz — so führte er aus — „begründet weiterhin ungeschriebene verfassungsrechtliche Nebenpflichten, eine Pflicht zur Zusammenarbeit, zur Unterrichtung, zur Vertraulichkeit, zur gemeinsamen Beratung, zur Mitwirkung bei notwendigen Entscheidungen, die nur einheitlich ergehen können. Hierher gehört auch unter Umständen die Pflicht zum Abschluß von Verwaltungsvereinbarungen“.

Sollten Sie mich jetzt darüber befragen, was ich unter Gemeinschaftsaufgaben von Bund, Ländern und Gemeinden verstehe, so würde ich etwa sagen:

Gemeinschafsaufgaben sind dort gegeben, wo Bund, Länder und Gemeinden *eigene* Aufgaben unter *eigener* Verantwortung erfüllen, deren Wahrnehmung und Durchführung im Hinblick auf den im Interesse des Gemeinwohls zu erzielenden optimalen Effekt koordiniert werden soll. Prima vista scheint die von mir bereits erwähnte Definition des Bundesfinanzministers in der Begründung zum Finanzverfassungsgesetz damit übereinzustimmen. In Ziff. 64 werden als Gemeinschaftsaufgaben jene Sachbereiche bezeichnet, „in denen Bund und Länder zusammenwirken und sich in die Verwaltungsbefugnis teilen“. In ähnlicher Weise heißt es in Ziff. 53: „Wird die Verantwortung für die Wahrnehmung bestimmter Aufgaben von mehreren Gebietskörperschaften verschiedener Ordnung gemeinsam getragen (Gemeinschaftsaufgaben), so entspricht es der Regel, daß die beteiligten Verbände sich entsprechend ihrem Anteil an der Aufgabenverantwortung in die Ausgabenverantwortung teilen."

Auch bis dahin scheint Übereinstimmung zu herrschen. Dann fährt die Begründung jedoch fort: „Eine solche Lastenteilung kommt zum Beispiel in den Fällen der *Auftragsverwaltung* in Betracht, da dem Oberverband mit dem Weisungsrecht eine Verwaltungskompetenz eingeräumt ist, die seine finanzielle Beteiligung an den Vollzugsausgaben der Unterverbände rechtfertigen kann."

An diesem Punkt gehen die Meinungen auseinander. Gerade die sogenannten Auftragsangelegenheiten möchte ich unter dem Begriff der Gemeinschaftsaufgaben nicht erfaßt wissen, weil deren typisches Kennzeichen die Wahrnehmung nach Weisung ist, so daß von einer gemeinschaftlich übernommenen Verantwortlichkeit gleichermaßen zuständiger Verwaltungsträger keine Rede mehr sein kann. Die Klärung dieser Frage scheint heute und hier sozusagen in der Luft zu liegen.

Ein weiterer Gedanke drängt sich in diesem Zusammenhang auf. Gehen wir einmal davon aus, daß über die Zuweisung von Aufgaben an Bund, Länder und Gemeinden kein Zweifel und kein Streit bestünde. Unterstellen wir, daß Grundgesetz und Länderverfassungen, Kommunalrecht und andere einschlägige Gesetze eine eindeutige Zuständigkeitsordnung geschaffen haben, dann dürfte doch kein Zweifel darüber bestehen, wie der Grundsatz der Konnexität in praxi zu handhaben ist. Daß es in der Tat über die Auslegung des Art. 30 in Verbindung mit Art. 83 ff. des Grundgesetzes Zweifel geben kann, ist ebenso erwiesen, wie die Tatsache, daß die in unserer Verfassungsordnung zuständige Instanz darüber Klarheit zu schaffen vermag.

Zur Verdeutlichung des Sachverhalts, den ich dieser dritten Grundsatzüberlegung unterlegen möchte, gestatten Sie mir, weiterhin einige Sätze aus der bereits zitierten Begründung aus dem Finanzverfassungsgesetz zu verlesen: „Der Oberverband bekundet mit solchen (finanziellen Förderungs-) Leistungen sein Interesse am wirksamen oder gleichmäßigen Vollzug der geförderten Aufgabe. Obwohl er in diesen Fällen eine eigene Sachzuständigkeit nicht hat, strebt er im allgemeinen an, auf den Vollzug der subventionierten Aufgabe Einfluß zu gewinnen."

Und weiter: „So erklärt es sich, daß der Oberverband — vielfach ganz „geräuschlos" — Verwaltungskompetenzen der Unterverbände in dem Umfang an sich zieht, in dem er diese Verbände von ihrer Aufgabenverantwortung entlastet."

Und weiter: „Subventionen aus zentralen Fonds haben sich stets als besonders wirksames Instrument erwiesen, in rechtlich schwer zugängliche Zuständigkeitsbereiche nachgeordneter Verbände einzudringen."

Schließlich: „So kann eine Ausweitung der zentralen Fondswirtschaft mittelbar auch die bundesstaatliche Kräfteverteilung beeinflussen und hier allmählich zu einer Akzentverlagerung führen, die mit dem ursprünglichen Sinngehalt nicht in Einklang steht."

Diese Entwicklung blieb den Ländern natürlich nicht verborgen. Auf der Stuttgarter Ministerpräsidentenkonferenz vom 7. Oktober 1960 sahen die Ministerpräsidenten Veranlassung, angesichts gewisser Beteiligungsmodalitäten des Bundes am Königsteiner Abkommen den Bundeskanzler darauf hinzuweisen, daß dies dem Bund keinen Anlaß geben kann, darauf Kompetenzen auf kulturpolitischem Gebiet abzuleiten. Anlaß zu dieser Feststellung gab den Ministerpräsidenten die Stellungnahme des Bundesministeriums des Innern vom 30. September 1960 an das Bundesverfassungsgericht im sogenannten Fernsehstreit, worin es hieß:

„Vorerst weist (die Bundesregierung) nur auf die Staatspraxis hin, die insbesondere in den Bundeshaushaltsplänen einen eindeutigen Niederschlag gefunden hat. Die Haushaltspläne zeigen nämlich, in welchem Umfang der Bund von Jahr zu Jahr steigend überregionale Aufgaben wahrnimmt, sei es, daß er Zuschüsse für Hochschulen, Institute, Theater, Museen und Publikationen gibt (und deren Verwendung durch den Bundesrechnungshof kontrolliert), sei es, daß er selbst Institute gründet usw. In all diesen und vielen anderen vergleichbaren Fällen ist die — nach der Behauptung des Antragstellers — für solches „Verwaltungshandeln" erforderliche Kompetenz des Bundes bisher nicht streitig gewesen."

Demgegenüber stellt das Bundesverfassungsgericht in seiner Entscheidung vom 28. Februar 1961 fest:

„Die Überforderung regionaler Finanzkraft kann aber nicht die Annahme rechtfertigen, nach der Natur der Sache sei der Bund zuständig."

Am Ende dieser Überlegungen und unter Berücksichtigung gewisser finanzpolitischer Entscheidungen der letzten Zeit — ich denke an die Änderung des Art. 120 des Grundgesetzes und an die Beteiligung der Länder an der Entwicklungshilfe — kann nur die Schlußfolgerung stehen, daß es in der Tat notwendig ist, die Aufgabenverantwortung erneut zu überprüfen und mit dem Ziel einer Ingangsetzung der Revisionsklausel des Art. 106, eine Meinung, die — freilich aus völlig konträren Motiven — der Bundesfinanzminister am 17. März bei Verabschiedung des Haushalts 1961 im Bundestag vertreten hat.

Gemeinschaftsaufgaben zwischen Bund und Ländern sowie zwischen den Ländern

Arten, Formen und Ziele

Von Ministerialrat Dr. *Josef Kölble*
Bundesministerium des Innern, Bonn

Einleitung

Nach Art. 30 GG ist die Ausübung der staatlichen Befugnisse und die Erfüllung der staatlichen Aufgaben Sache der Länder, soweit das Grundgesetz keine andere Regelung trifft oder zuläßt, d. h. soweit nicht der Bund zuständig ist. Isoliert betrachtet erweckt diese Vorschrift den Eindruck, als gäbe es nach dem Grundgesetz gar keine Gemeinschaftsaufgaben zwischen dem Bund und den Ländern.

Auch das Bestehen von Gemeinschaftsaufgaben zwischen den Ländern untereinander hat im Grundgesetz keinen allgemeinen Niederschlag gefunden.

Gleichwohl begegnen uns im Verfassungsleben in zunehmendem Maße Gemeinschaftsaufgaben sowohl zwischen dem Bund und den Ländern als auch zwischen den Ländern untereinander, und zwar nicht nur im Bereiche der Verwaltung, sondern auch in den Bereichen der Gesetzgebung und der Rechtsprechung.

Handelt es sich hier um eine *organische Entwicklung* bundesstaatlichen Verfassungslebens *oder* um *Entartungserscheinungen,* denen entgegengetreten werden sollte, vielleicht sogar um das Sichtbarwerden von *Unzulänglichkeiten unserer Verfassungsordnung?*

Der Vortrag möge — unter Beschränkung auf den Bereich der *Verwaltung* — dazu beitragen, vor allem durch Vermittlung einer bisher fehlenden systematischen Übersicht, die richtige Antwort zu finden.

Erster Teil: Gemeinschaftsaufgaben zwischen Bund und Ländern

A. Die vier Arten von Gemeinschaftsaufgaben zwischen Bund und Ländern

M. E. lassen sich die folgenden vier Arten von Gemeinschaftsaufgaben zwischen Bund und Ländern unterscheiden:

Aufgaben, die das Grundgesetz dem Bund und den Ländern zur gemeinschaftlichen Erfüllung zugewiesen hat;
Aufgaben, die das Grundgesetz dem Bund bzw. den Ländern zugewiesen hat, ohne sie ihnen zur gemeinschaftlichen Erfüllung zu übertragen, wobei sich die Frage stellt, inwieweit es gleichwohl eine gewisse Beteiligung des einen Teils an der Erfüllung der Aufgaben des anderen zuläßt;

Aufgaben, die das Grundgesetz zwar zwischen dem Bund und den Ländern aufgeteilt hat, ohne sie ihnen zur gemeinschaftlichen Erfüllung zu übertragen, die sich aber als Teile einer vom Grundgesetz anerkannten Gesamtaufgabe darstellen, daher in einem Verhältnis innerer Zusammengehörigkeit zueinander stehen und somit in gewissem Umfang einer gemeinschaftlichen Erfüllung bedürftig und zugänglich sind;

Aufgaben, die das Grundgesetz weder dem Bund noch den Ländern zugewiesen hat, die also an und für sich, weil der Kompetenzverteilung durch das Grundgesetz von vornherein nicht unterliegend, sowohl vom Bund als auch von den Ländern — sei es für sich allein, sei es gemeinschaftlich — erfüllt werden können.

Diese vier Arten werden in den folgenden Ausführungen unter B bis E behandelt. Unter F wird auf das — gegenwärtig in der Staatspraxis besonders aktuelle[1] — Sonderproblem der finanziellen Zuwendungen des Bundes eingegangen, während die Darlegungen unter G der allgemeinen Frage der Zielsetzung bei der Erfüllung von Gemeinschaftsaufgaben gewidmet sind.

B. Erste Art: Aufgaben, die das Grundgesetz dem Bund und den Ländern zur gemeinschaftlichen Erfüllung zugewiesen hat

Hier kommt sowohl der gemeinschaftliche Vollzug von Bundesgesetzen (I) als auch die Erfüllung sonstiger, d. h. nicht „gesetzesakzessorischer", Verwaltungsaufgaben (II) in Betracht.

I. Gemeinschaftlicher Vollzug von Bundesgesetzen

Der gemeinschaftliche Vollzug von Bundesgesetzen geht in zwei verschiedenen Grundformen vor sich. Entweder handeln nach außen nur die Landesbehörden, während die Beteiligung von Bundesbehörden nur im Innenverhältnis durch Ausübung von Ingerenzrechten statt-

[1] Vgl. z. B. die Ausführungen des Abg. *Niederalt* (CDU/CSU) in der 153. Sitzung des Deutschen Bundestages (3. Wahlperiode) am 17. 3. 1961, Sten. Ber. S. 8783 f., insbes. 8786 f.

findet (1) oder es handeln auch nach außen Landes- und Bundesbehörden nebeneinander (2).

1. Beteiligung des Bundes lediglich im Innenverhältnis

Eine interne Beteiligung von Bundesbehörden vollzieht sich entweder nach dem Typ des Art. 84 GG (a) oder nach dem Typ des Art. 85 GG (b) oder in einer atypischen Form (c).

a) Typ des Art. 84 GG

Soweit Bundesgesetze von Landesbehörden nach Art. 84 GG als *„eigene Angelegenheiten"* vollzogen werden, sieht das Grundgesetz ausdrücklich drei verschiedene Arten von Ingerenzrechten der Bundesverwaltung vor, und zwar

a) den Erlaß von Allgemeinen Verwaltungsvorschriften nach Art. 84 Abs. 2 GG,

b) die Rechtsaufsicht ggf. unter Entsendung von Bundesbeauftragten nach Art. 84 Abs. 3 und Einleitung des Verfahrens nach Art. 84 Abs. 4 GG,

c) die Erteilung von Einzelweisungen für besondere Fälle auf Grund entsprechender gesetzlicher Ermächtigung mit Zustimmung des Bundesrates nach Art. 84 Abs. 5 GG.

In der Staatspraxis wird nur das erste dieser Ingerenzrechte — der Erlaß Allgemeiner Verwaltungsvorschriften — in nennenswertem Umfang wirklich ausgeübt.

Die Möglichkeit der Rechtsaufsicht wird praktisch nicht ausgenutzt[2]. Zu einer Entsendung von Bundesbeauftragten ist es bisher nur in einem Falle gekommen[3]. Das Verfahren zur Abstellung von der Bundesregierung festgestellter Mängel — über den Bundesrat — nach Art. 84 Abs. 4 GG ist bisher ebenfalls nicht praktisch geworden[4] und dürfte im übrigen auch kaum praktikabel sein.

Ohne nennenswerte praktische Bedeutung ist bis jetzt auch das in Art. 84 Abs. 5 vorgesehene Weisungsrecht der Bundesregierung geblieben, da es zur Begründung eines solchen der Zustimmung des Bundesrates bedarf und der Bundesrat sein Zustimmungsrecht in einer Weise

---

[2] Vgl. *Katzenstein*, DÖV 1958, 593 [602].

[3] Auf Grund von Beschlüssen der Bundesregierung vom 20. 11. 1951 bzw. 12. 2. 1952 zu den obersten Landesbehörden der Länder Baden, Nordrhein-Westfalen, Württemberg-Baden und Württemberg-Hohenzollern mit dem Auftrag, die gesetzmäßige Erfüllung der Aufnahmeverpflichtungen dieser Länder aus §§ 2 und 14 erster Halbsatz des Gesetzes zur Umsiedlung von Heimatvertriebenen aus den Ländern Bayern, Niedersachsen und Schleswig-Holstein vom 22. 5. 1951 (BGBl. S. 350) zu überprüfen.

[4] Vgl. *Katzenstein* a.a.O.

handhabt, die im praktischen Ergebnis auf eine Verhinderung der Erteilung solcher Weisungen hinausläuft. Denn der Bundesrat verlangt, daß die gesetzliche Ermächtigung besonders weitgehend konkretisiert[5], sowie daß das Weisungsrecht nicht nur der Bundesregierung als Kollegium erteilt, sondern auch nur von ihr als Kollegium ausgeübt wird[6], obwohl nach Art. 65 Satz 2 GG jeder Bundesminister seinen Geschäftsbereich selbständig und unter eigener Verantwortung leitet. Im übrigen ist selbst in den wenigen Fällen, in denen Bundesgesetze Ermächtigungen der „Bundesregierung" zum Erlaß von Einzelweisungen enthalten, von diesem Recht praktisch bis jetzt kaum Gebrauch gemacht worden.

b) Typ des Art. 85 GG

Soweit Bundesgesetze, sei es in der „reinen" Form des Art. 85 GG, sei es in einer der modifizierten Formen dieses Typs[7] *„im Auftrag des Bundes"* ausgeführt werden, ist streitig, ob es sich hier um eine Art mittelbarer, evtl. sogar unmittelbarer, Bundesverwaltung oder um eine stärker als nach Art. 84 GG weisungsgebundene Länderverwaltung handelt[8]. *Schäfer*[9] meint m. E. mit Recht, daß die Bundesauftragsverwaltung als „gemeinschaftliche Verwaltung" zu qualifizieren sei, wobei allerdings nicht übersehen werden darf, daß dies nicht nur für den Vollzug von Bundesgesetzen nach Art. 85, sondern auch für den nach Art. 84 GG zutrifft. Der entscheidende Unterschied gegenüber dem Gesetzesvollzug nach Art. 84 GG dürfte m. E. darin zu erblicken sein, daß bei Art. 84 GG nicht nur die förmliche Verwaltungstätigkeit als solche, sondern auch der mit dieser Tätigkeit bezweckte Erfolg als eine „eigene Angelegenheit" der Länder anzusehen ist, während bei Art. 85 GG dies nur für die förmliche Verwaltungstätigkeit zutrifft, der mit ihr bezweckte Erfolg sich aber als eine Aufgabe des Bundes darstellt.

In Anbetracht dieses Umstandes sowie angesichts der dem *Wortlaut* des Art. 85 GG nach bestehenden sehr weitgehenden Ingerenzrechte der Bundesverwaltung kann man daran zweifeln, ob es dogmatisch gerechtfertigt ist, den Vollzug von Bundesgesetzen nach Art. 85 GG überhaupt als eine Gemeinschaftsaufgabe zwischen dem Bund und den Ländern in dem hier entwickelten Sinne anzusehen. Denn in den übrigen behandelten Fällen stehen sich Bund und Länder ihrer allge-

---

[5] Vgl. z. B. Rechtsausschuß des Bundesrates (RABR), 142. Sitzung. 1. Tag, Sitzungsbericht S. 21.

[6] Vgl. RABR 105. Sitzung, Bericht S. 4 und RABR 142. Sitzung, 1. Tag, Bericht S. 21.

[7] Vgl. Art. 87 b Abs. 2 und 120 a sowie Art. 108 GG.

[8] Vgl. *Schäfer,* DÖV 1960, 641 [645].

[9] a.a.O.

meinen Position nach vielmehr in einem Verhältnis der gegenseitigen Partnerschaft gegenüber, während es sich bei der Bundesauftragsverwaltung, jedenfalls nach dem Typenbild des Art. 85 GG, um ein ausgesprochenes Direktionsverhältnis handelt.

Wenn der Vollzug von Bundesgesetzen nach Art. 85 GG gleichwohl hier behandelt wird, so hat dies seinen zugegebenermaßen rein pragmatischen Grund darin, daß in der *Staatspraxis* auch im Bereich der Bundesauftragsverwaltung von seiten des Bundes weit weniger dirigiert und weit mehr kooperiert wird, als es nach dem Wortlaut des Art. 85 GG den Anschein hat[10].

Andererseits versuchen die Länder, auch im Bereich des Art. 85 GG ihren Willen z. T. nicht ohne Erfolg in ähnlich wirksamer Weise zur Geltung zu bringen, wie ihnen dies nach dem Grundgesetz bei einem Gesetzesvollzug nach Art. 84 GG zusteht[11].

Zu einer weiteren Abweichung zwischen Verfassungsrecht und Verfassungswirklichkeit in der gleichen Richtung führt der Widerstand der Mehrheit des Bundesrates dagegen, daß der Bundesgesetzgeber nach Art. 85 Abs. 1 auch Vorschriften über die Einrichtung von Kommunalbehörden erläßt[12], obwohl dies bei einer bestimmten Gestaltung

---

[10] So hat es sich z. B. bei der Durchführung des Ersten Gesetzes über Maßnahmen zum Schutze der Zivilbevölkerung (Erstes ZBG) vom 9. 10. 1957 eingebürgert, alle Grundsatzfragen in einem Ständigen Ausschuß zwischen dem Bundesministerium des Innern und den zuständigen Länderressorts im voraus eingehend zu erörtern. Auch einzelne Maßnahmen auf diesem Gebiet werden praktisch nur nach vorheriger Fühlungnahme mit dem beteiligten Lande getroffen. Ähnlich wird m. W. zum großen Teil auch im Geschäftsbereich anderer Bundesressorts verfahren. Eine andere Handhabung empfiehlt sich in der Staatspraxis oft schon deshalb nicht, weil die Bereiche der Art. 84 und 85 GG vielfach nicht scharf auseinandergehalten werden und eine Herauskehrung der Weisungsbefugnis des Bundes daher leicht Empfindlichkeiten verletzt und zu psychologisch bedingten Schwierigkeiten führt.

[11] Im Bereich der Durchführung des Ersten ZBG ist es vorgekommen, daß Länder das Tätigwerden ihrer Verwaltungen von finanziellen Vorleistungen des Bundes abhängig gemacht haben, was namentlich dann zu bedenklichen Verzögerungen des Gesetzesvollzuges führen kann, wenn über die Verpflichtung des Bundes zur Kostentragung zwischen dem Bund und den Ländern Meinungsverschiedenheiten bestehen. Ein Beispiel stellt die Praxis zu § 32 Abs. 1 des Ersten ZBG dar, wonach dem Bund die dort aufgeführten Ausgaben mit Ausnahme der persönlichen und sachlichen Verwaltungskosten zur Last fallen. Während der Bundesminister der Finanzen die bei der Ausführung von Baumaßnahmen entstehenden Bauleitungskosten, z. B. für die Entwurfsfertigung, die Verdingung und die Bauabnahme, als persönliche und sachliche Verwaltungsausgaben ansieht, die von den Ländern zu übernehmen sind, bestehen die Länder darauf, daß diese Kosten als Zweckausgaben anzusehen und daher zusammen mit den Baukosten vom Bund zu tragen seien. Die Durchführung notwendiger und vom Bund geforderter Maßnahmen unterbleibt u. U., so lange sich keine Einigung über diese Frage erzielen läßt.

[12] Vgl. RABR 220. Sitzung.

des Kommunalverfassungsrechts der Länder zur Durchsetzung eines reibungslosen Vollzuges der Bundesgesetze unerläßlich sein kann.

c) Atypische Formen

Als Beispiel einer atypischen Form eines gemeinschaftlichen Vollzuges von Bundesgesetzen durch den Bund und die Länder sei hier nur § 3 der Verordnung über die deutsche Staatsangehörigkeit vom 5. Februar 1939[13] genannt. Danach bedarf die Einbürgerung einer Person durch die zuständige Landesbehörde der Zustimmung des Reichsministers des Innern — heute also des Bundesministers des Innern. Die Vereinbarkeit dieser Gesetzesvorschrift mit dem Grundgesetz ist durch das — rechtskräftige — Urteil des Hamburgischen Oberverwaltungsgerichts vom 27. Mai 1960[14] bestätigt worden.

Der Bundesrat, der bisher lediglich in einzelnen Fällen eine derartige atypische interne Beteiligung der Bundesverwaltung am Gesetzesvollzug zugelassen hat, sieht sie grundsätzlich als eine mit dem angeblichen „Typenzwang" des Grundgesetzes unvereinbare sog. „Mischverwaltung" an. In Wirklichkeit ist es eine durchaus „offene Frage"[15], inwieweit außerhalb der im Grundgesetz aufgezählten Fälle — wie z. B. dem des Art. 89 Abs. 3 GG — eine Gemeinschaftsverwaltung zulässig ist. Richtiger Ansicht nach dürfte eine solche atypische Form der Beteiligung der Bundesverwaltung am Gesetzesvollzug durch Landesbehörden sicher nicht unbeschränkt zulässig sein. Man wird sich vielmehr auf besonders gelagerte Fälle zu beschränken haben, bei denen sie von der Sache her gerechtfertigt erscheint, wie dies etwa bei der Einbürgerung zutrifft, da hier eine Person nicht nur in den Staatsverband eines Landes, sondern zugleich auch notwendigerweise in den des Gesamtstaates aufgenommen werden soll, so daß es angebracht erscheint, die Verwaltungen beider Staaten an dem Einbürgerungsakt in angemessener Weise zu beteiligen[16].

---

[13] RGBl. I S. 85.

[14] DVBl. 1960 S. 643.

[15] Vgl. *Katzenstein* a.a.O. S. 602.

[16] Vgl. *Füßlein* DVBl. 1956 S. 1 ff. Ein weiteres Beispiel stellt § 3 Nr. 1 der Verordnung über die steuerliche Begünstigung von Wasserkraftwerken vom 26. 10. 1944 (RGBl. I S. 278) dar. Nach dieser Vorschrift sind Entscheidungen über die Gewährung von Ermäßigungen von der Einkommensteuer und der Umsatzsteuer für Wasserkraftwerke durch den „Generalinspekteur für Wasser und Energie" im Einvernehmen mit den Reichsministern der Finanzen und für Wirtschaft zu gewähren. Diese Kompetenz dürfte richtiger Auffassung nach teils auf die Wirtschaftsminister der Länder als „nunmehr zuständige Stelle" gem. Art. 129 Abs. 1, teils auf den Bundesminister der Finanzen übergegangen sein. Aus neuerer Zeit sei noch der von der Fraktion der CDU/SCU eingebrachte Entwurf eines Gesetzes zur *Änderung* des Zweiten *Wohnungsbaugesetzes* — Drucks. Nr. 2299 — genannt, der vorsieht, daß § 46 Abs. 2 a.a.O. u. a. dahin neu gefaßt werden

2. *Beteiligung des Bundes auch nach außen*

Zu einem auch nach außen in Erscheinung tretenden Nebeneinander von Bundesbehörden und Landesbehörden kann es im Bereich des Vollzugs von Bundesgesetzen auf dreierlei Art kommen:

a) Nebeneinander von Bundeseigenverwaltung und Länderverwaltung. z. B. nach Art. 87 b Abs. 2 GG.

Dieser Fall tritt ein, wenn das Grundgesetz es — wie *z. B.* in Art. 87 b Abs. 2 GG — zuläßt, daß Bundesgesetze z. T. von den Landesverwaltungen, z. T. in bundeseigener Verwaltung ausgeführt werden.

b) Nebeneinander von Bundeseigenverwaltung und Länderverwaltung über Art. 87 Abs. 3 GG.

Hierzu kommt es in den Fällen, in denen nach Art. 87 Abs. 3 Satz 1 GG bei Bundesgesetzen, die im allgemeinen von Landesbehörden vollzogen werden, selbständige Bundesoberbehörden oder selbständige zentrale Einrichtungen der mittelbaren Bundesverwaltung errichtet werden.

Wird darüber hinaus nach Art. 87 Abs. 3 Satz 2 GG von der Möglichkeit der Errichtung von Bundesmittel- und -unterbehörden Gebrauch gemacht, so verlagert sich der Vollzug des betreffenden Gesetzes ganz aus dem Zuständigkeitsbereich der Landesverwaltung in den der Bundeseigenverwaltung, so daß keine Gemeinschaftsaufgabe mehr vorliegt.

c) Nebeneinander von Bundeseigenverwaltung und Länderverwaltung durch die Zuständigkeit oberster Bundesbehörden zum Erlaß sog. „überregionaler Verwaltungsakte".

Ein solches Nebeneinander ergibt sich von selbst in den Fällen der Zuständigkeit oberster Bundesbehörden zum Erlaß sog. „überregionaler Verwaltungsakte", die unmittelbar von Verfassungs wegen gegeben sein kann, ohne daß es unbedingt einer Ermächtigung durch den einfachen Gesetzgeber bedarf.

Zu a): Ein Nebeneinander dieser Art wirft keine besonderen verfassungsrechtlichen Probleme auf.

Zu b): Die Auffassung von *Kratzer,* der Bund nehme mit der Errichtung einer Bundesoberbehörde nach Art. 87 Abs. 3 Satz 1 GG das betreffende Sachgebiet in seinem gesamten Umfang in bundeseigene Verwaltung, auch wenn keine Mittel- und Unterbehörden des Bundes geschaffen werden[17], kann heute als aufgegeben gelten, nachdem schon

---

soll, daß die obersten Landesbehörden die Grundsätze für den Ansatz der öffentlichen Mittel nach Abs. 1 und die Höchstbeträge der zu erzielenden Belastungen mit dem Bundesminister für Wohnungsbau abstimmen.

[17] DÖV 1950 S. 529 [535].

Böhm[18] dem entgegengehalten hat, „daß nur insoweit Bundeseigenverwaltung entstehe, als sich die Verwaltung des betreffenden Gebietes durch Bundesoberbehörden erschöpfend durchführen läßt". Diese Auffassung kann heute als herrschend angesehen werden[19], so daß nach Art. 87 Abs. 3 Satz 1 GG errichtete Bundesoberbehörden und dgl. mit Recht als Beispiele eines nach außen in Erscheinung tretenden gemeinschaftlichen Vollzugs von Bundesgesetzen durch Bundes- und Landesbehörden angesprochen werden können.

Der Bundesrat macht die Zulässigkeit von Gesetzen nach Art. 87 Abs. 3 GG von Voraussetzungen abhängig, die im Wortlaut des Grundgesetzes keine — jedenfalls keine ausreichende — Stütze finden. So verlangt er z. B., daß dem Bund eine sog. „materielle Gesetzgebungskompetenz" für den Tätigkeitsbereich der zu schaffenden Bundesoberbehörden oder dgl. nach den Art. 70 ff. GG zusteht[20], während es dem Wortlaut des Grundgesetzes nach ausreicht, daß der Bund überhaupt eine Gesetzgebungszuständigkeit hat, die sich also auch aus anderen Grundgesetzvorschriften[21] oder aus der „Natur der Sache" bzw. kraft „Sachzusammenhangs" ergeben kann. Weiter interpretiert der Bundesrat den Art. 72 Abs. 2 GG, der ein besonders qualifiziertes Bedürfnis für eine bundesgesetzliche Regelung fordert, in den Art. 87 Abs. 3 Satz 1 GG hinein[22], während es nach dem Wortlaut ausreicht, daß die Errichtung einer Bundesoberbehörde oder dgl. unter Berücksichtigung der sich aus dem Grundsatz des bundesfreundlichen Verhaltens ergebenden Schranken für die Ausübung einer jeden Kompetenz angebracht erscheint[23]. Endlich verlangt der Bundesrat als Voraussetzung für die Errichtung einer selbständigen Bundesoberbehörde oder dgl., daß es sich um Tätigkeitsbereiche handeln muß, deren zentrale Bearbeitung nicht nur möglich, sondern auch notwendig ist[24].

Bisher sind auf Grund des Art. 87 Abs. 3 Satz 1 GG insgesamt 24 Bundesoberbehörden[25] errichtet worden. Die Möglichkeiten, die

---

[18] DÖV 1950 S. 746.

[19] Vgl. H. *Schneider*, Unveröffentlichtes Rechtsgutachten über die verfassungsrechtliche Zulässigkeit einer körperschaftlichen Verbundverwaltung zur Durchführung einer Alterssicherung für Landwirte, auf Ersuchen des Bundesministers für Arbeit erstattet — Oktober 1956 —.

[20] Vgl. 171. Sitzung des Bundesrates, Sitzungsbericht S. 519 A, vgl. auch *Haas*, in „Zehn Jahre Bundesrat", S. 131.

[21] z. B. aus Art. 135 Abs. 4 GG.

[22] Deutscher Bundestag, 3. Wahlperiode, Drucks. 1114 S. 49.

[23] Im übrigen handelt es sich bei Art. 87 Abs. 3 um ausschließliche Bundeskompetenzen für die Art. 72 GG ohnehin keine Anwendung findet (vgl. BVerfGE 1, 14 f. Leits. Nr. 26).

[24] a.a.O. S. 50.

[25] 1. Bundesamt für Verfassungsschutz: Gesetz v. 27. 9. 1950, BGBl. I S. 682. — 2. Bundesoberseeamt: Verordnung v. 22. 11. 1950, BGBl. I S. 768. — 3. Bundesaufsichtsamt für das Versicherungs- und Bausparwesen: Gesetz v. 31. 7. 1951, BGBl. I S. 480. — 4. Kraftfahrt-Bundesamt: Gesetz v. 4. 8. 1951, BGBl. I S. 488. — 5. Außenhandelsstelle für Erzeugnisse der Ernährung und

diese Grundgesetzvorschrift ihrem Wortlaut nach bietet, sind damit „noch nicht voll ausgeschöpft“[26]. Zu der Errichtung von Bundesmittel- und -unterbehörden nach Art. 87 Abs. 3 Satz 2 GG ist es bisher praktisch überhaupt noch nicht gekommen, da, soweit solche Behörden errichtet worden sind, ihre Errichtung sich auf andere Grundgesetzvorschriften stützte.

Zu c): Die — systematisch hierher gehörende — Frage, inwieweit im Bereich eines im übrigen den Landesverwaltungen obliegenden Gesetzesvollzuges oberste Bundesbehörden zum Erlaß sog. „überregionaler Verwaltungsakte“ zuständig sind oder sein können, hat das Bundesverfassungsgericht in seiner Entscheidung vom 15. März 1960 — dem sog. „Dampfkesselfall“[27] — behandelt. Danach ist eine solche Zuständigkeit vom Grundgesetz stillschweigend dann zugelassen, wenn der Zweck des Gesetzes „durch das Verwaltungshandeln eines Landes überhaupt nicht erreicht werden kann“ oder wenn seine „vollständige Ausführung durch Landesverwaltung nicht erreicht werden kann“. Daß damit eine erschöpfende Aufzählung der Voraussetzungen sog. „überregionaler Verwaltungsakte“ gegeben werden sollte, erscheint namentlich im Hinblick auf die dem Art. 72 Abs. 2 GG zugrunde

---

Landwirtschaft: Gesetz v. 17. 12. 1951, BGBl. I S. 967. — 6. Bundesgesundheitsamt: Gesetz v. 27. 2. 1952, BGBl. I S. 121. — 7. Bundesausgleichsamt: § 307 des Gesetzes v. 14. 8. 1952, BGBl. I S. 446. — 8. Bundessortenamt: Gesetz v. 27. 6. 1953, BGBl. I S. 450. — 9. Statistisches Bundesamt: Gesetz v. 3. 9. 1953, BGBl. I S. 1314. — 10. Bundesamt für gewerbliche Wirtschaft: Gesetz v. 9. 10. 1954, BGBl. I S. 281. — 11. Luftfahrt-Bundesamt: Gesetz v. 30. 11. 1954, BGBl. I S. 354. — 12. Bundesversicherungsamt: Gesetz v. 9. 5. 1956, BGBl. I S. 415. — 13. Bundeskartellamt: Gesetz v. 27. 7. 1957, BGBl. I S. 1081. — 14. Bundesamt für zivilen Bevölkerungsschutz: Gesetz v. 5. 12. 1958, BGBl. I S. 829. — 15. Bundesverwaltungsamt: Gesetz v. 28. 12. 1959, BGBl. I S. 829. — 16. Bundesprüfstelle für jugendgefährdende Schriften: Gesetz v. 9. 6. 1953, BGBl. I S. 377. — 17. Bundesamt für äußere Restitution: § 1 des Anhangs zum V. Teil des Vertrages zur Regelung aus Krieg und Besatzung entstandener Fragen — BGBl. II 1955 S. 301 und 405 — i. V. m. Art. 1 Abs. 1 des V. Teils des Vertrages. Die Wahrnehmung seiner Aufgaben ist dem Amt für Wertpapierbereinigung übertragen. — 18. Der Bundesbeauftragte für die Behandlung von Zahlungen an die Konversionskasse: § 37 des Gesetzes v. 24. 8. 1953, BGBl. I S. 1003. — 19. Verwaltungsamt für innere Restitution: Teil III Art. 2 und Art. 3 Abs. 4 des Vertrages zur Regelung aus Krieg und Besatzung entstandener Fragen, BGBl. II 1955 S. 418. — 20. Bundesamt für die Prüfung ausländischer Rückgabe- und Wiederherstellungsansprüche: § 1 des Anhangs zu Teil X des Vertrages zur Regelung aus Krieg und Besatzung entstandener Fragen, BGBl. II 1955 S. 405 i. V. m. Art. 1 Abs. 2 des X. Teils dieses Vertrages. — 21. Deutscher Wetterdienst — Zentralamt —: Gesetz v. 11. 11. 1952, BGBl. I S. 738. — 22. Hauptprüfungsamt für die Deutsche Bundesbahn: § 34 des Gesetzes v. 13. 12. 1951, BGBl. I S. 955. — 23. Bundesanstalt für den Güterfernverkehr: Gesetz v. 10. 10. 1952, BGBl. I S. 697. — 24. Bundesanstalt für Flugsicherung: Gesetz v. 23. 3. 1953, BGBl. I S. 70.

[26] *Katzenstein* a.a.O. S. 600.

[27] BVerfGE 11, 6 [17 f.].

liegenden allgemeinen Rechtsgedanken zumindest zweifelhaft. Man wird daher überregionale Zuständigkeiten oberster Bundesbehörden auch noch beim Vorliegen anderer noch näher zu bestimmender Voraussetzungen — z. B. bei zu befürchtenden Interessenkollisionen — für gegeben oder begründbar zu erachten haben.

II. Gemeinschaftliche Erfüllung sonstiger — d. h. nicht-„gesetzesakzessorischer“ — Verwaltungsaufgaben

Im Bereich der nicht-„gesetzesakzessorischen“ Verwaltung tritt die gemeinschaftliche Erfüllung von Verwaltungsaufgaben durch Bundes- und Landesbehörden im allgemeinen stets auch nach außen in Erscheinung. Es handelt sich im wesentlichen um diejenigen Verwaltungskomplexe, die nach dem Grundgesetz zum Teil in bundeseigener Verwaltung, zum Teil in Länderverwaltung wahrgenommen werden können, also die *Bundeswasserstraßen-*, die *Bundesstraßen-* und neuerdings die *Luftverkehrsverwaltung* sowie die *Finanzverwaltung*[28].

Zu einem — nach außen in Erscheinung tretenden — Nebeneinander von Verwaltungseinrichtungen des Bundes und der Länder im Bereich der nicht-„gesetzesakzessorischen“ Verwaltung kann es aber auch über Art. 87 Abs. 3 Satz 1 GG kommen, da nach dieser Grundgesetzvorschrift Bundesoberbehörden oder dgl. nicht nur für den Vollzug von Bundesgesetzen, sondern schlechthin für „Angelegenheiten, für die dem Bunde die Gesetzgebung zusteht“, errichtet werden können.

Zusammenfassend läßt sich somit für den Bereich der ersten Art von Gemeinschaftsaufgaben zwischen dem Bund und den Ländern feststellen, daß das *Grundgesetz* bei der Regelung ihrer Erfüllung weitgehend von einer *Direktion* durch den Bund ausgegangen ist, die *Staatspraxis* ihrer Wahrnehmung sich dagegen im wesentlichen in Gestalt *partnerschaftlicher Kooperation* vollzieht. Die Frage, inwieweit hierin bereits eine mit dem bundesstaatlichen Aufbau nicht mehr ganz zu vereinbarende *Denaturierungserscheinung* zu erblicken ist, sei an dieser Stelle nur aufgeworfen.

C. Zweite Art: Aufgaben, die das Grundgesetz dem Bund bzw. den Ländern zugewiesen hat, ohne sie ihnen zur gemeinschaftlichen Erfüllung zu übertragen

In diesem Bereich ist sowohl an eine Beteiligung des Bundes an der Erfüllung von Aufgaben zu denken, die das Grundgesetz den Ländern zugewiesen hat, als auch an eine Beteiligung der Länder an der Erfüllung von Bundesaufgaben.

---

[28] Vgl. Art. 87 d, 89, 90 und 108 GG.

I. Beteiligung des Bundes an der Erfüllung von Landesaufgaben

1. *Ausführung von Landesgesetzen oder Erfüllung sonstiger Verwaltungsaufgaben der Länder durch Bundesbehörden?*

Nachdem in Schrifttum[29] und Praxis[30] zunächst streitig war, ob nach dem Grundgesetz eine Ausführung von Landesgesetzen durch Bundesbehörden zulässig ist oder nicht, hat das Bundesverfassungsgericht in den Gründen des sog. „Fernseh-Urteils" vom 28. Februar 1961[31] ausgeführt, daß Organe des Bundes „niemals zum hoheitlichen Vollzug von Landesrecht zuständig sein" können. Gemeinschaftsaufgaben dieser Art zwischen Bund und Ländern kann es hiernach nicht geben. Inwieweit die Wahrnehmung sonstiger Verwaltungsaufgaben der Länder durch den Bund ebenso zu beurteilen ist wie der Vollzug von Landesgesetzen durch Bundesbehörden, bedarf noch der Klärung[32]. Die Problematik besteht m. E. vor allem darin, daß die Wahrnehmung von Verwaltungsaufgaben der Länder durch Bundesbehörden eine ausreichende Ingerenz von Landes- gegenüber Bundesbehörden bedingt, eine solche aber mit dem bundesstaatlichen Aufbau nicht vereinbar erscheint.

2. *Mitwirkung des Bundes in Verwaltungseinrichtungen der Länder?*

Auch eine Mitwirkung des Bundes in Verwaltungseinrichtungen der Länder steht mit dem bundesstaatlichen Aufbauprinzip nicht im Einklang.

II. Beteiligung der Länder an der Erfüllung von Bundesaufgaben

1. *Ausübung von Bundeszuständigkeiten durch Landesbehörden?*

Die Übertragung einer Zuständigkeit quoad substantiam ist, wie außer Zweifel steht, unzulässig. Man wird aber auch die Übertragung der bloßen Ausübung von Bundeszuständigkeiten — also lediglich

---

[29] Vgl. H. W. *Müller*, MDR 1961, S. 20, einerseits und *Zeidler*, DVBl. 1960, S. 573, andererseits.

[30] Vgl. die Ausführungen des Abg. Dr. *Arndt* (SPD) als Berichterstatter des Vermittlungsausschusses in der 229. Sitzung des Bundesrates am 3. 3. 1961, Sitzungsbericht S. 33 B.

[31] NJW 1961 S. 547.

[32] Eine Wahrnehmung nicht-„gesetzesakzessorischer" Verwaltungsaufgaben der Länder durch Bundesbehörden kommt z. B. im Bereich der Wasser- u. Schiffahrtsdirektionen Aurich u. Freiburg vor. Auch sonst kann ein derartiges Verfahren praktisch geboten sein.

eine solche quoad usum —, weil vom Grundgesetz im allgemeinen nicht gewollt, grundsätzlich für unzulässig zu halten haben.

2. Mitwirkung der Länder in Verwaltungseinrichtungen des Bundes?

Eine Mitwirkung der Länder in Verwaltungseinrichtungen des Bundes kommt in der Staatspraxis häufig vor. So sind die Länder z. B. intern an der *Bundesprüfstelle für jugendgefährdende Schriften*[33], an der *Stiftung „Preußischer Kulturbesitz"*[34] und an den *Einfuhr- und Vorratsstellen für Schlachtvieh, Fleisch und Fleischerzeugnisse*[35] sowie für *Getreide*[36] beteiligt. Anders als Beteiligungen des Bundes an Verwaltungseinrichtungen der Länder stehen derartige Beteiligungen der Länder an Verwaltungseinrichtungen des Bundes ihrem Wesen nach im Einklang mit dem bundesstaatlichen Prinzip, so daß verfassungsrechtliche Bedenken gegen diese Staatspraxis nicht bestehen.

Inwieweit sich im Rahmen der Erfüllung von Gemeinschaftsaufgaben der dritten Art Besonderheiten ergeben, wird noch darzulegen sein.

D. Dritte Art: Aufgaben, die das Grundgesetz — ohne Übertragung zur gemeinschaftlichen Erfüllung — zwar zwischen dem Bund und den Ländern aufgeteilt hat, die sich aber als Teile einer vom Grundgesetz anerkannten Gesamtaufgabe darstellen

I. Beispiele solcher Gesamtaufgaben

Das eindrucksvollste Beispiel einer vom Grundgesetz zwar in Teilaufgaben zerlegten und auf verschiedene Aufgabenträger verteilten, aber gleichwohl als solcher anerkannten Gesamtaufgabe dürfte der *Schutz der öffentlichen Ordnung und Sicherheit* im allgemeinen und der *Verfassung* im besonderen sein, der vom Grundgesetz teils dem Bund, teils den Ländern anvertraut ist. Denn er fällt teils in den Aufgabenbereich der Länder als Träger der allgemeinen Polizeihoheit, teils in den Aufgabenbereich des Bundes als des Trägers von Sonderpolizeihoheiten, wie insbesondere der Grenzpolizeihoheit nach Art. 73 Nr. 5 i. V. m. Art. 87 Abs. 1 Satz 2 GG, und als Inhaber der Sonderzuständigkeiten zur Bekämpfung von Staatsnotständen nach Art. 91 Abs. 2 GG, der im übrigen nicht nur, wie es seinem Wortlaut nach

[33] Vgl. § 9 des Gesetzes v. 9. 6. 1953, BGBl. I S. 377.

[34] Vgl. § 6 des Gesetzes v. 25. 7. 1957, BGBl. I S. 841.

[35] Vgl. § 16 des Gesetzes v. 25. 4. 1951, BGBl. I S. 272.

[36] Vgl. § 7 des Gesetzes v. 24. 11. 1951, BGBl. I S. 901.

scheinen könnte, ein Weisungsrecht der Bundesregierung, sondern eine echte Verwaltungskompetenz und in gewissem Umfang sogar eine Gesetzgebungszuständigkeit des Bundes begründet[37]. Gleichwohl kann es keinem Zweifel unterliegen, daß diese Kompetenzen nach dem Willen des Grundgesetzes nicht von jedem für sich und mit verschiedenen Zielsetzungen wahrgenommen werden können, ja so nicht einmal wahrgenommen werden dürfen, sondern eine gemeinschaftliche Erfüllung in gewissen Grenzen zulassen und erfordern.

Ähnlich liegen die Verhältnisse, um ein weiteres — besonders aktuelles — Beispiel zu nennen, auf dem Gebiet des *Rundfunkwesens,* wo nach dem „Fernseh-Urteil" des Bundesverfassungsgerichts die funktechnischen Kompetenzen beim Bund, die übrigen Kompetenzen zu staatlicher Regelung oder Verwaltung im wesentlichen bei den Ländern liegen, soweit sie nicht wieder wie hinsichtlich der Veranstaltung von Rundfunksendungen für das Ausland und für Gesamtdeutschland dem Bunde zustehen. An diesem Beispiel wird besonders das gegenseitige Aufeinanderangewiesensein der verschiedenen Kompetenzträger deutlich.

Vom Grundgesetz auf Bund und Länder verteilte Aufgaben können auch noch in einem anderen Sinn zu einer Gesamtaufgabe verschmolzen sein. So fällt z. B. die Sorge für die Erstellung ausreichenden *Wohnraums* unter allgemeinen Gesichtspunkten in die Kompetenz der Länder, unter dem besonderen Gesichtspunkt der Fürsorgepflicht des Dienstherrn hinsichtlich der Bundesbediensteten zugleich auch — gewissermaßen konkurrierend — in die Kompetenz des Bundes.

Maßnahmen der *Wirtschaftsförderung* — um damit eine keineswegs erschöpfende Reihe von Beispielen zunächst abzuschließen — fallen grundsätzlich in den Zuständigkeitsbereich der Länder, werden aber unter Umständen zugleich auch von einer — gewissermaßen überlagernden — Kompetenz des Bundes für auswärtige Angelegenheiten, zur Wahrung gesamtdeutscher Belange oder für Maßnahmen von wesensbedingter Überregionalität miterfaßt. Ein Beispiel dieser Art stellen etwa die im sog. „Grünen Plan" zusammengefaßten Maßnahmen zur Förderung der Landwirtschaft[38] dar. Auch das Gebiet der *Entwicklungshilfe* ist hier zu nennen.

---

[37] Vgl. *Kölble,* Die Polizei 1960 S. 41 linke Spalte sowie § 15 des Gesetzes über den unmittelbaren Zwang bei Ausübung öffentlicher Gewalt durch Vollzugsbeamte des Bundes v. 10. 3. 1961, BGBl. I S. 165.

[38] Vgl. Bundeshaushaltsplan — Einzelplan 10 — Geschäftsbereich des Bundesministers für Ernährung, Landwirtschaft und Forsten, Kap. 1002, Tit. 990 (Anlage zur Drucks. 2050 des Deutschen Bundestages, 3. Wahlperiode).

II. Rechtsgrundlagen und Formen der Zusammenarbeit von Bund und Ländern bei der Erfüllung von Gesamtaufgaben

Das Zusammenwirken zwischen dem Bund und den Ländern bei der Erfüllung von Gesamtaufgaben kann durch Bundesgesetz geregelt sein (1), auf Vereinbarungen zwischen dem Bund und den Ländern beruhen (2), oder durch gemeinsame Verwaltungseinrichtungen institutionalisiert sein (3).

1. Gesetzliche Regelung der Zusammenarbeit

Eine gesetzliche Regelung des Zusammenwirkens zwischen Bund und Ländern bei der Erfüllung einer Gesamtaufgabe enthält vor allem das Gesetz über die Zusammenarbeit des Bundes und der Länder in Angelegenheiten des Verfassungsschutzes vom 27. September 1950[39]. Es verpflichtet Bund und Länder ausdrücklich, in Angelegenheiten des Verfassungsschutzes zusammenzuarbeiten und sich gegenseitig zu unterstützen und Hilfe zu leisten (§ 1). Darüber hinaus gewährt das Gesetz dem Bund — und zwar teils der Bundesregierung, teils dem Bundesminister des Innern — bestimmte Weisungsrechte (§ 5). Von dem Weisungsrecht des Bundesministers des Innern ist bisher noch kein Gebrauch gemacht worden. Weisungen der Bundesregierung sind erst in drei Fällen erteilt worden[40].

Ein anderes Beispiel eines die Zusammenarbeit zwischen Bund und Ländern im Rahmen der Erfüllung einer Gesamtaufgabe — hier der Wahrung der öffentlichen Ordnung und Sicherheit — regelnden Gesetzes stellt das Gesetz über die Einrichtung eines Bundeskriminalamtes vom 8. März 1951[41] dar.

Beide Gesetze stützen sich auf die ausdrückliche Kompetenznorm des Art. 73 Nr. 10 GG, nach welcher dem Bund die ausschließliche Gesetzgebung „über die Zusammenarbeit des Bundes und der Länder in der Kriminalpolizei und in Angelegenheiten des Verfassungsschutzes“ zusteht. Man wird aber darüber hinaus bundesgesetzliche Regelungen der Zusammenarbeit auch auf Grund gewisser materieller Gesetzgebungskompetenzen des Bundes für zulässig erachten dürfen.

---

[39] BGBl. S. 682.

[40] Auf Grund von Kabinettsbeschlüssen vom 24. 4. 1951 zur Unterbindung der Betätigung der von der SED gesteuerten Vereinigungen für die Volksbefragung „gegen Remilitarisierung u. f. Friedensschluß im Jahre 1951“ (GMBl. S. 109) und vom 4. 5. 1951, um die Auflösung der „Reichsfront“ — einer aktivistischen Gliederung der SRP — und die Unterbindung ihrer Betätigung sicherzustellen (GMBl. S. 111) sowie vom 26. 7. 1951, um eine Betätigung im Sinne des „Rates der Vereinigung der Verfolgten des Naziregimes (VVN)“ zu unterbinden (GMBl. S. 175).

[41] BGBl. I S. 165.

2. *Vertragliche Regelung der Zusammenarbeit*

Die *vertraglich* vereinbarten Formen der Zusammenarbeit sind sehr *mannigfaltig*. Die folgende Übersicht gibt nur die Hauptformen wieder.

a) *Gegenseitige Unterrichtung* über im Rahmen des eigenen Zuständigkeitsbereichs anfallende Erkenntnisse, ergriffene oder zu ergreifende Maßnahmen o. dgl.

Eine *gegenseitige Unterrichtungspflicht* statuiert z. B. Art. 3 des Verwaltungsabkommens zwischen dem Bund und den Ländern über die Zusammenarbeit auf dem Gebiete der *Raumordnung* vom 16. 12. 1957[42]. Er verpflichtet den für die Raumordnung zuständigen Bundesminister zur Unterrichtung aller bzw. der beteiligten Länder über bestimmte vom Bund beabsichtigte „raumbedeutsame" Maßnahmen. Dementsprechend trifft die für die Raumordnung zuständigen obersten Landesbehörden eine Unterrichtungspflicht über derartige Maßnahmen gegenüber dem für die Raumordnung federführenden Bundesminister und gegenüber anderen Ländern.

Eine Unterrichtungspflicht kann auch *einseitig* bestehen und in der Form eines Unterrichtungsrechts der anderen Seite ausgestaltet sein. Dies ist z. B. in den Verwaltungsabkommen zwischen dem Bund und den Ländern über die Errichtung von Bereitschaftspolizeien[43] der Fall. Danach ist der Bundesminister des Innern berechtigt, sich durch einen Beauftragten „bei den Dienststellen der Bereitschaftspolizeien über deren Einsatzfähigkeit i. S. des Art. 91 Abs. 2 GG zu unterrichten".

b) *Gemeinsame Erörterung* der in den eigenen Zuständigkeitsbereich fallenden Planungen, Maßnahmen o. dgl.

Als Beispiel sei hier Art. 1 des bereits erwähnten Verwaltungsabkommens zwischen dem Bund und den Ländern über die Zusammenarbeit auf dem Gebiete der *Raumordnung*[44] genannt. Er sieht vor, daß Angelegenheiten der Raumordnung, „die das Bundesgebiet in seiner Struktur betreffen", von der Bundesregierung mit allen Landesregierungen gemeinsam zu erörtern sind, während Angelegenheiten der Raumordnung, „die in ihren Auswirkungen über die Grenzen eines Bundeslandes hinausreichen", von den beteiligten Landesregierungen, und, soweit Zuständigkeiten des Bundes berührt sind, von ihnen und der Bundesregierung gemeinsam erörtert werden.

c) *Koordinierung* der Ausübung der beiderseitigen Kompetenzen in *formeller* Hinsicht.

Eine solche formelle Koordinierung wird besonders im Geschäftsbereich der *Justizverwaltungen* und der *Statistischen Ämter* des Bundes und der Länder sowie im *Polizei-* und *Personalwesen* praktisch. Als Bei-

---

[42] GMBl. 1958 S. 54.

[43] Vom 27. 10. 1950 zwischen dem Bund und den Ländern Bayern, Hessen, Rheinland-Pfalz und Schleswig-Holstein, vom 19. 4. 1951 zwischen dem Bund und Hamburg, vom 14./27. 4. 1951 zwischen dem Bund und Bremen, vom 16. 12. 1954 zwischen dem Bund und Niedersachsen, vom 1. 6. 1960 zwischen dem Bund und dem Saarland.

[44] s. Anm. 42.

spiele seien hier die Vereinbarungen zwischen dem Bund und den Ländern über den Austausch von Urteilen in *Staatsschutzsachen* sowie über die Erstellung einer *Statistik* der anhängigen *Staatsschutzverfahren* genannt. Hierher gehören ferner die Absprachen zwischen dem Bund und den Ländern, die zum Erlaß übereinstimmender Anordnungen über *Mitteilungen* in *Strafsachen* geführt haben, die Vereinbarungen zwischen dem Bund und den Ländern über die *Ermittlungen* in *Staatsschutzsachen* durch Beamte des Bundeskriminalamtes, die von Bundesminister für Verteidigung im Benehmen mit den Ländern aufgestellten Grundsätze über die Zusammenarbeit zwischen *Polizei* und *Bundeswehr* sowie die Vereinbarungen der Bundesregierung mit den Landesregierungen über den *Beamtenersatz* bei den obersten Bundesbehörden. In gewissem Sinne ist hier auch das sog. *Lindauer Abkommen* über das Zusammenwirken der Bundesverwaltung und der Landesverwaltungen bei der Vorbereitung und beim Abschluß internationaler Verträge zu nennen[45].

d) *Koordinierung* der Ausübung der beiderseitigen Kompetenzen in *materieller* Hinsicht.

Eine materielle Koordinierung kommt vor allem dort vor, wo die Verwaltungen des Bundes und der Länder dem Staat gegenüber vergleichbare Entscheidungen zu treffen haben, also insbesondere im Bereich der *Justiz*, des *Steuer-*, *Kosten-*, *Gebühren-* und *Entschädigungswesens* sowie der *Wirtschaftsverwaltung* und der *staatlichen Kulturförderung*. Als Beispiele seien genannt die Absprache zwischen dem Bundesminister der Justiz und den Landesjustizverwaltungen über den Erlaß einer übereinstimmenden *Strafvollstreckungsordnung*, das Abkommen zwischen dem Bund und den Ländern (außer Bremen) über die *steuerliche Behandlung* der zugelassenen *Spielbanken* und ihrer Unternehmer, die Vereinbarung bundeseinheitlicher Durchführungsbestimungen zu den *Kostengesetzen*, die Vereinbarung über die Erhebung von *Gebühren* für amtliche *Materialprüfungen* durch die Bundesanstalt und die Materialprüfungsanstalten der Länder, die Absprachen zwischen dem Bundesminister der Justiz und den Landesjustizverwaltungen über den Erlaß übereinstimmender Anordnungen über die *Entschädigung* für unschuldig erlittene *Untersuchungshaft* oder Strafvollstreckung sowie der Beitritt des Bundesministers für Wohnungsbau zu den zwischen den zuständigen Landesministern getroffenen Absprachen über die Regelung der Zulassung neuer Baustoffe und Bauarten. Systematisch hierher gehört auch die Koordinierung der Förderungsmaßnahmen des Bundes und der Länder bei Durchführung des *Honnefer Modells* und des *Bundesjugendplanes* auf Grund formloser Absprachen und entsprechender Richtlinien des Bundes und der Länder[46].

e) *Übertragung* der *Ausübung* von Bundeszuständigkeiten auf Landesbehörden bzw. der Ausübung von Landeszuständigkeiten auf Bundesbehörden.

Im Rahmen der Erfüllung von Gesamtaufgaben kommt es in der Staatspraxis verschiedentlich vor, daß der Bund die *Ausübung* ein-

---

[45] Vgl. im einzelnen *Kölble*, DÖV 1960, S. 650 [652 f.].

[46] Vgl. im einzelnen *Kölble*, a.a.O.

zelner seiner Zuständigkeiten, namentlich aus Gründen der Zweckmäßigkeit, geeigneten Landesbehörden überträgt. So hat der Bund z. B. die Ausübung der *Paßnachschau* und gewisse *schiffahrtspolizeiliche Aufgaben* durch Vereinbarung mit einigen Ländern auf deren Behörden übertragen[47].

Zu erwähnen ist in diesem Zusammenhang auch § 9 des *Ersten Gesetzes über die Finanzverwaltung*[48]. Danach werden die Umsatz- und Beförderungssteuern, für die Art. 108 Abs. 1 Satz 1 GG die Bundeseigenverwaltung vorschreibt, zwar durch Verwaltungsangehörige des Bundes bei den Oberfinanzdirektionen bearbeitet; diese können sich dabei jedoch der „Hilfe" der Finanzämter bedienen.

Während gegen eine solche Übertragung der *Ausübung* einer Bundeskompetenz — auch wenn sie lediglich quoad *usum* — nicht quoad substantiam — erfolgt im allgemeinen verfassungsrechtliche Bedenken bestehen (vgl. oben C II 1), scheint mir eine andere Beurteilung am Platze, soweit es sich um die Wahrnehmung von *Gesamtaufgaben* handelt. Denn m. E. kann davon ausgegangen werden, daß das Grundgesetz eine zur zweckmäßigen Wahrnehmung einer Gesamtaufgabe erforderliche Übertragung stillschweigend zuläßt[49]. Dem Bund muß allerdings eine ausreichende Einflußnahme auf die Ausübung seiner Kompetenzen zustehen. Die Einräumung entsprechender Ingerenzrechte des Bundes erscheint zulässig, da es sich hier um einen zusätzlichen Tätigkeitsbereich der Länder handelt.

Schwieriger ist die Problematik, wenn im Bereich einer Gesamtaufgabe die Länder die Ausübung einzelner ihrer Zuständigkeiten auf Bundesbehörden zu übertragen wünschen. So kann z. B. nach dem — bis jetzt allerdings theoretisch gebliebenen — § 6 Abs. 4 des *Ersten Gesetzes über die Finanzverwaltung* ein Land im Einvernehmen mit dem Bundesminister der Finanzen der *Vermögens- und Bauverwaltung des Bundes* bei der *Oberfinanzdirektion* die entsprechenden Aufgaben des Landes übertragen. Hier ist ferner auf § 4 Abs. 2 Buchst. a) des Bundeskriminalamts-Gesetzes sowie

---

[47] Siehe die — nicht veröffentlichten — „Verwaltungsvereinbarungen" über die Ausübung der Paßnachschau zwischen dem Bund einerseits und Bayern, Hamburg und Bremen andererseits vom 11. 2./20. 2. 1953, 11. 2./27. 2. 1953 und 14. 2./24. 2. 1953 sowie z. B. die „Vereinbarungen" über die Ausübung der schiffahrtspolizeilichen Vollzugsaufgaben zwischen dem Bund und Niedersachsen vom 6. 4./21. 4. 1955 (Nds. GVBl. S. 293) und zwischen dem Bund und Hamburg vom 14. 12. 1954/27. 4. 1955 (Hamb. GVBl. 1956 S. 83).

[48] Vom 6. 9. 1950, BGBl. S. 448.

[49] Im Ergebnis übereinstimmend offenbar *Schäfer* a.a.O. S. 644, der § 9 des Ersten Gesetzes über die Finanzverwaltung allerdings als einen „besonders gewagten Schritt" bezeichnet.

auf die Wahrnehmung der Aufsicht über nichtbundesbahneigene Eisenbahnen des öffentlichen Verkehrs durch die Bundesbahn hinzuweisen. Neuerdings hat sich beispielsweise auch die Frage ergeben, ob die zur Zuständigkeit der Arbeitsschutzbehörden der Länder gehörenden Aufgaben des Arbeitsschutzes im Bereich der Seeschiffahrt durch die für den Unfallschutz in diesem Bereich zuständige Seeberufsgenossenschaft wahrgenommenen werden können, da beide Aufgaben in einem engen Zusammenhang stehen und das Tätigwerden zweier verschiedener Verwaltungseinrichtungen unerwünscht erscheint.

Zweifel an der Verfassungskonformität eines derartigen Vorgehens ergeben sich im Hinblick auf den bundesstaatlichen Aufbau (vgl. oben zu C I 1). Sie haben sich noch verstärkt, nachdem das Bundesverfassungsgericht in den Gründen des „Fernseh-Urteils" ausgeführt hat, daß Organe des Bundes niemals zum hoheitlichen Vollzug von Landesrecht zuständig sein werden. M. E. können jedoch dort, wo es sich um die Erfüllung einer vom Grundgesetz anerkannten Gesamtaufgabe handelt und die Übertragung der Ausübung einer Bundeszuständigkeit auf eine Landesbehörde als das allein Zweckmäßige und Gebotene erscheint, Ausnahmen als mit dem Grundgesetz vereinbar angesehen werden, wobei sich allerdings die Verpflichtung der betrauten Bundesbehörden, dem Willen des die Zuständigkeit innehabenden Landes Rechnung zu tragen, nur aus dem Prinzip des bundesfreundlichen Verhaltens ergeben dürfte, da das Bestehen von Weisungsrechten einer Landesverwaltung gegenüber der Bundesverwaltung mit dem Aufbauprinzip des Bundesstaates unvereinbar ist.

f) *Einflußnahme des Bundes*

Die vertragliche Einräumung von Ingerenzrechten des Bundes ist sehr selten. Das einzige bedeutsame Beispiel stellen m. W. die bereits erwähnten Verwaltungsabkommen zwischen dem Bund und den Ländern über die Errichtung von Bereitschaftspolizeien dar[50]. In diesen Abkommen verpflichten sich die Länder dem Bunde gegenüber, Bereitschaftspolizei in bestimmter Stärke aufzustellen und zu unterhalten, Teile dieser Polizeien nicht für allgemeine Polizeizwecke zu verwenden und in erhöhter Bereitschaft zu halten, sie nur mit Zustimmung der Bundesregierung einzusetzen, wenn die Bundesregierung die Notwendigkeit des Einsatzes gem. Art. 91 Abs. 2 GG für bevorstehend erachtet sowie bei der Auswahl der Bewerber und der Einrichtung, Ausbildung und Ausrüstung der Bereitschaftspolizeien nach allgemeinen Verwaltungsvorschriften

[50] s. oben Anm. 43.

oder Richtlinien der Bundesregierung zu verfahren. Außerdem haben sich die Länder verpflichtet, bestimmten „Ersuchen“ der Bundesregierung über die Aufrechterhaltung der Einsatzbereitschaft der Bereitschaftspolizeien und die Vorbereitung ihres Einsatzes zu entsprechen, um die sich aus einem Notstandsfalle gem. Art. 91 Abs. 2 GG ergebenden Befugnisse der Bundesregierung sicherzustellen.

Die Seltenheit ausdrücklicher vertraglicher Einräumung von Ingerenzrechten bedeutet allerdings nicht, daß in der Staatspraxis keine Ingerenz stattfindet. Die Ausübung einer solchen in vielfältigen rechtlich nicht faßbaren Erscheinungsformen ist vielmehr eine notwendige Begleiterscheinung der gemeinschaftlichen Erfüllung von Gesamtaufgaben. Auch handelt es sich keineswegs immer nur um eine Einflußnahme des Bundes, sondern oft um eine wechselseitige Beeinflussung, wobei den Landesverwaltungen namentlich aus ihrem Schatz unmittelbarer Verwaltungserfahrung bedeutende Einflußmöglichkeiten erwachsen.

3. *Institutionalisierung der Zusammenarbeit*

Die Zusammenarbeit des Bundes und der Länder bei der Erfüllung von Gesamtaufgaben hat z. T. eine *institutionelle Verfestigung* erfahren, wobei sich fünf Hauptformen einer solchen unterscheiden lassen.

a) Koordinierungsgremien

Das bedeutsamste Beispiel eines *Koordinierungsgremiums* stellt der *Wissenschaftsrat* dar, dessen Aufgabe nach dem Verwaltungsabkommen zwischen dem Bund und den Ländern[51] darin besteht:

1. auf der Grundlage der von Bund und Ländern im Rahmen ihrer Zuständigkeit aufgestellten Pläne einen Gesamtplan für die Förderung der Wissenschaften zu erarbeiten und hierbei die Pläne des Bundes und der Länder aufeinander abzustimmen. Hierbei sind die Schwerpunkte und Dringlichkeitsstufen zu bezeichnen;
2. jährlich ein Dringlichkeitsprogramm aufzustellen;
3. Empfehlungen für die Verwendung derjenigen Mittel zu geben, die in den Haushaltsplänen des Bundes und der Länder für die Förderung der Wissenschaft verfügbar sind.

Ein anderes Beispiel ist das *Deutsche Polizeisportkuratorium*[52], dessen Aufgabe u. a. darin besteht, die körperliche Ertüchtigung der Polizeibeamten zu fördern, Polizeiwettkämpfe zu organisieren, die Zusammenarbeit mit internationalen Sportorganisationen zu pflegen sowie beratende Funktionen auszuüben.

---

[51] Vom 5. 9. 1957, GMBl. S. 553.

[52] Vom 1. 12. 1952 i. d. F. v. 1. 11. 1957.

In diesem Zusammenhang ist auch der *„Deutsche Ausschuß für das Erziehungs- und Bildungswesen"* zu nennen, der seit Sommer 1953 auf Grund einer formlosen Übereinkunft zwischen Bund und Ländern besteht und dessen Mitglieder durch gemeinsame Schreiben des Bundesministers des Innern und des „Präsidenten der Ständigen Konferenz der Kultusminister der Länder der Bundesrepublik Deutschland" berufen werden.

b) Mitwirkung des Bundes an Verwaltungseinrichtungen der Länder.

Beispiele dieser Art sind die *Wasserschutzpolizeischule Hamburg,* in deren Kuratorium der Bundesminister des Innern durch zwei Beamte vertreten ist und die vom Bunde einen jährlichen Zuschuß in Höhe von 10 000 DM erhält[53], sowie das *Polizei-Institut Hiltrup,* in dessen Kuratorium der Bund zwei Vertreter entsendet und zu dessen Unterhaltung er einen festen Kostenbeitrag von 50 000 DM jährlich entrichtet[54]. Während der Wasserschutzpolizeischule Hamburg die einheitliche Ausbildung des Vollzugspersonals der Wasserschutzpolizei obliegt, dient das Polizeiinstitut Hiltrup der polizeiberuflichen Schulung der Oberbeamten und Oberbeamtenanwärter der Polizei sowie der Pflege der Polizeiwissenschaften. Beide Einrichtungen tragen somit zur Erfüllung der Gesamtaufgabe des Schutzes der öffentlichen Ordnung und Sicherheit bei, die nach dem Grundgesetz zwischen dem Bund und den Ländern aufgeteilt ist. Dies gilt insbesondere hinsichtlich des Polizeiinstituts Hiltrup.

c) Mitwirkung der Länder an Verwaltungseinrichtungen des Bundes.

Hier ist besonders die *Kreditanstalt für Wiederaufbau* zu nennen. Diese Verwaltungseinrichtung des Bundes, die trotz ihres Namens keine Anstalt, sondern eine Körperschaft des öffentlichen Rechts darstellt, ist durch ein Gesetz der Verwaltung des Vereinigten Wirtschaftsgebiets vom 5. 11. 1948[55] errichtet worden und beruht heute auf einem Bundesgesetz vom 4. 12. 1951 in der Fassung vom 22. 1. 1952[56]. Sie hatte *ursprünglich* nur die Aufgabe, den *Wiederaufbau* der deutschen Wirtschaft durch Gewährung von Darlehen und Übernahme von Bürgschaften zu *fördern.* Ende des Jahres 1951 wurde ihr als weitere Aufgabe die *Finanzierung von Exportgeschäften* inländischer Unternehmer übertragen. Nunmehr soll sie durch ein Änderungsgesetz[57] im Zuge der verstärkten Förderung der *Entwicklungshilfe* zum Finanzierungsinstitut für die Entwicklungshilfe ausgebaut werden, um ihr Kreditpotential und ihre Erfahrungen dieser Aufgabe nutzbar zu machen. Der Verwaltungsrat der Anstalt besteht u. a. aus einem von der Bundesregierung bestellten Vorsitzenden, mehreren Bundesministern bzw. deren Vertretern und fünf vom Bundesrat bestellten Mitgliedern. Am Kapital sind z. Z. Bund und Länder je zur Hälfte beteiligt. Diese Beteiligung soll jedoch im Hinblick auf die geplante Schwergewichtsverlagerung der Aufgabenstellung im Sinne einer höheren Beteiligung des Bundes geändert werden.

---

[53] Vgl. das Abkommen zwischen Hamburg, Bremen, Nordrhein-Westfalen und Schleswig-Holstein, dem der Bund beigetreten ist, vom 15. 10. 1955.

[54] Vgl. das Abkommen zwischen dem Bund und der Mehrzahl der Länder v. 27. 9. 1951 i. d. F. v. 1. 4. 1953.

[55] WiGBl. S. 123.

[56] BGBl. I S. 65.

[57] BR Drucks. Nr. 65/61.

In gewissem Sinne gehören hierher auch die beiden Bundesrundfunkanstalten *„Deutsche Welle"* und *„Deutschland-Funk"*[58], deren Aufgabe in der Veranstaltung von Rundfunksendungen für das Ausland sowie für Deutschland und das europäische Ausland besteht und an deren Organen die Länder in der Weise beteiligt sind, daß der Bundesrat in den Rundfunkrat der „Deutschen Welle" zwei und in den des „Deutschland-Funk" sechs Mitglieder entsendet. Auch hier handelt es sich insofern um eine Gesamtaufgabe, als im Lichte des „Fernseh-Urteils" des Bundesverfassungsgerichts die Veranstaltung von Rundfunksendungen für das Ausland und für die Deutschen, die außerhalb der Bundesrepublik Deutschland in deutschen Gebieten wohnen, als Sache des Bundes, die Ausstrahlung von Rundfunksendungen für das Bundesgebiet dagegen als eine Angelegenheit der Länder anzusehen ist.

d) Gemeinsame Einrichtungen des Bundes und der Länder im Bereich des Privatrechts.

Hier ist als wohl bekanntestes Beispiel aus jüngster Zeit die *„Stiftung Volkswagenwerk"* zu nennen, zu deren Errichtung sich der Bund und das Land Niedersachsen vertraglich verpflichtet haben[59] und deren Zweck darin bestehen soll, „Wissenschaft und Technik in Forschung und Lehre" zu fördern, also eine spezifische Gesamtaufgabe zu erfüllen.

Ein weiteres Beispiel stellt die *„Frankfurter Siedlungsgesellschaft mbH" Frankfurt/Main* dar, die Bauprogramme im Rahmen der Wohnungsfürsorge für Bundesbedienstete und Angehörige der Bundeswehr durchführt und an deren Stammkapital der Bund, das Land Hessen und die Stadt Frankfurt beteiligt sind[60].

Ähnlich scheinen mir die Verhältnisse im allgemeinen bei den sog. *„Heimstätten"* zu liegen. Als Beispiel mag hier die „Nassauische Heimstätte GmbH" Frankfurt dienen, die staatliche Treuhandstelle für das Wohnungs- und Kleinsiedlungswesen ist und an deren Stammkapital der Bund und das Land Hessen sowie die Stadt Frankfurt beteiligt sind[61].

Als Beispiel einer gemeinsamen privatrechtlichen Einrichtung des Bundes und der Länder im Bereich einer Gesamtaufgabe sei schließlich auch noch die *„Deutsche Bauensiedlung GmbH" Düsseldorf* genannt. Sie ist als einziges landwirtschaftliches Siedlungsunternehmen in mehreren Ländern, und zwar in Nordrhein-Westfalen, Berlin, in Teilen der Länder Niedersachsen und Bayern sowie im Saarland tätig und befaßt sich neben der ländlichen Siedlung mit Maßnahmen zur Verbesserung der Agrarstruktur und dem Ankauf landwirtschaftlicher Höfe im Zusammenhang mit der Landbeschaffung für Industriebetriebe, die zur Ersatzbeschaffung verpflichtet sind. An ihrem Stammkapital sind u. a. der Bund und das Land Nordrhein-Westfalen beteiligt[62].

---

[58] Vgl. das Gesetz über die Errichtung von Rundfunkanstalten des Bundesrechts v. 29. 11. 1960, BGBl. I S. 862.

[59] Vgl. das dem Gesetz v. 9. 5. 1960 als Anlage beigefügte Verwaltungsabkommen zwischen dem Bund und dem Land Niedersachsen v. 11./12. 11. 1959, BGBl. I S. 301 f.

[60] Vgl. die Allgemeinen Vorbemerkungen zum Bundeshaushaltsplan f. d. Rechnungsjahr 1960 — Vorbem. — S. 515.

[61] Vgl. Vorbem. S. 519.

[62] Vgl. Vorbem. S. 526.

e) Gemeinsame Einrichtungen des Bundes und der Länder im Bereich des öffentlichen Rechts.

Als Beispiel ist m. W. lediglich der *„Gemeinsame Prüfungsausschuß für den höheren Staatsdienst im Bergfach“* zu nennen, der auf eine Vereinbarung des Bundes mit sechs Ländern[63] zurückgeht.

4. *Verfassungsrechtliche Schranken der Zusammenarbeit zwischen Bund und Ländern*

a) Unzulässige Übertragung der Ausübung von Zuständigkeiten?

Die Frage wurde bereits oben unter D II 2 e mit erörtert.

b) Unzulässigkeit der Bindung oder Einflußnahme?

Nach der Rechtsprechung des Bundesverfassungsgerichts ist davon auszugehen, daß das „gesamte verfassungsrechtliche Verhältnis zwischen dem Gesamtstaat und seinen Gliedern durch den ungeschriebenen Verfassungsgrundsatz von der wechselseitigen Pflicht des Bundes und der Länder zu bundesfreundlichem Verhalten beherrscht“ wird[64]. Andererseits ergeben sich aber gerade aus dem Wesen des Bundesstaates auch wieder *Schranken* der Zusammenarbeit zwischen Bund und Ländern insofern, als das ihm zugrunde liegende Prinzip der Kompetenzverteilung und der Charakter der Länder als Gebietskörperschaften mit Staatsrang nicht durch ein Übermaß an Bindung und Einflußnahme auf Kosten der Länderautonomie denaturiert werden dürfen.

Aus dieser *Antinomie* gilt es, einen Ausweg zu finden. Fest steht, daß die *Entziehung* einer Kompetenz durch den Gesetzgeber oder ein vertraglicher *Verzicht* auf eine solche unzulässig ist[65]. Die Bindung oder Ingerenz darf also in keinem Falle auf einen Verzicht auf die durch das Grundgesetz zugewiesenen Kompetenzen hinauslaufen.

Inwieweit Bindungen oder Ingerenzen im übrigen zulässig sind, scheint mir im wesentlichen davon abzuhängen, wie die *Gesetzgebungskompetenzen* verteilt sind.

Handelt es sich um einen Bereich, der der Gesetzgebungskompetenz des Bundes unterliegt, so könnte der Bundesgesetzgeber der Ausübung der Kompetenz des Bundes oder eines Landes, im Rahmen gewisser, hier nicht näher zu untersuchender Grenzen, bestimmte Bindungen auferlegen und — in dem durch das Grundgesetz vorgesehenen oder zugelassenen — Rahmen auch Ingerenzrechte des Bundes be-

---

[63] Vgl. die Vereinbarung zwischen dem Bund und den Ländern Baden-Württemberg, Bayern, Hessen, Niedersachsen, Nordrhein-Westfalen und Rheinland-Pfalz v. 10. 1. 1955, GMBl. S. 47.

[64] So die Gründe des „Fernseh-Urteils“ v. 28. 2. 1961.

[65] Vgl. BVerfGE 1, 14, Leitsatz Nr. 30.

gründen. Wie weit er dabei im einzelnen gehen darf, hängt maßgeblich davon ab, ob es sich um eine Vollkompetenz oder nur um eine Rahmenkompetenz handelt — auch die besondere Gesetzgebungskompetenz zur Regelung der Zusammenarbeit nach Art. 73 Nr. 10 GG ist zu beachten — und inwieweit der Vollzug des betreffenden Gesetzes sich nach Art. 84 oder nach Art. 85 GG vollziehen würde.

Würde der Bundesgesetzgeber in vollem Umfange von seiner bestehenden Vollkompetenz Gebrauch machen, so würde es sich um den Vollzug eines Bundesgesetzes, also nicht mehr um eine Gesamtaufgabe in dem hier behandelten Sinn, sondern um eine Gemeinschaftsaufgabe der ersten Art handeln. Hier stellt sich nun die Frage, ob der Bundesgesetzgeber sich darauf beschränken könnte, ohne den betreffenden Bereich der *Sache* nach zu regeln, lediglich die *Zusammenarbeit* der Verwaltungen des Bundes und der Länder in diesem Bereiche in dem durch das Grundgesetz gezogenen Rahmen zu normieren, ob er also die Verwaltung dieses Gebietes der Sache nach „gesetzesfrei" lassen und sie lediglich hinsichtlich der Zusammenarbeit zwischen Bund und Ländern zur „gesetzesakzessorischen" machen dürfte.

Ich neige dazu, diese Frage unter der Voraussetzung zu bejahen, daß der Gesetzgeber gleichzeitig von sich aus bestimmt, welche *Ziele* bei der Wahrnehmung der Verwaltungsaufgaben auf diesem Gebiete maßgebend sein sollen, die Bestimmung dieser Ziele also nicht — zumindest nicht ganz — dem Verwaltungsermessen überläßt. Jedenfalls wird dies für diejenigen Bereiche zu gelten haben, bei denen es sich im Falle einer vollständigen bundesgesetzlichen Regelung um einen Gesetzesvollzug nach Art. 85 GG handeln würde.

Durch eine solche gesetzliche Regelung würde im übrigen vielfach nichts anderes vorgenommen als eine Konkretisierung und Präzisierung der sich ohnehin bereits aus dem Grundsatz des bundesfreundlichen Verhaltens ergebenden Pflicht zur Zusammenarbeit, die schon nach ungeschriebenem Verfassungsrecht auch dort besteht, wo es an einer gesetzlichen oder vertraglichen Regelung fehlt. Nach einer solchen Konkretisierung und Präzisierung durch ein Bundesgesetz kann durchaus ein Bedürfnis bestehen, falls es nicht gelingt, auf einem vertraglichen Wege zu einer Einigung zu gelangen. Auch darf nicht übersehen werden, daß es im modernen Staatsleben zahlreiche Bereiche gibt, die möglicherweise noch erheblich an Umfang und Bedeutung gewinnen werden, auf denen zwar öffentliche Aufgaben erfüllt und staatliche Verwaltungsfunktionen wahrgenommen werden, die sich aber ihrer Natur nach einer gesetzlichen Normierung in materiellrechtlicher Hinsicht weitgehend entziehen und daher für eine „gesetzesakzessorische" Verwaltung im üblichen Wortsinn nicht in Betracht kommen.

Geht man davon aus, daß der Bundesgesetzgeber im Bereich seiner Gesetzgebungskompetenz in dieser Weise Bindungen auferlegen und Ingerenzrechte des Bundes begründen könnte, so wird man in Bereichen, die der Gesetzgebungskompetenz des Bundes unterliegen, selbst wenn von dieser Kompetenz kein Gebrauch gemacht wird, auch vertragliche Bindungen der Ausübung von Verwaltungskompetenzen und die vertragliche Einräumung von Ingerenzrechten für zulässig zu erachten haben, allerdings nur insoweit, als solche Bindungen oder Ingerenzen durch den Bundesgesetzgeber, falls er von seiner Kompetenz Gebrauch machen sollte, zu Recht begründet werden könnten. Dagegen wird man in den Bereichen, die nicht in den Kompetenzbereich des Bundesgesetzgebers fallen, also zur ausschließlichen Zuständigkeit des Landesgesetzgebers gehören, auch bei der Zulassung einer vertraglichen Bindung oder Einräumung von Ingerenzen besonders zurückhaltend zu sein und möglicherweise nur gewisse *formelle* Bindungen der Kompetenzausübung, dagegen *weder* solche *materieller* Art noch die Einräumung von *Ingerenzen,* für zulässig zu erachten haben.

c) Unzulässige Institutionalisierung?

Verfassungsrechtliche Bedenken gegen Koordinierungsgremien sowie gegen eine Mitwirkung der Länder an Verwaltungseinrichtungen des Bundes bestehen nicht.

Auch die *Mitwirkung des Bundes an Verwaltungseinrichtungen der Länder* wird man — obwohl mit dem Aufbauprinzip des Bundesstaates an und für sich nicht ganz im Einklang stehend (vgl. oben C I 2) — im Rahmen der Erfüllung von Gesamtaufgaben unter besonderen Voraussetzungen für zulässig erachten können.

Verfassungsrechtlich problematischer erscheint die *Unterhaltung gemeinschaftlicher Einrichtungen* des Bundes und der Länder, soweit von ihnen *Hoheitsgewalt* des Bundes, eines Landes, mehrerer oder gar aller Länder wahrgenommen werden soll. Da, abgesehen von dem erwähnten gemeinsamen Prüfungsausschuß, derartige Einrichtungen in der Staatspraxis bisher nicht vorzukommen scheinen, mag die Frage hier dahingestellt bleiben.

Zusammenfassend läßt sich feststellen, daß im Bereich der dritten Art der Erfüllung von Gemeinschaftsaufgaben in der Verfassungswirklichkeit eine intensive Zusammenarbeit des Bundes und der Länder in mannigfaltigen Formen stattfindet, die — obwohl im Grundgesetz im einzelnen nicht geregelt — im großen und ganzen mit ihm in Einklang stehen dürfte. Es ist allerdings nicht zu verkennen, daß die Grenzen des verfassungsrechtlich Zulässigen verschiedentlich bereits erreicht sein dürften. Das gilt vielleicht weniger hinsichtlich der Gefahr einer zu starken Einschränkung der Länderautonomie als hinsichtlich der einer unmerklichen Denaturierung der dem bundesstaatlichen Aufbau wesentlichen Überordnung des Gesamtstaates in Richtung auf eine zu weitgehende partnerschaftliche Gleichordnung mit seinen Gliedern.

E. Vierte Art: Aufgaben, die das Grundgesetz weder dem Bund noch den Ländern zugewiesen hat

Im Rechtsschrifttum wird von namhafter Seite — so von *Peters, Klein* und *Dennewitz*[66] — die Auffassung vertreten, die allgemeine Kompetenzverteilungsnorm des Art. 30 GG gelte nicht für die *fiskalische* Verwaltung. Unter fiskalischer Verwaltung soll dabei alles Verwaltungshandeln verstanden werden, das sich seinem Wesen nach nicht als hoheitliche Verwaltung — und zwar weder als schlichte Verwaltung noch als Eingriffsverwaltung[67] — darstellt. Diese Auffassung hat zwar auf der Kölner Staatsrechtslehrertagung 1960 von *Mallmann* und *Zeidler*[68] Widerspruch erfahren. Dabei scheint jedoch von einem rein formellen Begriff der fiskalischen Verwaltung — „die Handlungen von Verwaltungsträgern in den Formen des Privatrechts" (Zeidler) — ausgegangen worden zu sein, dem m. E. kein wesentlicher Abgrenzungswert zukommt, da es sowohl hoheitliche Verwaltung als auch fiskalische Verwaltung in Formen des Privatrechts gibt. Auch das „Fernseh-Urteil" des Bundesverfassungsgerichts zwingt m. E. nicht dazu, die erwähnte Auffassung aufzugeben, da es in seinen Gründen dahingestellt sein läßt, ob Art. 30 GG „jede staatliche Tätigkeit schlechthin erfaßt" oder nicht.

---

66 *Peters,* Festschrift f. E. Kaufmann, 1950, S. 281 [294], Klein in *v. Mangoldt-Klein,* Das Bonner Grundgesetz, 2. Auflage, Anm. III 1 b zu Art. 30, *Dennewitz,* Bonner Kommentar, Erläuterung II 1 zu Art. 30.

67 Unter „Eingriffsverwaltung" versteht z. B. *Siebert* in Festschrift für Niedermeyer 1953 S. 215 ff. [219] dasjenige Handeln der vollziehenden Gewalt, bei dem, wie z. B. im Polizeirecht und Steuerrecht, seitens der Behörde mit Befehl und Zwang gearbeitet wird. Unter „schlichter Verwaltung" versteht der gleiche Autor (a.a.O. S. 220) dasjenige Tätigwerden der vollziehenden Gewalt, das — wie z. B. bei der Wohlfahrtsfürsorge, im öffentlichen Schulwesen oder im Sozialwesen — auch kraft der übergeordneten Stellung des Staates über die Bürger als Auswirkung öffentlicher Aufgaben, aber regelmäßig nicht durch behördliche Eingriffe durchgeführt wird. Vielmehr geben diesem Bereich hoheitliche Fürsorge und hoheitlicher Schutz das Gepräge; Befehl und Zwang stehen allenfalls am Rande und kommen nur als äußerste Sanktion in Betracht. Die schlichte Verwaltung wird allerdings vielfach auch noch in einem weiteren Sinne als sog. „Daseinsvorsorge", d. h. als alles das definiert, was „von seiten der Verwaltung geschieht, um die Allgemeinheit ... in den Genuß nützlicher Leistungen zu versetzen" (E. *Forsthoff,* Lehrb. d. VerwR, I. Bd., Allg. T., 8. Aufl. 1961 S. 322).

68 Vgl. DÖV 1960 S. 903.

Die Auffassung, die fiskalische Verwaltung in dem oben verstandenen Sinne werde nicht von der Kompetenzverteilungsnorm des Art. 30 GG erfaßt, bedeutet im übrigen keineswegs, daß das fiskalische Handeln des Staates auch im übrigen „grundgesetzfrei" sei. Man wird im Gegenteil nicht nur den Grundrechtsteil, sondern zum Beispiel auch den Grundsatz des bundesfreundlichen Verhaltens auf diesen staatlichen Tätigkeitsbereich durchaus für anwendbar zu halten haben, wobei dahingestellt bleiben mag, inwieweit dieser Grundsatz im Bereich der fiskalischen Verwaltung weniger weitgehende Verpflichtungen beinhaltet als im Bereich der hoheitlichen Verwaltung[69].

Geht man davon aus, daß es einen von der Kompetenznorm des Art. 30 GG nicht erfaßten Raum gibt, so eröffnet sich hier ein weites Feld für Gemeinschaftsaufgaben zwischen dem Bund und den Ländern, das hier lediglich angedeutet werden kann.

Die typische Form der Erfüllung von Gemeinschaftsaufgaben in diesem Bereich scheint mir die der Institutionalisierung durch gemeinschaftliche privatrechtliche Organisationen zu sein. Als Beispiele seien hier die in der Form einer Aktiengesellschaft betriebenen *Saarbergwerke*, an denen sowohl der Bund als auch das Saarland beteiligt ist[70], die *„Duisburg-Ruhrorter Häfen-AG"* Duisburg[71] mit je 50prozentiger Beteiligung des Bundes und des Landes Nordrhein-Westfalen sowie die *„Nürburgring-GmbH"*[72] mit entsprechender Beteiligung des Bundes und des Landes Rheinland-Pfalz genannt.

F. Insbesondere: Finanzielle Leistungen des Bundes im Rahmen der Erfüllung von Gemeinschaftsaufgaben

Nach Art. 106 Abs. 4 Nr. 1 GG tragen der Bund und die Länder gesondert die Ausgaben, die sich aus der Wahrnehmung ihrer Aufgaben ergeben. Dieser Grundgesetzvorschrift kommt die Bedeutung eines allgemeinen Prinzips der Bundesfinanzverfassung zu[73]. Es besagt, vereinfacht ausgedrückt, u. a. daß der Bund und die Länder nur die Ausgaben zu leisten haben — und wohl auch nur die Ausgaben leisten dürfen —, die zur Wahrnehmung ihrer Aufgaben, d. h. der ihnen vom Grundgesetz zugewiesenen Aufgaben, erforderlich sind.

Geht man die im Rahmen der Erfüllung der einzelnen Arten von Gemeinschaftsaufgaben in Betracht kommenden finanziellen Zuwendungen des Bundes unter diesem Gesichtspunkt durch, so gelangt man zu den nachstehend kurz skizzierten Ergebnissen.

---

[69] Vgl. *Zeidler* a.a.O. sowie *Evers*, NJW 1961 S. 289.

[70] Vgl. das Gesetz über die Einbringung der Steinkohlenbergwerke im Saarland in eine Aktiengesellschaft v. 27. 7. 1957 (BGBl. I S. 1103).

[71] Vgl. Vorbem. S. 492.

[72] Vgl. Vorbem. S. 503.

[73] Vgl. *Vialon*, Haushaltsrecht, 2. Aufl. 1959 S. 162/163.

I. Im Rahmen des gemeinschaftlichen Vollzugs von Bundesgesetzen (oben B I)

Beim gemeinschaftlichen Vollzug von Bundesgesetzen haben die Länder nach dem Prinzip des Art. 106 Abs. 4 Nr. 1 GG die persönlichen und sächlichen Verwaltungskosten zu tragen und zwar gleichgültig, ob der Vollzug nach Art. 84 oder 85 GG erfolgt, da die Verwaltungstätigkeit als solche in beiden Fällen nach dem Grundgesetz eine Aufgabe der Länder ist. Dagegen fallen die sog. Zweckausgaben — jedenfalls beim Gesetzesvollzug nach Art. 85 GG — dem Bunde zur Last, da es sich nach dem oben zu B I 1 b näher ausgeführten Charakter der Bundesauftragsverwaltung insoweit um Aufgaben des Bundes und nicht der Länder handelt. Inwieweit es auch im Bereich des Gesetzesvollzugs nach Art. 84 vergleichbare „Aufgaben des Bundes" im Sinne des Art. 106 Abs. 4 Nr. 1 GG geben kann, mag hier dahingestellt bleiben.

Eine besonders schwierige Frage ist die, inwieweit sich aus einer Ausübung der in Art. 84 oder 85 GG vorgesehenen Einflußrechte des Bundes jedenfalls dann, wenn sie in besonders intensiver Weise erfolgt, Folgen für die Kostentragung durch den Bund ergeben. Dies ist im Schrifttum vereinzelt behauptet worden[74], dürfte aber, obgleich der Auffassung eine gewisse Berechtigung nicht abgesprochen werden kann, wohl abzulehnen sein, weil sich auf diese Weise keine hinreichend klaren Grenzen für die Kostenverteilung gewinnen lassen.

Für die sonstigen vom Grundgesetz dem Bund und den Ländern zur gemeinschaftlichen Erfüllung zugewiesenen Aufgaben wird Entsprechendes zu gelten haben wie für den gemeinschaftlichen Vollzug von Bundesgesetzen.

II. Im Rahmen der Beteiligung des Bundes an der Erfüllung von Landesaufgaben (oben C I)

Finanzielle Leistungen des Bundes zur unmittelbaren Wahrnehmung reiner Landesaufgaben sind — ebenso wie finanzielle Zuwendungen der Länder für die Wahrnehmung reiner Bundesaufgaben — mit dem Prinzip des Art. 106 Abs. 4 Nr. 1 GG unvereinbar. Inwieweit in diesem Rahmen Finanzzuweisungen des Bundes nicht zur unmittelbaren Förderung irgendwelcher Vorhaben, sondern zur finanziellen Unterstützung eines Landes über den Landeshaushalt — sei es als allgemeine, sei es als zweckgebundene Zuwendung — zulässig sind, bedürfte einer besonderen Untersuchung.

---

[74] Vgl. *Heim*, DÖV 1958 S. 566.

III. Im Rahmen der Erfüllung von Gesamtaufgaben (oben D)

1. *Beispiele finanzieller Leistungen*

Hier kommen vor allem finanzielle Zuwendungen des Bundes auf Grund des Bundeshaushaltsgesetzes zur *Förderung hervorragender kultureller* Zwecke, zur *Steigerung der Wirtschaftskraft* bestimmter Gebiete sowie zur Durchführung *besonderer Aufgaben* in Betracht.

Als Beispiele seien die im Bundeshaushaltsplan für das Rechnungsjahr 1961 vorgesehenen finanziellen Zuwendungen des Bundes für folgende Zwecke genannt:

Aus dem Bereich des *Bundesministers des Innern:*

zur Förderung der Wissenschaft[75],

für Gewährung von Zuschüssen auf dem Gebiete des Bildungswesens[76],

zur Förderung der Kultur, soweit es sich um eine repräsentative Vertretung des Bundes oder um die Wahrung von Belangen gesamtdeutscher oder internationaler Bedeutung handelt[77],

für zentrale Maßnahmen auf dem Gebiet des *Sports* und der Leibesübungen[78],

für die Verteilung des Bundesfilmpreises und anderer fördernder Maßnahmen auf dem Gebiet des Filmwesens[79].

Aus dem Bereich des *Bundesministers der Finanzen:*

für *regionale Hilfsmaßnahmen zur Stärkung der Leistungskraft wirtschaftlich schwacher Gebiete und von Grenzbezirken*[80].

Aus dem Bereich des *Bundesministers für Ernährung, Landwirtschaft und Forsten:*

zur Erschließung des Emslandes[81] (sog. *Emslandplan)* sowie für den Hochwasserschutz im Alpenbereich und die Sanierung von Flußgebieten im Voralpenland (sog. *Alpenplan)*[82],

---

[75] Einzelplan 06 Kap. 0602 Tit. 614.

[76] Einzelplan 06 Kap. 0602 Tit. 615.

[77] Einzelplan 06 Kap. 0602 Tit. 616.

[78] Einzelplan 06 Kap. 0602 Tit. 617.

[79] Einzelplan 06 Kap. 0602 Tit. 635.

[80] Einzelplan 60 Kap. 6002 Tit. 571.

[81] Einzelplan 10 Kap. 1002 Tit. 570.

[82] Einzelplan 10 Kap. 1002 Tit. 575 b 1.

für Erschließungsmaßnahmen im Landesteil Schleswig (sog. *Nordprogramm)*[83],

zur Förderung besonderer Vorhaben auf dem Gebiete der Wissenschaft und der Landeskultur im Küstengebiet (sog. *Küstenplan)*[84].

Aus dem Bereich des *Bundesministers für Verkehr:*

für Aufwendungen für den Straßenbauplan, insbesondere für den Bau von Ortsdurchfahrten von Bundesfernstraßen durch größere Gemeinden sowie von Gemeinde- und Kreisstraßen, die mit Bundesfernstraßen in Beziehung stehen (wie Zubringerstraßen und evtl. auch Entlastungsstraßen)[85].

Nach dem Entwurf des Bundeshaushaltsplans für das Rechnungsjahr 1961[86] belaufen sich die finanziellen Aufwendungen des Bundes allein für die oben skizzierten Zwecke auf über 650 Mio DM.

Bei der praktischen Gewährung dieser Zuwendungen wird nach *verschiedenen Methoden* verfahren. Die finanziellen Zuwendungen des Bundes zur Förderung der wissenschaftlichen Forschung beispielsweise erfolgen nach einem vom Wissenschaftsrat zwischen Bund und Ländern gemeinsam erarbeiteten Plan und fließen den Ländern zu, bei denen sie zumeist auf der Eingabenseite der Länderhaushalte auftauchen. Die Verteilung der Bundesmittel für regionale Hilfsmaßnahmen zur Stützung der Wirtschaftskraft wird — auf Grund von den Ländern eingereichter Programme — durch einen „Interministeriellen Ausschuß für Notstandsgebietsfragen", der aus den Bundesressorts unter Vorsitz des Bundesministers für Wirtschaft besteht, nach Richtlinien der Bundesregierung vorgenommen. Die Mittel fließen von der Bundeshauptkasse über Landeszentralbanken unmittelbar an regionale Bankinstitute weiter, durchlaufen also die Länderhaushalte nicht. Ähnlich wird bei der Praktizierung des sog. Honnefer Modells verfahren.

2. *Zur Frage der Bundeskompetenz überhaupt*

Geht man die oben erwähnten finanziellen Zuwendungen des Bundes unter diesem Gesichtspunkt durch, so erweist sich, daß dem Bund auf den meisten der in Betracht kommenden Gebiete ausdrücklich im Grundgesetz genannte Gesetzgebungskompetenzen zustehen, z. B. nach Art. 74 Nr. 13 zur „Förderung der wissenschaftlichen Forschung" oder nach Art. 74 Nr. 11, Nr. 17 und 22 GG für das Recht der Wirtschaft,

---

[83] Einzelplan 10 Kap. 1002 Tit. 579.
[84] Einzelplan 10 Kap. 1002 Tit. 619.
[85] Einzelplan 12 Kap. 1210 Tit. 310.
[86] Deutscher Bundestag, 3. Wahlperiode, Drucks. Nr. 2050.

die Förderung der land- und forstwirtschaftlichen Erzeugung, die Sicherung der Ernährung sowie den Bau und die Unterhaltung von Landstraßen des Fernverkehrs. Auch auf die Rahmenkompetenz des Bundes nach Art. 75 Nr. 4 GG für Bodenverteilung, Raumordnung und Wasserhaushalt sei hier besonders hingewiesen[87].

Außerdem kommen Gesetzgebungskompetenzen des Bundes aus der „Natur der Sache" und kraft „Sachzusammenhangs" in Betracht, deren Bestehen das Bundesverfassungsgericht im Prinzip im sog. „Baugutachten"[88] vom 16. Juni 1954 sowie in einer Entscheidung vom 10. Mai 1960[89] unter Berufung auf *Anschütz* anerkannt hat. Neuerdings sind derartige natürliche Gesetzgebungskompetenzen des Bundes incidenter auch im „Fernseh-Urteil" des Bundesverfassungsgerichts vom 28. Februar 1961 anerkannt worden.

Das „Fernseh-Urteil" macht in diesem Zusammenhang zwei Feststellungen erforderlich.

Zunächst sei darauf hingewiesen, daß das Bundesverfassungsgericht in diesem Urteil eine Kompetenz des Bundes für nationale Repräsentation nach innen, d. h. für die Selbstdarstellung der Nation vor der Bevölkerung der Bundesrepublik Deutschland, ausdrücklich nur insoweit verneint hat, als es sich um die Wahrnehmung dieser Aufgabe durch den *Rundfunk* handelt. Dabei hat sich das Gericht von der doppelten Vorstellung leiten lassen, eine Förderung dieser Aufgaben „durch Rundfunksendungen des Bundes" sei „nicht zwingend geboten" und im übrigen auch durch die engen Grenzen erschwert, die „einer Einflußnahme des Bundes auf den Inhalt der Sendungen" durch Art. 5 GG gezogen wären[90]. Im übrigen — d. h. abgesehen vom

[87] Zur Frage der Zuständigkeit des Bundes auf dem Gebiet der Raumordnung, vgl. insbes. das sog. „Baugutachten" des BVerfG v. 16. 6. 1954, BVerfGE 3, 407 [421 f.].

[88] s. oben Anm. 87.

[89] BVerfGE 11, 89 [96 f.].

[90] Was den letzten Gesichtspunkt angeht, so sei in diesem Zusammenhang die Bemerkung gestattet, daß Art. 5 GG entweder den Einfluß *sowohl des Bundes als auch der Länder* auf Rundfunksendungen erschwert oder keines von beiden, da diese Grundgesetzvorschrift keinen Anhaltspunkt für die Zulässigkeit einer Differenzierung zwischen dem Bund und den Ländern enthält. Außerdem muß auseinandergehalten werden, ob der Staat eine Institution *generell* zur Wahrnehmung einer besonderen kulturellen Aufgabe ausersieht — etwa eine Oper zur Förderung ausschließlich der klassischen Opernkunst bestimmt — oder ob er *im einzelnen* versucht, durch seine Organe auf die Erfüllung dieser kulturellen Aufgabe durch die an der betreffenden Institution kulturell tätigen Personen Einfluß zu nehmen — also etwa dem Dirigenten vorzuschreiben, von welcher Auffassung er bei der Darbietung klassischer Opernmusik auszugehen habe. Das letzte ist — daran dürfte und sollte kein Zweifel bestehen — mit Art. 5 GG schlechthin unvereinbar. Das erste — die lediglich allgemeine Zweckbestimmung — wird dagegen von Art. 5 GG nicht berührt und in der Staatspraxis auch weitgehend geübt.

Bereich des Rundfunkwesens — hat das Bundesverfassungsgericht zur Frage der natürlichen Bundeskompetenz zur nationalen Repräsentation nach innen ausdrücklich lediglich bemerkt, daß damit Aufgaben bezeichnet seien, „die sich einer näheren Bestimmung entziehen“ und die aus diesem Grund nicht zur Ableitung einer natürlichen Bundeskompetenz führen könnten[91]. Die Frage, inwieweit die mit dem Wesen eines jeden Staates notwendig verbundene Kompetenz zur nationalen Repräsentation nach innen und zur Selbstdarstellung vor der eigenen Bevölkerung nach dem Grundgesetz im einzelnen dem Bund und den Ländern zusteht, hat daher m. E. durch das Fernseh-Urteil des Bundesverfassungsgerichts keine abschließende Beantwortung erfahren.

Dasselbe scheint mir für die Frage zu gelten, inwieweit dem Moment der Überregionalität die Bedeutung eines die Kompetenz des Gesamtstaates begründenden Gesichtspunkts zukommt und inwieweit nicht, d. h. inwieweit es trotz des überegionalen Charakters einer Aufgabe bei der grundsätzlichen Kompetenz der Länder verbleibt. Im „Fernseh-Urteil“ des Bundesverfassungsgerichts findet sich zu dieser Frage lediglich die Feststellung, die „Tatsache der gemeinsamen oder koordinierten Erfüllung einer Aufgabe durch die Länder“ sei, „gleichgültig welcher Art die Motive für die Zusammenarbeit sein mögen, für sich genommen kein Grund, der eine natürliche Bundeszuständigkeit rechtfertigen könnte“. Hier wird also allein darauf abgestellt, ob eine Aufgabe *tatsächlich* von den Ländern wahrgenommen wird. Dagegen wird nicht erörtert, inwieweit dem Moment der Überregionalität als einem Wesensmerkmal bestimmter Sachbereiche kompetenzbegründende Kraft zukommt. Diese Frage dürfte daher auch nach dem „Fernseh-Urteil“ noch weiterer Klärung bedürfen[92].

3. Zur Frage der Zuständigkeit oberster Bundesbehörden

Soweit dem Bund eine Gesetzgebungskompetenz zusteht, bestehen Verwaltungskompetenzen des Bundes im allgemeinen nur insoweit, als das Grundgesetz selbst entweder eine bundeseigene Verwaltung eingerichtet hat, wie etwa in Art. 87 Abs. 1, oder der einfache Bundesgesetzgeber nach Art. 87 Abs. 3 GG bundeseigene Verwaltungseinrichtungen schafft. Es stellt sich nun die Frage, inwieweit der Bundesgesetzgeber die Gewährung finanzieller Zuwendungen des Bundes — evtl. auch anderer Förderungsmaßnahmen — ohne Einrichtung eines

---

[91] Vgl. die Ausführungen des Abg. Dr. *Arndt* (SPD) in der 148. Sitzung des 3. Bundestages vom 9. 3. 1961, Sten. Ber. S. 8429.

[92] Vgl. auch die oben Anm. 1 zitierte Äußerung des Abg. *Niederalt* (CDU/CSU). Die Verabschiedung des Bundeshaushaltsgesetzes 1961 durch den Deutschen Bundestag deutet im übrigen darauf hin, daß auch der Deutsche Bundestag die Fragen der Zulässigkeit finanzieller Zuwendungen des Bundes noch keineswegs als abschließend geklärt ansieht.

bundeseigenen Verwaltungsunterbaues den obersten Bundesbehörden übertragen kann, wie dies bei den vorerwähnten finanziellen Zuwendungen durch das Bundeshaushaltsgesetz geschieht.

Zu der Frage, unter welchen Voraussetzungen der Bundesgesetzgeber befugt ist, Verwaltungszuständigkeiten der obersten Bundesbehörden zu begründen — evtl. auch wann solche Zuständigkeiten ohne ausdrückliche gesetzliche Zuweisung bestehen — hat das Bundesverfassungsgericht bisher lediglich in der bereits an anderer Stelle erwähnten Entscheidung vom 15. März 1960[93] dem sog. „Dampfkesselfall" — Stellung genommen.

An dieser Entscheidung ist von grundsätzlicher Bedeutung die in ihr enthaltene Anerkennung des Bestehens ungeschriebener Verwaltungskompetenzen des Bundes, die weder vom Grundgesetz durch ausdrückliche Zuweisung eines Bereiches an die bundeseigene Verwaltung noch vom einfachen Gesetzgeber durch Schaffung von Bundesverwaltungseinrichtungen nach Art. 87 Abs. 3 GG ausdrücklich begründet worden sind, und den obersten Bundesbehörden zustehen[94].

Im übrigen eignet sich die Entscheidung jedoch nicht zur Verallgemeinerung im Hinblick auf die Frage des Bestehens natürlicher Zuständigkeiten der obersten Bundesbehörden, denn in ihr handelt es sich um den Vollzug von Bundesrecht durch die Setzung von Verwaltungsakten, also um „gesetzesakzessorische" Verwaltung im spezifischen Sinne. M. E. kann nicht angenommenen werden, diese Entscheidung besage auch etwas Abschließendes darüber, unter welchen Voraussetzungen außerhalb der „gesetzesakzessorischen" Verwaltung, also bei einem Verwaltungshandeln ganz anderer Art Zuständigkeiten oberster Bundesbehörden bestehen oder begründet werden können. Dies gilt insbesondere für Maßnahmen rein fördernder Natur, vor allem für finanzielle Zuwendungen. Man wird viel-

---

[93] s. oben Anm. 27.

[94] Dabei mag dahingestellt bleiben, ob es ungeschriebene Verwaltungskompetenzen des Bundes unabhängig vom Bestehen einer Gesetzgebungskompetenz des Bundes — gleichgültig ob von ihr Gebrauch gemacht wird oder nicht — geben kann oder ob solche Verwaltungskompetenzen des Bundes nur im Rahmen einer entsprechenden Gesetzgebungskompetenz des Bundes möglich sind. In den Gründen des „Fernseh-Urteils" des BVerfG findet sich das folgende obiter dictum:

„Nach der Systematik des Grundgesetzes bezeichnet die Gesetzgebungskompetenz des Bundes die äußerste Grenze für seine Verwaltungsbefugnisse (vgl. *Krüger*, Der Rundfunk im Verfassungsgefüge und in der Verwaltungsordnung von Bund und Ländern 1960 S. 78 und *Zeidler*, DVBl. 1960, S. 573 [579 f.];. Das heißt aber, daß die Verwaltungskompetenzen den Gesetzgebungskompetenzen des Bundes folgen und nicht umgekehrt die Gesetzgebungs- den Verwaltungsbefugnissen". Inwieweit diese Bemerkung, die im Hinblick auf Art. 87 Abs. 1 im Vergleich zu Art. 73 Nr. 7 GG („Bundespost" und „Post- und Fernmeldewesen") gemacht worden ist, auch etwas zu der eingangs skizzierten Frage des möglichen Umfangs natürlicher Verwaltungskompetenzen des Bundes besagt oder besagen soll, ist m. E. zweifelhaft.

mehr davon ausgehen können, daß jedenfalls im Bereich der Gesetzgebungskompetenzen des Bundes Verwaltungszuständigkeiten der obersten Bundesbehörden auch unter anderen Voraussetzungen mit dem Grundgesetz vereinbar sein können. Derartige Zuständigkeiten oberster Bundesbehörden dürften m. E. besonders dort in Betracht kommen, wo es sich um die Erfüllung von Gesamtaufgaben handelt, die zum Teil in den Zuständigkeitsbereich des Bundes, zum Teil in den der Länder fallen.

IV. Im Rahmen der Erfüllung vom Grundgesetz nicht zugeteilter Aufgaben (oben E)

Für die Gemeinschaftsaufgaben dieser Art ist aus Art. 106 Abs. 4 Nr. 1 GG nichts zu gewinnen, da diese Grundgesetzvorschrift von der Anwendbarkeit des Art. 30 GG ausgeht. Denn unter „Aufgaben" i. S. des Art. 106 Abs. 4 Nr. 1 GG können nur solche verstanden werden, die das Grundgesetz dem Bund oder den Ländern zugewiesen hat.

G. Allgemein: Zur Frage der Zielsetzung bei der Erfüllung von Gemeinschaftsaufgaben

I. Die praktische Bedeutung der Fragestellung

Die Frage, von welchen Zielen bei der Erfüllung von Gemeinschaftsaufgaben auszugehen ist bzw. ausgegangen werden darf, kann von großer praktischer Bedeutung sein.

Im Bereich der ersten Art von Gemeinschaftsaufgaben kann sie sich z. B. stellen, wenn von Weisungsbefugnissen, namentlich im Bereich der Bundesauftragsverwaltung Gebrauch gemacht wird, und Zweifel daran bestehen, ob die Ziele, die mit den betreffenden Weisungen verfolgt werden, zulässig sind.

Besonders praktisch dürfte die Fragestellung im Bereich der dritten Art von Gemeinschaftsaufgaben sein, also dort, wo es sich um die Erfüllung von Gesamtaufgaben durch den Bund und die Länder handelt. Zur Verdeutlichung sei hier ein Beispiel aus dem Bereich der Raumordnung genannt, wo die beiden Ziele der Eingliederung der Vertriebenen in die Landwirtschaft einerseits und der Neuordnung der Agrarstruktur andererseits in Konkurrenz miteinander treten können. Denn das erste Ziele erfordert die Einordnung einer möglichst großen Zahl von Vertriebenen als selbständige landwirtschaftliche Betriebsführer, das zweite Ziel dagegen zwecks Hebung des Leistungsstandards der einzelnen Arbeitskraft eine namhafte Verringerung der Zahl der landwirtschaftlichen Betriebe.

II. Negative Grenzziehung durch das Grundgesetz, insbesondere das Bundesstaatsprinzip als formale Grenze

Aus dem Grundgesetz ergibt sich zunächst eine negative Begrenzung, da Ziele, die als Ziele eines jeden Handelns im Verfassungsleben ausscheiden, auch nicht als Ziele bei der Erfüllung von Gemeinschaftsaufgaben in Betracht kommen. Das gilt, wie sich namentlich aus den Art. 9 Abs. 2, 18 und 21 Abs. 2 GG ergibt. z. B. von allen mit der *freiheitlichen demokratischen Grundordnung* unvereinbaren Zielsetzungen. Auf die Unzulässigkeit weiterer Ziele kann aus anderen Grundgesetzvorschriften, insbesondere solchen des Grundrechtsteils, geschlossen werden. So dürfte es z. B. unzulässig sein, bei der Erfüllung von Gemeinschaftsaufgaben Ziele zu verfolgen, die mit den verschiedenen Ausprägungen des Gleichheitssatzes des Art. 3 unvereinbar sind oder auf eine Beeinträchtigung sonstiger Grundrechte oder institutioneller Garantien hinauslaufen.

Weitere Grenzen ergeben sich aus dem Organisationsteil der Verfassung, wobei namentlich dem in Art. 20 Abs. 1 und 79 Abs. 3 GG verankerten bundesstaatlichen Prinzip besondere Bedeutung zukommen dürfte. Man könnte daran denken, auch aus diesem eine negative Grenze *materieller Art* herzuleiten. Sicher ist, daß mit der Zusammenarbeit nicht der Zweck verfolgt werden darf, das Wesen des Bundesstaats anzutasten. Wo die unverletzbare „Wesensgehaltsschranke" des Bundesstaats verläuft, ist allerdings nicht leicht zu bestimmen. Zu ihrer Bestimmung sind theoretisch zwei Wege denkbar: Entweder der Weg einer allgemeinen Wesensschau des Bundesstaats, die außer der verfassungsgeschichtlichen Entwicklung auch staatsphilosophische und nicht zuletzt politische Aspekte einzubeziehen hätte und sich schon allein aus diesem Grunde einer scharfen rechtlichen Erfassung weitgehend entzieht. Oder der Weg einer spezifisch verfassungsrechtlichen Betrachtung, die im wesentlichen auf die im Grundgesetz festgelegten bundesstaatlichen Aufbau- und Funktionsprinzipien abstellt. Die letztere verdient im Rahmen einer verfassungsrechtlichen Untersuchung — weil deren Wesen mehr entsprechend — den Vorzug.

Ich neige daher dazu, die „Wesensgehaltsschranke" des bundesstaatlichen Prinzips in diesem Zusammenhang formal zu bestimmen und davon auszugehen, daß dem bundesstaatlichen Prinzip keine Verbote bestimmter materieller Ziele einer Zusammenarbeit, insbesondere nicht das Verbot größtmöglicher Koordination der Kompetenzausübung entnommen werden kann, sondern daß die „Wesensgehaltsschranke" im Gebot der Einhaltung der fundamentalen organisations- und funktionsrechtlichen Prinzipien des Bundesstaates zu erblicken ist. Diese bilden nicht nur eine Grenze gegen eine Aushöhlung der Länderautonomie sondern auch gegen eine Denaturierung des Bundesstaates in staatenbündlerischer Richtung, da sie — richtig verstanden — nicht nur einem Übermaß an vereinheitlichender Tendenz sondern auch einem zuwenig an Überordnung des Gesamtstaates entgegenstehen.

III. Positive Anhaltspunkte im Grundgesetz

Auch in positiver Hinsicht läßt sich aus dem Grundgesetz eine Reihe von Anhaltspunkten dafür gewinnen, welche Zielsetzungen im einzelnen im Verfassungsleben und damit auch bei der Erfüllung von Gemeinschaftsaufgaben zulässig sind.

Als solche vom Grundgesetz anerkannte Ziele wird die *Gleichbehandlung* wesentlich gleichgelagerter Fälle, das in Art. 14 Abs. 2 genannte *„Wohl der Allgemeinheit"* sowie das *„Sozialstaatsprinzip"* gelten können, das in Art. 20 Abs. 1 und 28 Abs. 1 GG einmal in Verbindung mit dem Bundesstaats- zum anderen mit dem Rechtsstaatsprinzip erscheint.

Einen besonders wichtigen Anhaltspunkt liefert *Art. 72 Abs. 2 GG*, wonach der Bund berechtigt ist, von seiner konkurrierenden Gesetzgebungskompetenz Gebrauch zu machen, soweit ein Bedürfnis nach bundesgesetzlicher Regelung besteht, wenn

> eine Angelegenheit durch die Gesetzgebung einzelner Länder nicht wirksam geregelt werden kann oder
> die Regelung einer Angelegenheit durch ein Landesgesetz die Interessen anderer Länder oder der Gesamtheit beeinträchtigen könnte oder
> die Wahrung der Rechts- oder Wirtschaftseinheit, insbesondere die Wahrung der Einheitlichkeit der Lebensverhältnisse, über das Gebiet eines Landes hinaus sie erfordert.

Diese Grundgesetzvorschrift bezieht sich zwar ausdrücklich nur auf die Frage der Ausübung der konkurrierenden Gesetzgebungskompetenz des Bundes, dürfte aber — ihrem allgemeinen Rechtsgehalt nach — darüber hinaus auch Bedeutung für die Frage der Zielsetzung bei der Zusammenarbeit von Bund und Ländern im allgemeinen besitzen. Dies gilt *jedenfalls* für den Bereich der gemeinschaftlichen Erfüllung von Gesamtaufgaben durch Bund und Länder, da auch hier eine — dem Fall des Art. 72 verwandte — „Konkurrenz" von Kompetenzen des Bundes und der Länder gegeben ist.

Vielfach ergibt sich die vom Grundgesetz gebilligte Zielsetzung auch aus der besonderen *Natur der* zu bewältigenden *Aufgabe*. So ist das Ziel bei der Wahrnehmung der Gesamtaufgabe „Verfassungsschutz" durch die Integrität der zu schützenden Verfassungen des Bundes und der Länder eindeutig positiv vorgezeichnet.

Besonders deutlich können die vom Grundgesetz gebilligten Ziele der Zusammenarbeit beim Vollzug von Bundesgesetzen hervortreten, wenn diese die von ihnen angestrebten Ziele und damit auch die Ziele des gemeinschaftlichen Vollzuges erkennen lassen, wobei davon auszugehen ist, daß das Grundgesetz bei der in Art. 30 und 83 f. getroffenen Regelung eine *„reibungslose und vollständige ‚Ausführung' der Bundesgesetze* unterstellt" hat[95].

Dort, wo sich weder aus dem Grundgesetz noch aus der Natur der Verwaltungsaufgabe oder aus einem Gesetz etwas hinsichtlich der Zulässigkeit der Zielsetzung der Kooperation entnehmen läßt, ist diese frei.

Zweiter Teil: Gemeinschaftsaufgaben zwischen den Ländern

A. Formen der gemeinschaftlichen Erfüllung von Landesaufgaben durch die Länder

Im Bereich des Zusammenwirkens der Länder untereinander lassen sich im wesentlichen die folgenden *Formen* der gemeinschaftlichen Erfüllung von Landesaufgaben durch die Länder unterscheiden.

I. *Gegenseitige Unterrichtung und gemeinsame Erörterung*

Beispiel: Die Zusammenarbeit zwischen den Ländern auf dem Gebiet der *Raumordnung* auf Grund eines Verwaltungsabkommens, an dem im übrigen, wie bereits erwähnt wurde, auch die Bundesregierung beteiligt ist[96].

II. *Formelle Koordinierung*

Beispiele: Abstimmung der *Handhabung des Strafverfahrens* durch den Erlaß einheitlicher Richtlinien auf Grund einer Vereinbarung zwischen den Justiverwaltungen der Länder[97].

Einheitliche Führung des Schiffs- und Schiffsbauregisters durch die zuständigen Landesbehörden auf Grund eines Staatsvertrages zwischen Baden-Württemberg und Hessen[98].

---

[95] BVerfGE 11, 6 (17 unten).

[96] Abkommen v. 16. 12. 1957, GMBl. 1958 S. 54.

[97] Vgl. die Allgem. Verfgg. des JM NRW v. 1. 8. 1953 über das Inkrafttreten der Richtlinien (JMBl. NRW S. 181).

[98] Vom 25./28. 11. 1957, GBl. Baden-Württemberg 1958 S. 1, Bay. GVBl. 1958 S. 21.

III. *Materielle Koordinierung*

Beispiele: Koordinierung der Bewilligung von Reisekostenentschädigungen an mittellose Parteien und Beschuldigte sowie der Leistung von Vorauszahlungen an Zeugen und Sachverständige auf Grund einer Vereinbarung zwischen den Justizministerien aller Länder[99].
In gewissem Sinn gehören hierher auch die Ansätze einer Vereinheitlichung des *Schulwesens* auf Grund eines Abkommens zwischen den Ministerpräsidenten der Länder[100].

IV. *Gemeinschaftliche Durchführung von Landesaufgaben durch mehrere Länder*

Beispiele: Die Bildung einer sog. *Strafvollzugsgemeinschaft* auf Grund eines Staatsvertrages zwischen Schleswig-Holstein und Hamburg[101].
Die gemeinschaftliche Durchführung von Aufgaben auf dem Gebiete der *Ernährungsverwaltung* auf Grund eines Verwaltungsabkommens von Bremen und Niedersachsen[102].

V. Insbesondere: *Gemeinschaftliche Förderungsmaßnahmen der Länder*

Beispiel: Die finanzielle Förderung wissenschaftlicher Forschungseinrichtungen auf Grund des sog. „*Königsteiner Abkommens*“[103] zwischen den Ländern, an dessen Durchführung sich zeitweise auch der Bund indirekt beteiligt hat und hinfort wieder beteiligt werden soll. In diesem Abkommen haben sich die Vertragschließenden verpflichtet, für deutsche wissenschaftliche Forschungseinrichtungen, deren Aufgaben und Bedeutung über den allgemeinen Wirkungsbereich eines einzelnen Landes hinausgehen und deren Zuschußbedarf die finanzielle Leistungskraft eines einzelnen Landes übersteigt, die zur Erfüllung der Forschungsaufgaben erforderlichen Mittel nach den Bestimmungen dieses Abkommens gemein-

---

[99] Vom 1. 10. 1951, vgl. die Bezugnahme in JMBl. NRW 1952 S. 151.

[100] Vom 17. 2. 1955, vgl. GBl. Baden-Württemberg 1955 S. 115.

[101] Vom 19. 5. 1952, Bezugnahme hierauf in Hamb. ABl. 1956 S. 326.

[102] Vom 23./28. 2. 1949, Nds. Amtsbl. 1949 S. 150.

[103] Vom 30./31. 3. 1949, veröffentl. z. B. in Hess. GVBl. 1950 S. 179, verlängert u. a. durch Abkommen v. 19. 2. 1959, veröffentl. z. B. in GVBl. Berlin 1960 S. 451.

sam aufzubringen. Begünstigt werden durch dieses Abkommen u. a. die Forschungseinrichtungen der Max-Planck-Gesellschaft sowie kulturelle Landeseinrichtungen von überregionaler Bedeutung.

VI. *Erweiterung des Zuständigkeitsbereichs von Landesbehörden über die Landesgrenzen hinaus*

Beispiel: Die Erweiterung der örtlichen Zuständigkeit der Polizeien durch eine Vereinbarung zwischen Hamburg, Schleswig-Holstein und Niedersachsen[104].

VII. *Beteiligung anderer Länder an der Verwaltungseinrichtung eines Landes*

Beispiele: Die Führung der Bundeskartei der NS-Verfolgten durch das Land Nordrhein-Westfalen unter Beteiligung der übrigen Länder auf Grund einer Vereinbarung zwischen den Regierungen aller Länder[105].

Die Unterhaltung der Filmbewertungsstelle in Wiesbaden durch das Land Hessen unter Beteiligung der übrigen Länder auf Grund einer Vereinbarung zwischen allen Ländern[106].

VIII. *Unterhaltung gemeinsamer Verwaltungseinrichtungen mehrerer — jedoch nicht aller — Länder*

Beispiele: *Gemeinschaftliche staatliche Klassenlotterien,* wie die Nordwestdeutsche Klassenlotterie, auf Grund eines nicht veröffentlichten Abkommens zwischen den Ländern Nordrhein-Westfalen, Niedersachsen, Schleswig-Holstein, Bremen und Hamburg[107].

Gemeinschaftliche Akademie für Staatsmedizin in Hamburg auf Grund einer Vereinbarung zwischen Niedersachsen, Schleswig-Holstein, Berlin, Bremen und Hamburg[108].

Gemeinschaftliche Prüfungsämter für die Große Juristische Staatsprüfung z. B. auf Grund eines Übereinkommens zwischen Bremen, Hamburg und Schleswig-Holstein[109].

---

[104] Vom 15. 9., 1./15. 11. 1949, veröffentl. z. B. in Nds. GVBl. 1950 S. 35.
[105] Vom 25. 2. 1954 — nicht veröffentl.
[106] Vom 30. 9. 1951 — nicht veröffentl.
[107] Vom 23. 9. 1949 und 21. 1. 1953.
[108] Vom 6. 11. 1953, vgl. Hamb. GVBl. 1953 S. 125.
[109] Vom 20./24./27. 2. 1950, vgl. Hamb. GVBl. 1950 S. 101.

Gemeinschaftliches Oberverwaltungsgericht in Lüneburg auf Grund einer nicht veröffentlichten Vereinbarung zwischen Niedersachsen und Schleswig-Holstein[110].

IX. *Unterhaltung gemeinschaftlicher Verwaltungseinrichtungen aller Länder*

Beispiele: *Die „Ständige Konferenz der Kultusminister* der Ausbau befindliches Sekretariat verfügt[111]. Nach dem soeben veröffentlichten Entwurf eines Staatsvertrages zwischen den elf Ländern ist an die Errichtung einer *gemeinschaftlichen Anstalt* der Länder zur Verbreitung des *„Zweiten Fernsehprogramms"* gedacht.

B. Rechtsgrundlagen der Zusammenarbeit der Länder

Eine Regelung der Zusammenarbeit der Länder bei der gemeinschaftlichen Erfüllung von Landesaufgaben durch Gesetz scheidet aus. Eine Kompetenz des Bundesgesetzgebers zur Regelung der Zusammenarbeit besteht nach dem Grundgesetz nicht. Auch durch Landesgesetz kann sie ihrer Natur nach nur insoweit geregelt werden, als es sich um Ratifikationsgesetze zu Staatsverträgen zwischen den Ländern handelt. Hiervon abgesehen beruht die Regelung der Zusammenarbeit der Länder bei der gemeinschaftlichen Erfüllung von Landesaufgaben im wesentlichen auf Vereinbarungen zwischen den Ländern, bei denen es sich um *formlose Absprachen, Verwaltungsabkommen* oder *Staatsverträge* handeln kann. H. *Schneider*[112] nennt in seinem Referat auf der Staatsrechtslehrertagung 1960 auch noch die *Beschlüsse der Konferenzen der Landesressortminister* als eine solche Rechtsquelle.

Die betreffenden Vereinbarungen der Länder gehören, wie heute allgemein anerkannt sein dürfte, nicht dem Bereich des Völkerrechts, sondern dem des Staatsrechts an. Soweit sie durch Landesgesetz sanktioniert werden, gelangt dadurch einheitliches — bei Ratifikation durch alle Landesgesetzgeber sogar bundeseinheitliches — Landesrecht zur Entstehung, dem jedoch kein höherer Rang zukommt als sonstigem Landesrecht[113].

---

[110] Vom 7./25. 7. 1949, vgl. Nds. GVBl. 1956 S. 15.

[111] Vgl. Abkommen über das Sekretariat der Ständigen Konferenz der Kultusminister der Länder der Bundesrepublik Deutschland v. 20. 6. 1959, Bundesanz. 1961 Nr. 49 S. 5.

[112] DÖV 1960 S. 901.

[113] Vgl. H. *Schneider* a.a.O.

Dort, wo keine derartige Regelung vorliegt, greift das dem Grundgesetz immanente *Prinzip des bundesfreundlichen Verhaltens* Platz, das nach der Rechtsprechung des Bundesverfassungsgerichts auch das „verfassungsrechtliche Verhältnis zwischen den Gliedern“ beherrscht.

C. Verfassungsrechtliche Schranken der Zusammenarbeit der Länder

Gegen eine *gegenseitige Unterrichtung* der Länder untereinander bei der Erfüllung von Landesaufgaben, gegen eine *gemeinsame Erörterung* dieser Angelegenheiten durch die Länder sowie gegen eine *formelle Koordinierung* der Ausübung der entsprechenden Landeskompetenzen können sich aus dem Grundgesetz schon allein deshalb keine Bedenken ergeben, weil ein derartiges Verfahren weitgehend dem Prinzip des bundesfreundlichen Verhaltens entsprechen dürfte und von ihm sogar in gewissem Umfange vorgeschrieben sein kann.

Die *materielle* Koordinierung der Ausübung der Verwaltungskompetenzen der Länder wirft dagegen bereits verfassungspolitische, wenn nicht sogar verfassungsrechtliche *Probleme* auf. H. *Schneider* hat auf der Kölner Staatsrechtslehrertagung 1960[114] mit Recht darauf hingewiesen, daß die zunehmende Tendenz zu einer derartigen „horizontalen Selbstkoordinierung“ der Länder über die traditionellen Vorstellungen vom Eigenleben der Gliedstaaten „hinausgehe und auch nicht durch das Subsidiaritätsprinzip gedeckt“ werde.

Die *gemeinschaftliche Durchführung von Landesverwaltungsaufgaben durch mehrere Länder* begegnet, soweit dabei die sich aus der Gliederung des Bundesgebietes in Länder ergebenden *Zuständigkeitsgrenzen* eingehalten werden, im allgemeinen keinen verfassungsrechtlichen Bedenken. Gewisse Zweifel bestehen allerdings, soweit es sich um die Förderung der wissenschaftlichen Forschung durch die Länder auf Grund des sog. *„Königsteiner Abkommens“* handelt, und zwar in einer *doppelten* Richtung. *Einmal* werden hier im Rahmen der gemeinschaftlichen Förderung bestimmter wissenschaftlicher Forschungseinrichtungen zum Teil Verwaltungsaufgaben von einzelnen Ländern wahrgenommen, die für diese Aufgaben nach dem Grundgesetz nicht zuständig sind und die damit sowohl gegen die *allgemeine regionale Kompetenzabgrenzung* des Grundgesetzes als auch gegen das *finanzverfassungsrechtliche Prinzip* des Art. 106 Abs. 4 Nr. 1 GG verstoßen. Außerdem handelt es sich bei der Förderung wissenschaftlicher Forschung, wie oben (unter F III 2) dargelegt wurde, zum Teil um Kompetenzen des Bundes. Die gemeinschaftliche Förderung der wissenschaftlichen Forschung durch die Länder, wie sie das sog. „Königsteiner Abkommen“ vorsieht, läßt sich daher verfassungsrechtlich nur

[114] a.a.O.

insoweit rechtfertigen, als sie als eine Gesamtaufgabe des Bundes und der Länder begriffen wird, die, was die Zuständigkeitsabgrenzung sowohl zwischen den Ländern als auch zwischen dem Bund und den Ländern angeht, so eng in sich verzahnt ist, daß eine klare Zuständigkeitsverteilung weder innerhalb der Länder noch zwischen dem Bund und den Ländern möglich erscheint. Eine Förderung der wissenschaftlichen Forschung nach dem sog. „Königsteiner Abkommen" durch die Länder ohne angemessene Beteiligung des Bundes würde sich daher in einem doppelten, wenn nicht sogar dreifachen Sinn als eine Kompetenzüberschreitung darstellen und unter diesem Gesichtspunkt verfassungsrechtlichen Bedenken aus der Sicht des Bundesverfassungsrechts begegnen.

Bei der Beurteilung der hiermit im Zusammenhang stehenden Frage, inwieweit es zulässig ist, den *Zuständigkeitsbereich von Landesbehörden über die Landesgrenzen hinaus zu erweitern,* ist davon auszugehen, daß die *Hoheitsgewalt eines Landes grundsätzlich auf das Landesgebiet beschränkt* ist. Eine Erstreckung der Hoheitsgewalt eines Landes über sein Hoheitsgebiet hinaus ist grundsätzlich nur auf der Grundlage bundesrechtlicher Vorschriften möglich. Sie geschieht regelmäßig beim Vollzug von Bundesgesetzen durch Landesbehörden. Dabei ist zu beachten, daß im allgemeinen nur die *Wirkungen* eines Verwaltungsaktes oder eines sonstigen Verwaltungshandelns eines Landes, soweit sie auf bundesrechtlicher Grundlage beruhen, über die Landesgrenzen hinaus erstreckt werden. Dagegen ist ein räumliches *Tätigwerden* von Behörden eines Landes *außerhalb* des Landesgebietes auch auf Grund von Bundesrecht, weil mit dem bundesstaatlichen Aufbauprinzip grundsätzlich unvereinbar, im allgemeinen unzulässig.

Es erhebt sich nun die doppelte Frage, inwieweit der *Landes*gesetzgeber

1. dem Verwaltungshandeln der Behörden eines Landes über das eigene Land hinausgehende Rechtswirkungen für den Bereich anderer Länder beimessen kann und
2. inwieweit er imstande ist, das räumliche Tätigwerden von Landesbehörden außerhalb des eigenen Landesgebietes mit entsprechenden Rechtswirkungen zuzulassen.

Die erste Frage dürfte mit Einschränkungen zu bejahen sein, da es dem Landesgesetzgeber zumindest in gewissen Grenzen freisteht, dem Verwaltungshandeln der Behörden eines anderen Landes Rechtswirkungen im eigenen Lande beizulegen.

Die zweite Frage wird man dagegen grundsätzlich zu verneinen haben. Eine Erstreckung der örtlichen Zuständigkeit der Behörden eines Landes über die Landesgrenze hinaus wird nur in ganz begrenztem Umfang ausnahmsweise dort zugelassen werden können, wo, wie etwa bei der *polizeilichen Nacheile,* bei *Gebietsverzahnungen,* im Grenzgebiet o. dgl. ganz besondere Voraussetzungen gegeben sind.

Dagegen dürften gegen die *Beteiligung eines* oder *mehrerer,* evtl. auch aller *Länder* an einer *Einrichtung der mittelbaren Verwaltung eines Landes* durch Mitwirkung innerhalb ihrer Organe unter gewissen Voraussetzungen keine verfassungsrechtlichen Bedenken bestehen. Dabei ist zu beachten, daß die betreffende Verwaltungseinrichtung lediglich Hoheitsgewalt des Landes ausüben kann, zu dessen mittelbarer Verwaltung sie gehört.

Mit der *Errichtung gemeinschaftlicher Verwaltungseinrichtungen* mehrerer Länder wird wiederum ein Bereich betreten, der in hohem Grade als *verfassungsrechtlich neuralgisch* bezeichnet werden muß. Bei der verfassungsrechtlichen Beurteilung dieses Komplexes ist zunächst zu beachten, daß es nach der bundesstaatlichen Ordnung des Grundgesetzes nur *Behörden* entweder des *Bundes* oder eines *Landes,* nicht aber Gemeinschaftsbehörden mehrerer oder aller Länder gibt. Auch eine *Einrichtung der mittelbaren Staatsverwaltung mit eigener Rechtspersönlichkeit* kann nach der Verfassungsordnung des Grundgesetzes nur auf Grund der Rechtsordnung entweder des *Bundes* oder eines *Landes* zur Entstehung gelangen, so daß es sich also jeweils entweder um eine Anstalt, Körperschaft oder Stiftung des Bundesrechts oder um eine solche eines bestimmten Landesrechts handeln würde. Ohne eine Ermächtigung durch den Grundgesetzgeber zur Schaffung gemeinschaftlicher Verwaltungseinrichtungen würden die Länder mit der Errichtung solcher Einrichtungen in die dem Verfassunggeber des Gesamtstaates vorbehaltene Befugnis zur Regelung seiner inneren Organisation eingreifen. Dies muß *jedenfalls* insoweit gelten, als es sich um gemeinschaftliche Einrichtungen aller Länder handeln würde.

Zulässig erscheint es äußerstenfalls, daß mehrere Länder die ihnen als einzelnen zustehenden Kompetenzen unter Benutzung einer gemeinschaftlichen organisatorisch-technischen Einrichtung ausüben, *ohne* dabei den eigenen *Zuständigkeitsbereich zu überschreiten,* wie dies z. B. bei der Errichtung sog. gemeinsamer Gerichte oder sonstiger Behörden benachbarter Länder der Fall sein dürfte. Mehr läßt sich auch aus der bereits an anderer Stelle wiedergegebenen Bemerkung des Bundesverfassungsgerichts in den Gründen des „Fernseh-Urteils" über die gemeinsame oder koordinierte Erfüllung einer Aufgabe durch die Länder nicht entnehmen.

Eine besondere Betrachtung wird erforderlich, wenn sich nicht nur mehrere Länder, sondern die *Gesamtheit der Länder* zu gemeinschaftlichen Verwaltungseinrichtungen zusammenschließt. Für solche Einrichtungen gilt zunächst dasselbe wie für gemeinschaftliche Einrichtungen mehrerer Länder. Hinzu kommt jedoch ein *weiteres schwer-*

wiegendes verfassungsrechtliches Bedenken. Das Grundgesetz kennt als Träger „staatlicher Aufgaben und Befugnisse" im Sinne des Art. 30 nur den Bund und die einzelnen Länder. Die Gesamtheit der Länder als Träger von Kompetenzen in diesem Sinne ist ihm fremd. Die Gesamtheit der Länder als Rechtseinheit kommt nach dem Grundgesetz allenfalls dort in Betracht, wo es sich um ein Tätigwerden des Länder außerhalb der Kompetenzverteilung des Grundgesetzes handelt. Je mehr staatliche Betätigungen in Art. 30 GG einbezogen werden, um so enger ist der Kreis der möglichen „Kompetenzen" der Ländergesamtheit als einer Rechtseinheit, je weniger um so weiter. Nachdem beispielsweise die Veranstaltung von Rundfunksendungen durch den Staat im „Fernseh-Urteil" des Bundesverfassungsgerichts als Erfüllung einer öffentlichen Aufgabe nach Art. 30 GG qualifiziert worden ist, dürfte die Ländergesamtheit als Rechtseinheit auch nicht als Träger der Kompetenz zur Veranstaltung von Rundfunksendungen in Betracht kommen, gleichgültig, ob die Veranstaltung solcher Sendungen in den Kompetenzbereich der einzelnen Länder fällt oder nicht.

In der Beanspruchung staatlicher Hoheitsgewalt für eine — mit dem Bunde nicht identische — Gesamtheit der Länder als solche tritt dem Gesamtstaat als der durch die Bundesverfassung organisierten Gemeinschaft aller Länder eine von den Gliedstaaten selbst geschaffene, durch die Bundesverfassung als Rechtseinheit weder anerkannte noch von ihr geordnete Ländergesamtheit gegenüber, in der sich gewissermaßen ein staatenbündischer Zusammenschluß innerhalb des Bundesstaates vollzieht. Darin liegt ein Ansatzpunkt für eine Entwicklung, die nicht nur die *Lebensfähigkeit des Gesamtstaates* — namentlich eines solchen in von außen bedrohter Lage — sondern letztlich auch das *bundesstaatliche Prinzip* selbst in Frage *stellt.*

Möge der gute Geist der Zusammenarbeit zwischen Bund und Ländern, der — wie das Referat gezeigt hat — in so weiten Bereichen unseres Verfassungslebens lebendig ist, uns vor einer sich hier abzeichnenden gefahrvollen Entwicklung der Ordnung unseres Gemeinwesens und ihren schicksalhaften Folgen bewahren!

Leitsätze zum Thema: Gemeinschaftsaufgaben zwischen Bund und Ländern sowie zwischen den Ländern

I.

1. Im Bereich der Aufgaben, die das Grundgesetz Bund und Ländern ausdrücklich zur gemeinschaftlichen Erfüllung zugewiesen hat, bleibt in der Staatspraxis die tatsächlich ausgeübte Ingerenz des

Bundes hinter dem vom Grundgesetz zugelassenen Maß derselben nicht unerheblich zurück.

2. Die Gründe dürften im wesentlichen sowohl in einem nicht immer vorhandenen Durchsetzungswillen des Bundes als auch in einem Widerstand der Länder, namentlich im Rahmen des Bundesrates, zu suchen sein.

II.

Im Bereich der Aufgaben, die das Grundgesetz dem Bund bzw. den Ländern zugewiesen hat, ohne sie ihnen zur gemeinschaftlichen Erfüllung zu übertragen, kommt — soweit es sich nicht um die Wahrnehmung von Gesamtaufgaben handelt — als mit dem bundesstaatlichen Aufbau vereinbare Form der Zusammenarbeit im wesentlichen nur die Mitwirkung von Ländern in Verwaltungseinrichtungen des Bundes in Betracht.

III.

1. Im Bereich der Aufgaben, die das Grundgesetz auf Bund und Länder aufgeteilt hat, ohne sie ihnen ausdrücklich zur gemeinschaftlichen Erfüllung zu übertragen, die sich aber als Teile einer vom Grundgesetz anerkannten Gesamtaufgabe darstellen, findet in der Staatspraxis eine intensive Zusammenarbeit zwischen Bund und Ländern in mannigfachen Formen statt.

2. Die Zusammenarbeit kann durch Gesetz oder Vertrag geregelt, subsidiär auch durch den ungeschriebenen Verfassungsgrundsatz der Pflicht zu bundesfreundlichem Verhalten geboten sein.

3. Der Intensität und der Art und Weise der Zusammenarbeit zwischen Bund und Ländern sind durch das Grundgesetz gewisse Grenzen gezogen. Sie sind weiter, soweit ein Bereich der Gesetzgebungskompetenz des Bundes unterliegt, enger, soweit eine ausschließliche Kompetenz des Landesgesetzgebers gegeben ist.

4. Der Bund kann auf einzelnen Gebieten von seiner Gesetzgebungskompetenz auch in der Weise Gebrauch machen, daß er nur die Zusammenarbeit zwischen Bund und Ländern regelt, ohne das Gebiet durch Erlaß materieller Normen in den Bereich der „gesetzesakzessorischen“ Verwaltung im eigentlichen Sinne einzubeziehen.

5. In der Verfassungswirklichkeit hat sich damit ein Grundtyp der Zusammenarbeit zwischen Bund und Ländern entwickelt, der einer verfassungsrechtlichen Regelung im einzelnen weitgehend entbehrt. Dabei dürften die Grenzen des verfassungsrechtlichen Zulässigen verschiedentlich erreicht sein, weniger vielleicht, was die Tendenz einer zu starken Beschränkung der Länderautonomie als

vielmehr, was die einer allmählichen unmerklichen Denaturierung der dem bundesstaatlichen Aufbau wesentlichen Überordnung des Gesamtstaates durch zu weitgehende partnerschaftliche Gleichordnung mit seinen Gliedern angeht.

IV.

Im Bereich der — noch einer allgemein anerkannten Abgrenzung bedürfenden — Aufgaben, die das Grundgesetz weder dem Bund noch den Ländern zugewiesen hat, sind einer Zusammenarbeit zwischen dem Bund und den Ländern im wesentlichen nur die sich aus dem Grundrechtsteil sowie aus der wechselseitigen Verpflichtung zu bundesfreundlichem Verhalten ergebenden Grenzen gesteckt.

V.

1. Finanzielle Leistungen des Bundes setzen grundsätzlich das Vorhandensein von Bundesaufgaben voraus, die allerdings im Einzelfall eng mit Landesaufgaben verzahnt sein können, so daß eine scharfe Grenzziehung vielfach nicht möglich ist.
2. Die Frage des Umfangs der ungeschriebenen Kompetenzen des Bundes namentlich auf den Gebieten der nationalen Repräsentation nach innen und unter dem Gesichtspunkt der Überregionalität, ist durch das „Fernseh-Urteil" des Bundesverfassungsgerichts nicht abschließend geklärt worden.
3. Auch die Frage, inwieweit im Bereich der ungeschriebenen Kompetenzen des Bundes Zuständigkeiten der obersten Bundesbehörden bestehen, ohne daß ein bundeseigener Verwaltungsunterbau errichtet wird, hat durch die Rechtsprechung des Bundesverfassungsgerichts bis jetzt noch keine abschließende Beantwortung erfahren.

VI.

1. Die Ziele, von denen bei der Erfüllung von Gemeinschaftsaufgaben durch Bund und Länder auszugehen ist, sind im Grundgesetz nicht erschöpfend geregelt.
2. Aus dem Grundgesetz ergibt sich jedoch eine Reihe von Anhaltspunkten teils negativer, teils positiver Art, aus denen auf die nach dem Grundgesetz zulässigen Ziele der Zusammenarbeit zwischen Bund und Ländern geschlossen werden kann.
3. Aus dem bundesstaatlichen Prinzip folgt weder, daß bestimmte Ziele (z. B. größtmögliche Vereinheitlichung) nicht angestrebt werden dürfen, noch daß bestimmte Ziele (z. B. größtmögliche Mannigfaltigkeit) angestrebt werden sollen. Das bundesstaatliche Prinzip

wirkt nur unmittelbar auf die Zielsetzung der Zusammenarbeit von Bund und Ländern ein, indem es die Einhaltung bestimmter Struktur- und Funktionsgrundsätze vorschreibt.

4. Soweit sich weder aus dem Grundgesetz noch aus der Natur der zu erfüllenden Aufgabe Anhaltspunkte für die bei der Zusammenarbeit anzustrebenden Ziele ergeben und auch der Bundesgesetzgeber solche Ziel nicht setzt, ist die Zielsetzung der Zusammenarbeit frei.

VII.

1. Im Bereich der Zusammenarbeit zwischen den Ländern untereinander findet offensichtlich in zunehmendem Maße eine intensive Zusammenarbeit in mannigfaltigen Formen statt, die „über die traditionellen Vorstellungen vom Eigenleben der Gliedstaaten hinausgeht" (H. Schneider).

2. Bei dieser Zusammenarbeit scheint verschiedentlich die Gefahr zu bestehen, daß die Hoheitsgewalt einzelner Länder ohne ausreichende Rechtsgrundlage über das Hoheitsgebiet des Landes hinaus erstreckt oder auf Verwaltungseinrichtungen anderer Länder oder gemeinschaftliche Verwaltungseinrichtungen mehrerer Länder übertragen wird.

3. Eine Übertragung von Hoheitsgewalt der Länder auf gemeinschaftliche Verwaltungseinrichtungen der Gesamtheit der Länder ist mit dem Grundgesetz unvereinbar. Auch nach dem „Fernseh-Urteil" des Bundesverfassungsgerichts ist nur eine gemeinschaftliche Ausübung der Hoheitsgewalt der einzelnen Länder im Rahmen ihrer jeweiligen Kompetenzen zulässig, wobei sich die Länder allenfalls gemeinschaftlicher technischer Hilfseinrichtungen bedienen können. Staatsbündische Zusammenschlüsse innerhalb des Bundesstaates sind mit dem Wesen des letzteren unvereinbar.

Die Förderung von Landesaufgaben aus Bundesmitteln

Von Präsident Dr. *Wilhelm Henle*, München

Es ist leicht ersichtlich, daß mein Thema weit in das Bund-Länderverhältnis hineinreicht. Dazu hat sich das Bundesverfassungsgericht kürzlich aus ganz anderem Anlaß geäußert. Was die Sensation seines Spruchs in der Fernsehsache ausmachte, war weniger der Umstand, daß die Distanz zwischen Verfassungsbuchstaben und Verfassungswirklichkeit vorhanden ist — das wußte man ja schon vorher —, als daß die Distanz so weit ist.

Daß hier eine Kluft besteht, war also schon vorher klar, und maßgebende Persönlichkeiten des deutschen politischen Lebens haben sich dazu mit Sorge geäußert. Ich darf einige solcher Äußerungen zitieren, zumal sie unmittelbar auf unser Thema hinführen. Der bayerische Ministerpräsident, Dr. Ehard, sprach davon, daß „die Wahrung des Prinzips (des föderativen Aufbaues) Wachsamkeit gegenüber einer Entwicklung der Verfassungswirklichkeit gebietet, die zentral staatlichen Erscheinungsformen und Entwicklungen den Weg ebnen könne". Das gelte nicht nur in Grundsatzfragen, sondern auch in scheinbar wenig bedeutsamen Einzelfällen, denn auch sie führten zur Bildung einer Staats- und Verwaltungspraxis und damit zur Gestaltung der Verfassungswirklichkeit.

Ähnlich, jedoch mit noch deutlicherer Pointierung, hat sich Ministerpräsident Kiesinger des Landes Baden-Württemberg in einer Regierungserklärung ausgedrückt: „Die Zuständigkeiten der Länder dürfen nicht unter Ausnützung finanzieller Schwierigkeiten ausgehöhlt werden. Ob unsere Länder sich als kraftvolle Gliedstaaten der Bundesrepublik behaupten können oder zu Provinzen mit pseudo-staatlicher Fassade verkümmern, wird durch die verbriefte Verfassung nicht allein bestimmt. Die tatsächlichen politischen und finanziellen Kräfteverhältnisse können den durch die Verfassung gegebenen Status aushöhlen."

Ganz unmißverständlich die finanzielle Seite in den Vordergrund schiebend, hat Ministerpräsident Dr. Meyers seine politischen Besorgnisse und seine verfassungsrechtlichen Einwendungen in einem Vortrag: „Bund und Länder in der Verfassungswirklichkeit" dagegen zum Ausdruck gebracht, daß der Bund für Aufgaben, für die ihm keine verfassungsrechtliche Zuständigkeit zukomme, stets wachsende Beträge in seinem Haushalt investiere, um seinen Einfluß auf sie immer weiter zu steigern. Damit sind wir schon am Kern der Problematik. — Hören wir aber auch die andere Seite: Der Herr Bundesfinanzminister hat sich zu dem gleichen Sachverhalt in seiner Haushaltsrede bei der Einbringung des Bundeshaushalts 1960 geäußert: „In diesem Zusammenhang muß einmal hervorgehoben werden, daß der Bund jährlich mehr als 2 Milliarden DM für Ausgaben ausgibt, die nach der Zuständigkeitsordnung des Grundgesetzes eigentlich Länderaufgaben sind. Hierzu rechnen insbesondere die großen Bundesleistungen für die Förderung der Landwirtschaft, der Wasserwirtschaft, des Wohnungsbaues, der Wissenschaft und sonstiger kultureller Aufgaben." Er fügte an: „Vom Standpunkt des Bundesfinanzministeriums könnte ernstlich erwogen werden, diese Ausgaben im Bundeshaushalt wenigstens teilweise fortfallen zu lassen, weil die Länder sie nunmehr (nach einer Verbesserung ihrer Einnahmen) aus eigenen Mitteln selbst leisten können. Ich bin aber nicht sicher, ob eine solche Kürzung der Bundesleistungen für Länderaufgaben die Zustimmung des Bundestags und der Länder selbst finden würde."

In der Finanzwirtschaft ist also das Geben nicht seliger als das Nehmen!

Somit wird man feststellen dürfen, daß in der Aufgaben- und Lastenabgrenzung zwischen Bund und Ländern manches als unbefriedigend empfunden wird. Man wird gar nicht umhin können, prima vista in einer besseren Finanzausstattung des Bundes den Grund dafür zu vermuten, daß er in die Aufgabenbereiche der Länder eindringen und sie in solchem Maße dotieren konnte. Ich komme darauf noch zurück.

Zunächst liegt mir daran, zu zeigen, wie verworren das ganze verfassungsrechtliche und finanzwirtschaftliche Bund- und Länderverhältnis ist. Das ist bei einigen Vorgängen finanzwirtschaftlicher Art kürzlich schlagartig hervorgetreten:

1. Im Sommer 1959 hatte das Bundesverfassungsgericht auf eine Klage des Landes Bayern ein Bundesgesetz für nichtig erklärt, weil es den Ländern die Tilgung von Ausgleichsforderungen in Höhe von 10 Milliarden DM auferlegt hatte, obwohl das gegen die Lastenvorschrift des Art. 120 GG verstieß, wonach die Tilgung Bundessache war. Das Ergebnis des Spruches war, daß die Länder von jährlichen Annuitäten in Höhe von über 400 Millionen DM entlastet und der Bundeshaushalt mit dem gleichen Betrag belastet wurde. Trotz dieser immerhin fühlbaren Lastenverschiebung wurden keine Bundesleistungen für Landesaufgaben gekürzt. Vielmehr liegt die Annahme nahe, daß man, um mit Herrn Ministerpräsidenten Dr. Meyers zu sprechen,

auf die mit den Finanzzuweisungen gewonnenen Positionen und den damit verbundenen Bundeseinfluß nicht hat verzichten wollen.

2. Umgekehrt haben die Länder kürzlich dem Bund ein Darlehen von 500 Millionen DM für die Bundesaufgabe „Entwicklungshilfe" gegeben. Auch diese Gelegenheit wurde nicht zu einer Flurbereinigung benützt. Vielleicht weil es sich um eine einmalige Zuwendung handeln soll, vielleicht weil man angesichts des Mißerfolgs früherer Bereinigungsversuche, angesichts der besetzten Position und der hinter ihnen stehenden Interessen von vornherein resignierte. Jedenfalls geschah nichts.

Aber nicht nur im Großen, auch im Kleinen sind in der Tat verfassungsrechtliche Demarkationslinie und tatsächlicher Frontverlauf zwischen Bundes- und Länderbereich gleich unübersichtlich. Darüber gibt ein interessantes Dokument — nämlich die Bemerkungen des Bundesrats zum Haushaltsentwurf 1961 und die Stellungnahme der Bundesregierungen dazu — Aufschluß. Es fällt auf:

Die ganz überwiegende Mehrzahl der Anregungen des Bundesrats wirft bezeichnenderweise die Abgrenzungsfrage auf! Solche Fragen sind z. B.: Darf der Bund sich ein eigenes Institut für die „Ost-West-Forschung" in Köln einrichten, oder ist das allenfalls Landessache, wie der Bundesrat meint; sind Beihilfe an jugendliche Zuwanderer für ihre Schul- und Berufsausbildung Bundesaufgabe, und muß der Bund zahlen, was die Länder annehmen, oder ist es eine Gemeinschaftsaufgabe von Bund und Ländern, deren Kosten beide gemeinsam zu bestreiten haben? Ist die Ausbildung der im Versorgungswesen tätigen Beamten, Angestellten, Ärzte und Apotheker eine Bundessache, was die Länder behaupten, oder eine Landessache, wie der Bund annimmt, der sich aus der Finanzierung zurückziehen will? Ähnliche Fragen wirft die Förderung kommunaler Krankenhäuser, die Förderung von Naturschutzparks, der Zucht der Trakehner auf, wo die Länder Förderungsmittel vom Bund verlangen, während die Bundesseite erklärt, es handle sich um reine oder doch überwiegende Länderaufgaben.

Das Dokument ist interessant, nicht nur weil es die Unübersichtlichkeit der Lage erkennen läßt, sondern weil es auffällt, daß ausgerechnet die Länder wider Erwarten und ganz im Gegensatz zu den Äußerungen der Regierungschefs Bundeszuschüsse beantragen. Allerdings bei politisch nicht furchtbar interesanten Posten, sondern solchen, die sozusagen im Vorfeld der Zuständigkeitsbastionen liegen. Die andere Seite weist mit der ganzen Würde dessen, der sich voll im Recht weiß, die Belästigung zurück! Dabei trägt sie ebensosehr zwei Seelen in ihrer Brust.

Deswegen ist die Auseinandersetzung auch blutleer und in Formeln erstarrt. Etwas ist ohne weitere Begründung „Landessache" und damit basta; dort liegt eine „Gemeinschaftsaufgabe“ vor; anderswo besteht Bundesinteresse, sei es „kraft Zusammenhangs“, sei es „wegen der repräsentativen Vertretung des Bundes“, hier handelt es sich um ein „Anliegen von übergebietlicher Bedeutung“ und dort ist die Hilfe der Bundesregierung erforderlich, weil es sich um eine gesamtstaatliche bedeutsame Maßnahme handelt“, und an anderer Stelle muß wieder „die Hilfe der Bundesregierung zu den ihrer primären Verantwortung entsprechenden Bemühungen der Länderregierungen hinzutreten, um einen zügigen Vollzug einer Maßnahme zu gewährleisten“.

Das ist alles ein wenig abgegriffen und glatt. Alles hängt vom Ermessen der Bundesstellen ab; sie haben das letzte Wort, die Kompetenz-Kompetenz sozusagen. Man hat das Gefühl, wo der Wille besteht, so oder so, findet sich die jeweils passende Formel.

Der Bund gewährt also den Ländern, aber auch Gemeinden oder anderen Organisationen Zuwendungen in Form zweckgebundener Zuschüsse und Beihilfen zur Erfüllung von Aufgaben, die von den Ländern mit eigenen Mitteln ausgeführt oder finanziert werden müßten. Sie liegen auf allen denkbaren Gebieten, und es gibt kaum ein Ressort, in dessen Haushaltsplan sie nicht vorkommen. Sie dienen ebenso dem Vollzug von Bundesgesetzen wie der Erfüllung von Aufgaben im gesetzesfreien Raum. Nicht unter den Begriff der hier in Rede stehenden Zuwendungen fallen diejenigen Bundesleistungen, mit denen der Bund ihm erbrachte Dienste abgilt, etwa für wissenschaftliche Gutachten durch Landesinstitute, für die Schulung seiner Beamten an Landeseinrichtungen und ähnliche Dinge mehr. Ebenso wenig fallen darunter Mittel, mit denen die Länder reine Bundesaufgaben — etwa auf dem Gebiet der Auftragsverwaltung — vollziehen. Dagegen gehören — jedenfalls nach der oben zitierten Bemerkung des Herrn Bundesfinanzministers — in den Kreis der in Rede stehenden Zuwendungen auch Mittel, die an die Länder zum Vollzug von Bundesgesetzen und Bundesprogrammen fließen. Darauf komme ich noch zurück. Mehr der Vollständigkeit halber als wegen eines aktuellen Vorganges darf erwähnt werden, daß sehr wesentliche Bundeshilfen nicht nur auf dem Verwaltungskanal, sondern auch auf dem Gebiet der sogen. Fiskalverwaltung fließen können.

Nach den Beispielen, die ich genannt habe, und die nur einen kleinen Ausschnitt aus der unübersehbaren Fülle darstellen, braucht nicht mehr gesagt zu werden, daß der Zufall bei der Auswahl des von der Sonne des Bundeswohlwollens bestrahlten Objekts eine große Rolle spielte. Irgendeine Leitlinie ist, wenn man sich nicht mit einer der oben erwähnten Formeln zufrieden geben will, nicht erkennbar. Die verschiedensten Momente konnten die Aufmerksamkeit der Bundesressorts auf ein Objekt lenken. Kein Zweifel, daß die Freude am Mitreden häufig den Ausschlag gab. So sieht man „den Bund in fast allen überbezirklichen, aber auch vielen gebietlichen Einrichtungen, sozusagen als Onkel, der etwas zu sagen, aber auch zu geben hat“ (Vialon). Die Subvention hat sich als probates Mittel bewährt, in fremde Zuständigkeitsbereiche einzudringen. Die gemeinschaftliche Finanzierung kreiert die Gemeinschaftsaufgabe. Die Alimentation kann zum Beweis der legitimen Vaterschaft und der Erziehungsberechtigung werden, jedenfalls gelegentlich. Auch auf den Umfang eines Objekts scheint es nicht angekommen zu sein. Die Weisheit des alten Verwaltungsgrundsatzes: „Minima non curat praetor“ ist ja längst auf dem Altar des Details und der Perfektion geopfert worden! Einer der Gründe für die Aufblähung der Ministerialinstanz ist hier zu suchen.

Manchmal war man in den Länderressorts auch recht erstaunt darüber, daß plötzlich ein Institut über Bundesmittel verfügte, obwohl es auf der Bedarfsskala des Landes hinter weit vordringlicheren Objekten zurückgestellt worden war. Bei Maßnahmen ortsferner Behörden, die ohne vollständige Unterlagen und ohne Kontakt handeln, ist die Fehlleitung von Mitteln eben nicht auszuschließen. Inzwischen ist es allerdings durch gegenseitige Abstimmung besser geworden.

Natürlich kann nicht verschwiegen werden, daß die Länder — zeitweise in großer Finanznot — häufig selbst Zuschüsse erbaten. Die administrativen Nachteile eines solchen Systems sind offensichtlich: Die Beschäftigung vieler Instanzen, darunter unzuständiger, die Mehrgleisigkeit, Briefwechsel und Dienstreisen hin und her, Berichte und Zwischenberichte und last not least die mühevolle Kleinarbeit der Rechnungslegung und der Rechnungsprüfung, die so gründlich und so problematisch ist, daß sie zum Gegenstand eines ganzen Buches voller staunenswerter Dinge mit dem Titel „Kulturpolitik und Ausgabenkontrolle“ werden konnte. Hier ist eine recht komplizierte Frage angeschnitten. Die Bereitstellung der Mittel schließt nämlich nach Meinung des Gebers das Recht ein, nicht nur die bestimmungsmäßige, sondern auch die sparsame und wirtschaftliche Verwendung zu überwachen. Das eröffnet reiche Möglichkeiten nicht nur der Ingerenz, sondern auch der Reibung. Der Pluralismus der Finanzierung führt leicht zu einer Multiplikation der administrativen Arbeit.

Eine besondere Schattenseite der Dotation ist die Dotationsauflage. Sie bedeutet, daß die Gewährung eines Zuschusses an eine Selbstbeteiligung des Landes — meist im Verhältnis von 1 : 1 — geknüpft wird. Man muß sich vergegenwärtigen, daß die Bundeszuschüsse sich auf mindestens 2 Milliarden DM beziffern — wahrscheinlich weit mehr —, um sich von dem Volumen der in den Länderhaushalten gebundenen Ländermittel ein Bild zu machen.

Die Zusage des Bundes bedeutete nämlich in der Praxis den Zwang, sich für das vom Bund ausgesuchte Objekt zu entscheiden. Geld vom Bund auszuschlagen, gilt als völlig unmöglich. Die Objektauswahl konnte in solchen Fällen von der zuständigen Landesbehörde auf die Bundesregierung übergehen. Abgesehen von der Autoritäts- und Kompetenzeinbuße beim Land führten die Dotationsauflagen häufig zu schwierigen Umstellungen im Haushalt. Die ganze Haushaltsplanung konnte aus dem Gleichgewicht geraten und schließlich gerieten tatsächlich einige Haushaltspläne, die, wie der der Landwirtschaft, besonders stark mit Bundesmitteln arbeiten, unter das Zeichen der Unsicherheit. War es doch im Zeitpunkt der Aufstellung eines Landeshaushalts niemals vorauszusehen, welche Zuschußmittel der Bundeshaushalt schließlich aufweisen und wieviel davon dem einzelnen Land zufließen würde. Haushaltsplanung und Haushaltsgleichgewicht wurden gerade bei finanzschwachen Ländern zu einer Art Glücksspiel.

Ministerpräsident Dr. Meyers hat in einem Vortrag die Situation wie folgt gezeichnet:

„Der Bund hat seit Jahren ein System von Finanzzuwendungen an die Länder entwickelt, das nachgerade zu einer Blockierung der eigenständigen Landespolitik führen muß. In vielen Fällen, vor allem im Bereich der gesetzesfreien Staatstätigkeit, hat der Bund sich nicht nur nicht an die Zuständigkeitsregelung des Grundgesetzes gehalten; er macht vielmehr seine Zuwendungen an die Länder, an Organisationen oder Private oft davon abhängig, daß die Länder sich mit einem entsprechenden Betrag an einer solchen Förderungsmaßnahme beteiligen. Das führt dann dazu, daß die Länder unter einen haushaltspolitischen Druck gesetzt werden, der zu einer unerträglichen Einengung ihrer finanziellen Bewegungsfreiheit führen muß, wenn diese Praxis weiter Schule machen sollte.“ Der Spielraum des eigenen Ermessens im Lande wird also eingeengt. Nach Deckung der zwangsläufigen Ausgaben, insbesondere der Personalausgaben, die im Landeshaushalt ja eine so große Rolle spielen, bleibt an ungebundenen Mitteln zeitweise nicht mehr allzuviel. Man wird zwar sagen dürfen, daß die Länder auf verschiedenen Sektoren des politischen Lebens durchaus die Fähigkeit zu eigenständigen politischen Programmen bewiesen haben. Im allgemeinen wird man jedoch den Tatbestand einer fortschreitenden engen Verzahnung und Interdepedenz getrost feststellen dürfen.

Bei der finanziellen und haushaltstechnischen Bedeutung der Dotationen bedeutete es einen großen Fortschritt, als nach Verhandlungen mit den Länderfinanzministerien im Jahre 1958 ein Kabinettsbeschluß erging, der die Frage der sogenannten Selbstbeteiligungsaufgaben bei Bundeszuschüssen und -darlehen regelte.

Danach sollen derartige „Zuschüsse zur Förderung von Landesaufgaben“ in der Regel nicht mit einer Selbstbeteiligungsauflage verbunden werden. Wo eine Selbstbeteiligung mit Rücksicht auf besondere Bundesinteressen unverzichtbar ist, kann sie nur verlangt werden, wenn das im Bundeshaushaltsplan allgemein vorgesehen ist. Der Umfang der Selbstbeteiligung ist rechtzeitig, d. h. vor Beginn der Haushaltsplanung zu erörtern.

Zweifellos beseitigte diese Verfahrensordnung nicht das Problem; sie nahm ihm aber einen Teil seiner Schärfe. Die Zahl der einzelnen Dotationsauflagen ist seitdem nur noch unwesentlich erhöht worden, wenn auch das Gesamtvolumen der von Bund und Ländern gemeinsamen finanzierten Aufgaben im Steigen ist. Verschiedene große politische Anliegen stehen im Zeichen der Gemeinschaftlichkeit. Manche Programme sind in guter und gedeihlicher Zusammenarbeit abgewickelt worden. Das gilt auch von dem Gebiete des kulturellen Zusammenwirkens. Hier scheint sich die Zusammenarbeit etwa beim Vollzug des Bundesjugendplans, bei der Studienförderung nach dem Honnefer-Modell gut eingespielt zu haben. Auf dem Gebiete der wissenschaftlichen Forschung hat sich aus kleinen Anfängen eine Zusammenarbeit zwischen Bund und Ländern entwickelt, die ein gewaltiges finanzielles Ausmaß erreichen wird, und zu dessen Verwirklichung in der Tat die Anspannung aller finanziellen Kräfte notwendig ist. Wie Sie wissen, hatten die Länder schon sehr bald die Notwendigkeit einer gemeinsamen Finanzierung überregionaler wissenschaftlicher Einrichtungen erkannt und zu diesem Zweck das „Königsteiner Abkommen“ gegründet. Das war zweifellos eine weitschauende, sich äußerst segensreich auswirkende Tat. In diesem Abkommen wurden eine Reihe größerer Länderinstitute, die Max-Planck-Gesellschaft und die Deutsche Forschungsgemeinschaft mit jährlich wachsenden Beträgen, insgesamt mehr als 850 Millionen DM — in Zeiten vor dem Milliardenrausch! — finanziert. Der Deutschen Forschungsgemeinschaft wurden Globalbeträge zugewiesen: Man wußte, daß diese Selbstverwaltungsorganisation der deutschen Wissenschaft die ihr anvertrauten Gelder der Stelle des dringenden Bedarfs zuwenden würde. Man nahm es deshalb ohne Widerspruch hin, daß ihr auch von seiten des Bundes wachsende Beträge zuflossen, obwohl das als erste Bedrohung der Kulturhoheit empfunden wurde. Bei der Max-Planck-Gesellschaft wurde der alljährliche Bedarf zwar genau berechnet; die Endsumme nahm jedoch immer mehr den Charakter eines Globalbetrages an, innerhalb dessen die außerordentlich sachkundige Verwaltung der Max-Planck-Gesellschaft nach den gegebenen Bedürfnissen frei schalten durfte. Ich erwähne das, weil es zeigt, daß die Länder rein organisatorisch gesehen, wenn auch nicht immer finanziell, in der Lage waren, über den Bereich eines Landes hinausreichende Aufgaben zu meistern. Die Max-Planck-Gesellschaft erhielt schließlich auch Bundesmittel. Dabei fand man ein Abgrenzungsprinzip zwischen dem Länderzuschuß und den Bundesmitteln: Die letzteren wurden nur für Bauvorhaben und Neuausstattung verwendet. Die Länder sorgten für den daraus entstehenden persönlichen und sächlichen Bedarf. Hier war also ebenfalls eine Ordnung gefunden. Das ganze Gebiet der Förderung der Wissenschaften ist nun auf eine neue Basis gestellt, durch den Förderungsplan, den der Wissenschaftsrat erarbeitete. Hier ist eine Planung gesichert, zu deren Verwirklichung Bund und Länder im Laufe von 5 Jahren je 1 Milliarde beitragen werden. Hier kann übrigens kein Kompetenzkonflikt zwischen Bund und Land ausbrechen. Die Entscheidung über das, „was" getan werden muß, trifft das Programm des Wissenschaftsrats; das „wie" allerdings liegt bei der Landesverwaltung. Die Kompetenzfrage ist also um den Preis des Kompetenzverzichts gelöst.

Nimmt man alles nur in allem, so läßt sich sagen, daß durch gegenseitige Abstimmung ein von Haus aus bedenkliches System erträglich gemacht wird, wenn nur an die Stelle der Subordination und des Kommandos, die Koordination und die planvolle Übereinkunft treten. Es gibt zweifellos Aufgaben, die zweckvoll und wirkungsvoll in Zusammenarbeit von Bund und Ländern erfüllt werden. Es ist weder des Bundes noch der Länder würdig, sie im Zuständigkeitsstreit hin und her zu zerren. Die gegenseitige Abstimmung wird nicht nur zu einem Anliegen der administrativen Ordnung, sondern auch eines gepflegten Verwaltungsstils. Leider bietet sich auf weiten Gebieten der Finanzierung von Landesaufgaben aus Bundesmitteln das Bild eines unentflechtbaren Teppichs ohne rechtes Muster und Ordnung. Um mit dem langjährigen Leiter der Haushaltsabteilung des Bundesfinanzministeriums, Ministerialdirektor Dr. Vialon, zu sprechen, findet sich „fast kaum mehr eine einwandfrei von nur einem Kosten- und Aufgabenträger allein verantwortete Aufgabe".

So erhebt sich die Kernfrage, wie diese Verfassungswirklichkeit mit der Verfassung zu vereinbaren sei. Drei Artikel des Grundgesetzes sind im Feuer:

Was gilt? Gilt der Art. 106 GG, der bestimmt, daß Bund und Länder gesondert die Ausgaben tragen, die sich aus der Wahrnehmung ihrer Aufgaben ergeben, oder darf der Bund Landesaufgaben und dürfen die Länder Bundesaufgaben (siehe Entwicklungshilfe) finanzieren oder finanzieren helfen, soweit nur ihre Mittel reichen?

Gilt Art. 109 GG, wonach Bund und Länder in ihrer Haushaltswirtschaft voneinander unabhängig sind, oder kann der Bund über das Instrument der Dotationsauflage Milliardenbeträge von Ländermitteln binden und ihren Einsatz lenken?

Und gilt endlich Art. 30 GG, wonach die Ausübung der staatlichen Befugnisse und die Erfüllung der staatlichen Aufgaben grundsätzliche Sache der Länder ist, oder ist es gerade umgekehrt so, daß der Bund ohne rechtliche Grenze alles zur Bundesaufgabe machen kann, wenn er sich nur dafür entscheiden will?

Das sind in der Tat sehr schwierige Fragen. Sie werden nicht einfacher dadurch, daß wir Tatbestände vor uns haben, die auf politischen und finanzpolitischen Gegebenheiten beruhen, und die die staatsrechtliche Kritik nicht außer Kraft setzen wird.

Jedoch in Kürze folgendes:

1. Bundeszuschüsse für Landesaufgaben sind nicht eine Erfindung der Bundesrepublik. Die Fondswirtschaft, wie sie damals hieß, blühte schon in der Zeit der Weimarer Republik. Sie war damals schon eine der umstrittensten Erscheinungen des Verfassungslebens. Die Weimarer Republik hatte sie ihrerseits vom Bismarckreich geerbt, wo sie üblich, aber ohne größere Bedeutung war. Erst im modernen Staatswesen, das seine großen wirtschaftspolitischen, agrarpolitischen, sozial- und kulturpolitischen Aufgaben mit dem Einsatz enormer Mittel voranträgt, kann sie und ist sie zu beträchtlicher Bedeutung gelangt.

Das Staatsrecht der Weimarer Verfassung sah — was auch für unser Verfassungsleben einleuchten würde — kein Rechtsproblem in der Fondswirtschaft, soweit dem Reich die Verwaltung der betreffenden Sachgebiete zustand. Die Suche nach den Rechtsgrundlagen beginnt damals wie heute dort, wo es an einer Verwaltungszuständigkeit fehlt. Das Haushaltsgesetz wurde mit Recht als geeignete Grundlage verworfen, zumal ja der Ansatz und die Bewilligung von Mitteln für Zwecke, für die die Zuständigkeit fehlt, durch § 17 RHO untersagt ist. Man half sich mit dem Hinweis auf die ständige Praxis der Ausschüttung und mit der Verfassungswirklichkeit. „Die Tätigkeit erfolgt als Anwendung des in der Praxis bestätigten Rechtssatzes, daß das Reich zur Finanzierung reichswichtiger Aufgaben und damit zur Einflußnahme auf ihre Durchführung dann zuständig ist, wenn sie von den Ländern oder von einzelnen Ländern nicht erfüllt werden oder nicht erfüllt werden können.“ (Lassar, Handbuch des deutschen Staatsrechts I, S. 137.)

Ob man einen solchen Rechtssatz, der nichts anderes ist als eine Kapitulation vor einem verfassungsrechtlich bedenklichen Zustand, prägen und einfach übernehmen kann, und ob er dann ausreicht, um die Zuschüsse zur Trakehnerzucht, für den Getränkeschankanlagen-Ausschuß, oder, um taktvollerweise in meinem Land zu bleiben, zu einer größeren Skisprungschanze rechtlich zu untermauern, lasse ich dahingestellt. Man sollte keine Artistik unternehmen, sondern man sollte versuchen, zu einer praktikablen Ordnung zu kommen.

2. Bei dem geschilderten Sachverhalt scheint es recht zweifelhaft zu sein, ob der Finanzausgleich stimmt. Sie wissen, daß der Finanzausgleich als Aufgabe und als Problem überall dort zur Existenz kommt, wo in einem Staatswesen mehrere politische Willensträger nebeneinander wirken und sich — wohl integriert im Staatsganzen — in die öffentlichen Aufgaben teilen. In einem modernen Staatswesen, das 30 bis 40 vH des Sozialprodukts an sich zieht, ist es offenbar unmöglich, jedem Partner die Beschaffung der von ihm für erforderlich gehaltenen Mitteln auf eigene Faust zu überlassen. Der Finanzegoismus der Partner würde wahrscheinlich ruinös wirken. Die Beschaffung der riesenhaften Finanzmittel des modernen Staates bedarf einer einheitlich lenkenden Hand. Deshalb hat das Grundgesetz die Steuergesetzgebung auch in die Hand des Bundes gelegt. Die beschafften Mittel müssen dann allerdings auf die Träger der staatlichen Aufgaben so verteilt werden, daß jeder seine Rolle spielen kann.

Dem Finanzausgleich fällt also die Aufgabe zu, die Entscheidung des Verfassungsgesetzgebers für einen föderativen Staatsaufbau zu verwirklichen und jedem das Seine zuzuteilen. Es steckt hinter dem Finanzausgleich also die Idee der Gerechtigkeit.

Wird der Finanzausgleich dieser hohen Idee nicht gerecht, so gerät der schlecht-weg-gekommene Partner des Bundesstaats in die Gefahr der Verkümmerung. Er wird auf die Dauer seinen Aufgaben nicht mehr in erforderlichem Umfang nachkommen können. Das wird dazu führen, daß der besser ausgestattete Partner in die verlassenen Stellen einrückt. Selten ist es ein Mangel an politischer Vitalität oder administrativer Kraft oder gar finanzielle Mißwirtschaft beim abgebenden Teil, der für die Erklärung des Vorgangs ausreicht. In aller Regel wird es die bessere finanzielle Ausstattung sein, die den Verdrängungsvorgang ermöglicht und dem anderen Partner zur Ausdehnung seines Wirkungsbereichs befähigt. Häufig wird der Verdrängungsvorgang noch von Angriffen und Vorwürfen begleitet, die den Verdrängten zur Zielscheibe politischer Kritik werden lassen. Man spricht seit Popitz von „der Anziehungskraft des größeren Etats". Dieses, der Welt der Physik entnommene Bild erklärt meines Erachtens nichts. Im Gegenteil neigen ja die Finanzminister und die Etat-Direktoren eher zu einem „nein", also zur Abstoßung, als zu einem „ja". Jedenfalls wird diese Erfahrung häufig beklagt.

Wo eine solche Anziehungskraft des größeren Etats festzustellen ist, verrät das, daß nicht mehr die verfassungsrechtliche Ordnung und Aufgabenverteilung den Finanzausgleich regelt, sondern daß die Finanzmacht das von der Verfassung vorgestellte Gefüge der Kompetenzen umbaut. Die gemeinschaftliche Finanzierung kann häufig, wenn auch nicht immer, der Beginn eines solchen Umbaues sein.

Lassen Sie mich nun den Versuch — ich gestehe — den mir reichlich unzulänglich erscheinenden Versuch — unternehmen, die von mir gesehene Situation zu ordnen. Ich habe zum Ausdruck gebracht, daß ich die Situation mit dem Verfassungsrecht nicht voll für vereinbar halte, ich habe mich bemüht, sie zu diagnostizieren und die Entstehungsursache — die ich in einem Versagen des Finanzausgleichs sehe — herauszuarbeiten. Eine Therapie erscheint mir kaum möglich; gegen konstitutionelle Leiden pflegen Medizinen wenig auszurichten. Es gibt aber Leiden, mit denen man sich abfinden kann, wenn man sich auf sie einrichtet. Eine sehr geregelte Lebensführung und eine kluge Diät sind dabei meist indiziert.

Lassen Sie mich also versuchen, eine Philosophie oder besser ein Ordnungssystem zu entwickeln:

Man wird vielleicht zu einer klareren begrifflichen Durchdringung kommen, wenn man drei verschiedene Dinge auseinanderhält, nämlich

a) die Funktion des Verwaltungshandelns,

b) die Funktion der Gesetzgebung,

c) die Aufgaben der Mittelbereitstellung und der Mittelverwendung.

Zu a) Nach Meinung des Grundgesetzgebers liegt die Aufgabe des Verwaltungshandelns zweifellos bei den Ländern. Das hat das Bundesverfassungsgericht in seinem Fernsehurteil deutlich gemacht. Er hat diese Aufgabe bei ihnen konzentriert und aus der Universalität ihrer Zuständigkeit einige Bereiche, wie etwa den der auswärtigen Beziehungen, den der Verteidigung und einige andere mehr, herausgesplittert. Deshalb sind die Länder die Träger eines gewaltigen Verwaltungsapparats; sie sind heute noch die Herren der Verwaltung. In dieser Eigenschaft haben die Länder — mit und ohne Bundeszuschüsse — oft in großer finanzieller Bedrängnis in den Aufbaujahren gewaltige Leistungen vollbracht. Das interessante Buch der Erfolge der Landespolitik, insbesondere der Landesentwicklungspolitik ist noch nicht geschrieben. Es würde zu einem überzeugenden Plädoyer der Länderleistung.

Zu b) Anders als bei der Verwaltung liegt die Sache jedoch auf dem Gebiet der Gesetzgebung. Auch hier spricht nach dem Grundgesetz die Vermutung für die Zuständigkeit der Länder. Der Umfang ihrer Gesetzgebung ist in der Tat auch beträchtlich, und es wäre völlig unrealistisch, das zu verkennen. Im Gegenteil, die Gesetzgebungszuständigkeit der Länder hat insbesondere auf den Gebieten des kommunalen Rechts, des Polizeiwesens und der Kulturpolitik, um nur wenige zu nennen, ihre große Bedeutung behalten. Sie mag politisch unscheinbarer sein, als die des größeren Bruders. Für den Ablauf des

Verwaltungsalltags und für die tägliche Daseinsvorsorge ist sie unwegdenkbar.

Dank eines umfangreichen Zuständigkeitskatalogs und seiner nicht gerade schüchternen Ausschöpfung hat die Bundesgesetzgebung einen enormen Umfang angenommen. Insbesondere ist der Bund zum Träger der großen politischen Programme geworden, die auf allen Gebieten, insbesondere denen der Wirtschafts-, Agrar- und Sozialpolitik, liegen. Andererseits hat ihm das Grundgesetz in den meisten Fällen die Ausführung der Gesetze durch Behörden eines bundeseigenen Verwaltungsunterbaues versagt.

Der Bund verfügt also über einen riesigen Gesetzgebungsapparat Die Bundesministerien sind allerdings weit über die klassische Ministerialaufgabe der Vorbereitung von Gesetzen hinausgewachsen und zu höchst aktiven Trägern der Administration des Einzelfalls geworden, wobei die Frage, worauf sich diese emsige Verwaltungstätigkeit eigentlich rechtlich stützt, nicht weiter verfolgt werden soll. Man wird also unter Inkaufnahme einiger Ungenauigkeiten sagen dürfen, daß der Bund der Herr der Gesetzgebung und der Träger großer politischer Programme mit verhältnimäßig kleiner Exekutive ist. Dagegen sind die Länder überwiegend Träger und Herren der Verwaltung, während ihre Gesetzgebungstätigkeit hinter der des Bundes an politischer Aktualität etwas zurücksteht.

Das ist ein eigentlich höchst merkwürdiger Sachverhalt. Er wird uns infolge unserer Gewöhnung nicht voll bewußt. Es ist eine merkwürdige Situation, daß nach dem Grundgesetz der Vollzug der staatlichen Aufgaben bei den Ländern, die politische Programmierung dank der wirtschaftspolitischen, finanzpolitischen und sozialpolitischen Gesetzgebungszuständigkeit beim Bund liegt. Im Gegensatz zu anderen föderativen Verfassungen gibt es also bei uns nicht eine Aufteilung der staatlichen Zuständigkeiten nach Sachgebieten, wobei sich innerhalb eines jeden im Sinne einer echten Autonomie Gesetzgebungsbefugnis und Vollzugszuständigkeit decken. Vielmehr hat unser Grundgesetz die überkommene föderative Tradition in Deutschland als bindend empfunden. Man wird vielleicht die Vermutung äußern dürfen, daß dieser Konstitutionstyp noch mehr als andere föderative Verfassungen zu einer Verwischung der Abgrenzungen neigt, besonders angesichts eines modernen Staatswesens, das sowohl den administrierenden Gesetzgeber (Köttgen) mit seinen Detailregelungen wie Maßnahmegesetze, die sich auf die Programmierung beschränken, kennt. Gerade der letztere Bereich bietet sich als Raum der Gemeinschaftsaufgabe an.

Zu c) Bleibt noch die Frage der Mittelbereitstellung und Mittelverwendung zu prüfen. Hier gibt es zwei Rechtsmeinungen, wobei sich die Verfassungswirklichkeit schon gegen die herrschende Meinung entschieden hat, ohne daß das von ihren Vertretern bemerkt wurde. Lassen Sie mich das ausführen: Es gibt keinen Zweifel, daß die Mittelverwendung, d. h. der Einsatz an Ort und Stelle im allgemeinen Sache der Länder ist, weil sie über den ortsnahen Verwaltungsunterbau verfügen. Der Streit der Meinungen geht um die Frage der Mittelbereitstellung für die Durchführung der Bundesgesetze bzw. -programme:

Sind es die Länder, in deren Verwaltungsapparat die Kosten anfallen, die die Mittel bereitstellen müssen, oder ist es der Bund, dessen Gesetzgebung die Kosten veranlaßt?

Es ist verwunderlich, daß über eine solche Frage nach zwölf Jahren Grundgesetz Meinungsverschiedenheit bestehen kann!

Nach der ersten Meinung besteht eine volle Deckung von organisatorischer, administrierender und finanzieller Verantwortung. Der Vollzug der Bundesgesetze sei Aufgabe der Länder und aus ihrer Vollzugsverantwortung ergebe sich zwingend die Finanzierungslast. In der Tat läßt es sich nicht leugnen, daß für diese — herrschende — Meinung eindrucksvolle Argumente und insbesondere der Wortlaut der Finanzausgleichsbestimmungen des Grundgesetzes spricht.

Man kommt jedoch nicht um die Feststellung herum, daß es von Anfang an versäumt wurde, die Länder mit den danach erforderlichen Mitteln auszustatten, und daß von vornherein zur Durchführung von Bundesgesetzen Bundesmittel bereitgestellt wurden. Zwar gibt es hier keine durchgehende Linie, und nie waren die Länder sicher, daß der Bund nicht Gesetze auf ihre Kosten machen würde. Im Gegenteil sind an dieser Frage häufig Konflikte entbrannt, und der von mir eingangs erwähnte Verfassungsstreit über die Tilgung der Ausgleichsforderungen ist dafür ein Beweis. Es spricht aber alles dafür, daß Gesetzgebungsverantwortung und Finanzverantwortung aus der Logik der Staatsräson heraus untrennbar zusammen gehören. Nicht Vollzugsverantwortung und Finanzverantwortung sind die zusammengehörenden Begriffe, weil ja nicht über die Kosten des Gesetzgebungsprogramms eines administrierenden Gesetzgebers die Vollzugsbehörde entscheidet, sondern weil vielmehr der Kostenaufwand vom Gesetzgeber bestimmt wird. Die Verfassungswirklichkeit deckt sich demnach nicht mit den im Jahre 1955 in das Grundgesetz eingebauten Bestimmungen des Art. 106 Abs. 4. Die damals vorgenommene Verfassungsänderung erwies sich nicht als mächtig genug, eine sich damals schon anbahnende Verfassungswirklichkeit zu redressieren, vielleicht weil es versäumt wurde, die Länder durch eine entsprechende Finanzausstattung für die Verfassungsaufgabe fit zu machen. In der Praxis hat sich vielmehr in etwa ein Vorschlag durchgesetzt, den die Studienkommission zur Neuordnung des bundesstaatlichen Finanzausgleichs damals gemacht hatte. Danach sollten die Länder die persönlichen und sächlichen Verwaltungskosten bei der Durchführung von Bundesgesetzen, die Zweckaufgaben jedoch grundsätzlich der Bund tragen. Aus der mangelnden Dotierung der Länder hat sich also meiner Meinung nach eine Verpflichtung des Bundes ergeben, die Kostenverantwortung für seine Gesetzgebung unmittelbar zu tragen. Er hat demnach auch die Masse des „grünen Plans" finanziert; er hat zusammen mit den Ländern und Gemeinden das Wohnungsbauprogramm ermöglicht; auch die Durchführung der Wiedergutmachung gehört in diesen Rahmen.

Es sind aber nicht nur Gesetzesprogramme durchgeführt worden; auch im gesetzesfreien Raum sind Programme entwickelt und gemeinsam durchgeführt worden, deren Bedeutung manchmal über die von Gesetzen hinausgeht. Man denke an den Entwicklungsplan, die regionalen Förderungsprogramme, den Bundesjugendplan, das Verkehrs- und Straßenbauprogramm und neuerdings die Förderung der Wissenschaft. Hier sind Bundesmittel großen Umfanges eingesetzt, und hier wird die gleiche Verpflichtung zur Kostentragung gelten müssen, wie bei den Bundesgesetzen. Soweit solche Programme durchgeführt werden können — das ist im Rahmen der Zuständigkeit des Bundes zur Gesetzgebung — wird der Bund zu Recht auch die Programmkosten tragen müssen. Das gilt auch deswegen, weil nur der Träger der Finanzpolitik in der Lage ist, die benötigten Mittel zu erschließen und weil nur er im Rahmen der gesamtstaatlichen Konjunkturpolitik beurteilen kann, ob und in welchem Umfang derartige Programme opportun sind. Nur der Herr der Finanzpolitik vermag die finanzielle Verantwortung für derartige politische Programme zu tragen.

Diese Programme, die letztlich von den Verwaltungen der Länder durchgeführt werden müssen, scheinen mir der Raum für das gemeinschaftliche Wirken von Bund und Ländern zu sein. Wichtig ist es vielleicht herauszustellen, daß wirkliche Programme im Sinne eines planvollen Handelns auf lange Sicht vorliegen müssen und die ein Volumen aufweisen, das über die Kraft der einzelnen oft finanziell recht unterschiedlich ausgestatteten Länder hinausgeht. Nicht jede Initiative und jedes Einzelanliegen ist ein solches Programm, und für eine punktuelle Finanzbeteiligung des Bundes an xbeliebigen Landesaufgaben spricht weder die Rechtslage noch eine wirkliche Notwendigkeit. Über die Art der Durchführung und Finanzierung der Programme mußten Absprachen getroffen werden. Im Sinne dieser Gedankengänge läge es, wenn erwogen würde, die Länder im Finanzausgleich soweit auszustatten, daß sie die Grundlast — wenn ich mich dieses Ausdrucks aus der Elektrotechnik bedienen darf — die Grundlast des täglichen Verwaltungshandelns, ihrer wesentlichen staatlichen Aufgaben und des kommunalen Finanzausgleichs tragen können. Den Spitzenbedarf der Durchführung der Bundesgesetze und der politischen Bundesprogramme mit ihrer politischen Zielsetzung müßte der Bund oder müßten Bund und Länder zusammen tragen.

Vielleicht würde es möglich sein, auf diesem Wege sich einer sinnvollen Ordnung zu nähern, die Reibungen und Verstimmungen vermindert, die administrative Arbeit einspart und als sinnvolle Ordnung wirkt.

Gemeinschaftsaufgaben zwischen Staat und Gemeinden (Gemeindeverbänden) unter der Selbstverwaltungsgarantie

Von Staatssekretär *Heinrich Junker*
Bayerisches Staatsministerium des Innern, München

Die verschiedenartige Gestaltung des Kommunal- und Selbstverwaltungsrechts in den deutschen Bundesländern seit 1945 würde eigentlich eine großangelegte Dissertation über das mir gestellte Thema verlangen. Sie in ihrer wissenschaftlichen Begründung zu geben, mag eine reizvolle Aufgabe für junge Verwaltungsjuristen und auch für alte Hasen sein, ich selbst möchte mich aber heute mehr darauf beschränken, das Thema aus der Sicht eines Praktikers zu behandeln, der zehn Jahre lang als bayerischer Landrat die Gegebenheiten von Gemeinden, Gemeindeverbänden und Gebietskörperschaften höherer Ordnung sozusagen an der Front der inneren Verwaltung kennen lernte und nun schon im vierten Jahre als Staatssekretär im Innenministerium die Betreuung der Selbstverwaltung und die Besorgung der Staatsaufgaben in allen Ebenen zu koordinieren sucht. Ich glaube sicher, daß ein Beitrag dieser Art gerade für Sie, meine sehr verehrten Herren, die Sie aus der Praxis der verschiedenen Länder zu diesem Fortbildungskurs zusammengekommen sind, nicht uninteressant sein dürfte.

I.

1. Der Begriff der Gemeinschaftsaufgaben ist in den letzten Jahren in der kommunalen Praxis zu einem Schlagwort geworden. Die stürmische Entwicklung des letzten Jahrzehnts hat in vielen Bereichen das Gewand zu eng werden lassen, das den Gemeinden in der Vergangenheit geschneidert worden ist. Die Großstädte und Städte industrieller Ballung verfügen nicht mehr über ausreichenden Wirtschafts- und Siedlungsraum; die kommunalen Einrichtungen in den Randgemeinden genügen bei weitem nicht mehr den Anforderungen, die das überschnelle Wachstum dieser Gemeinden an sie stellt; viele kleine Gemeinden stehen vor großen Problemen, wenn sie den gesteigerten Bedürfnissen ihrer Einwohner Rechnung tragen sollen (Wohnungsbau, Straßenbau, Trinkwasserversorgung, Abwasserbeseitigung, Schul-

hausbau). Überall wo diese Probleme auftauchen, wird der Ruf nach Gemeinschaftseinrichtungen laut.

2. Als Gemeinschaftsarbeit im Sinne dieses Sprachgebrauchs wird dabei weitgehend die Zusammenarbeit mehrerer kommunaler Körperschaften verstanden, sie wird mit dem Begriff der freiwilligen interkommunalen Zusammenarbeit gleichgesetzt. Damit wird aber der Begriff der Gemeinschaftsaufgaben nicht erschöpft. Ebenso wie zwischen den Gemeinden und den Gemeindeverbänden gibt es gemeinschaftliche Aufgaben zwischen dem Staat und den Gemeinden und Gemeindeverbänden. Sie lassen sich in doppelter Hinsicht unterscheiden:

a) Der Staat wirkt vielfach an Aufgaben der Gemeinden mit,

b) die Gemeinden haben Teile von staatlichen Aufgaben zu erfüllen.

Die Mitwirkung als solche würde allerdings die Aufgabe noch nicht zu einer gemeinschaftlichen Aufgabe zwischen Staat und Gemeinden machen. Voraussetzung und Wesensmerkmal ist vielmehr, daß die Mitwirkung des Staates oder der Gemeinden jeweils auch den eigenen Interessen dient, gemeinschaftliche Interessen daher im Vordergrund stehen.

II.

Die aufgezeigten beiden möglichen Formen der Zusammenarbeit zwischen Staat und Gemeinden sind nicht nur gedanklich mögliche Formen, sind sind reale Gegebenheiten unseres staatlichen Lebens.

1. *Die Mitwirkung des Staates an gemeindlichen Aufgaben* ist viel häufiger als es selbst dem kommunalen Fachmann scheint. In der Praxis bezeichnet man sie nämlich kaum als Gemeinschaftsaufgaben zwischen Staat und Gemeinden. Fast überall, wo sich der Staat finanziell an gemeindlichen Aufgaben beteiligt, liegt in Wirklichkeit auch eine Zusammenarbeit vor. Die Motive und die Formen solcher Zusammenarbeit sind unterschiedlich.

a) Die heute im Vordergrund stehende Form ist der vertikale Finanzausgleich zwischen den Ländern und den Kommunen. Dabei handelt es sich dem Wesen nach nicht um ein allgemeines Beteiligungsverhältnis des Staates an den kommunalen Aufgaben. Dies würde die Grenzen zwischen dem Staat und der kommunalen Selbstverwaltung über Gebühr verwischen. Der Finanzausgleich stellt vielmehr, ich möchte sagen eine Art Schadensersatz des Staates dafür dar, daß dieser nicht in der Lage ist, die Gemeinden mit einem ausreichenden gemeindlichen Finanzierungssystem durch eigene Steuern auszustatten. So ist der Finanzausgleich auch entstanden in dem Augenblick, als nach dem ersten Weltkrieg durch die Wegnahme des gemeindlichen Zuschlagsrechts zur Einkommen- und Körperschaftssteuer zumindest einem Teil der Gemeinden, nämlich denjenigen, bei denen dieses Steuerrecht das hauptsächliche Finanzmittel war, ohne Hilfe des Staates eine auch nur bescheidene Aufgabenerfüllung nicht mehr möglich gewesen wäre Der Finanzausgleich ist also, so unterschiedlich er in den einzelnen Bundesländern gestaltet sein mag, doch wesensmäßig auf dem Gedanken der Auffüllung negativer Steuerkraft bis zu einem bestimmten Niveau aufgebaut, ein Prinzip, von dem insbesondere die komplizierte Konstruktion der Schlüsselzuweisungen als Hauptform des Finanzausgleichs ausgeht.

b) Eine zweite Gruppe von staatlichen Leistungen an die Kommunen nimmt zwar noch Funktionen des Finanzausgleichs wahr. Hier bemessen sich aber die Leistungen in der Regel nicht in der Form einer gesetzlich festgelegten Berechnungsmethode, sondern im Wege des pflichtgemäßen Ermessens von Bewilligungsbehörden unter Berücksichtigung der Finanzlage und der Aufgabenbelastung der antragstellenden kommunalen Körperschaft. Es handelt sich hier um die sogenannten zweckgebundenen oder gezielten Leistungen im Finanzausgleich, die teils in den Finanzausgleichsgesetzen der Länder, teils aber auch, wie z. B. in Bayern die staatlichen Beihilfen zum Ausbau der Wasserversorgung und der Kanalisation, außerhalb des Finanzausgleichsgesetzes durch Bewilligungen im Staatshaushalt verankert sind. Weil der Staat, wie z. B. auf dem Gebiete des Schul- und Krankenhausbaus, der Wasserversorgung und der Abwasserbeseitigung, aber ein staatspolitisches Interesse daran hat, daß diese zum lebensnotwendigsten Bedarf der Staatsbürger gehörenden Einrichtungen von den Kommunen in ausreichendem Maße geschaffen werden können, wird hier der Charakter einer Gemeinschaftsaufgabe schon viel klarer; die Aufgaben sind gezielt.

Eine Besonderheit der jüngsten Entwicklung, die in diesem Zusammenhang erwähnt werden muß, stellen die verschiedenen Finanzprogramme des Bundes und der Länder dar, die überwiegend aus bestimmten staatspolitischen Zielsetzungen heraus ins Leben gerufen wurden und nicht auf die Gemeinden beschränkt sind, wie z. B. der Grüne Plan, die Bundes- und Länderprogramme der Grenzlandhilfe oder die Hilfe für Sanierungsgebiete.

Welchen Umfang diese Leistungen des Staates an die Kommunen haben, zeigen deutlich die Ergebnisse der Statistik. Nach den neuesten noch unveröffentlichten Zahlen für das Rechnungsjahr 1959 erhielten die Gemeinden und Gemeindeverbände in diesem Jahr aus Zuweisungen von Bund und Ländern insgesamt rund 3,980 Milliarden DM, wovon rund 1,524 Milliarden DM auf die allgemeinen Finanzzuweisungen und 2,755 Milliarden DM auf die zweckgebundenen Zuweisungen entfallen. Für das Jahr 1961 werden diese Zahlen noch wesentlich höher liegen, was deutlich wird, wenn man z. B. bedenkt, daß sich allein in Bayern die Gesamtleistungen des Finanzausgleichs gegenüber 1959 von 294,6 Millionen DM auf 468,5 Millionen DM, das ist um 173,9 Millionen DM, erhöht haben. Die Vergleichszahlen der übrigen Länder stehen mir leider nicht zur Verfügung.

Es ist übrigens interessant aus der Statistik festzustellen, daß das Verhältnis der allgemeinen Finanzzuweisungen zu den zweckgebundenen Finanzzuweisungen in den einzelnen Ländern unterschiedlich ist. In Bayern, Hessen, Nordrhein-Westfalen und Rheinland-Pfalz machen die zweckgebundenen Zuweisungen mit gewissen Schwankungen ungefähr das Doppelte der allgemeinen Finanzzuweisungen aus, während dieser Unterschied in Schleswig-Holstein nur ein Drittel und in Niedersachsen ein Viertel beträgt. In Baden-Württemberg umgekehrt liegen die allgemeinen Finanzzuweisungen um etwa 17 vH über den zweckgebundenen Zuweisungen. Die Auffassungen über die Bedeutung der individuellen Förderung sind in den einzelnen Ländern also unterschiedlich. Sie sind wohl weniger von der Finanzkraft der Gemeinden oder der Leistungsfähigkeit des Landes, als von dem Verhältnis des Investitionsbedarfs der Gemeinden zu ihrer Finanzkraft beeinflußt. Eine gewisse Rolle spielt dabei auch die veränderte Aufgabeneinteilung zwischen eigenem und übertragenem Wirkungskreis.

Die Zahlen für die einzelnen Länder bitte ich aus der Übersicht zu ersehen, die zu Beginn des Vortrags an die Kursteilnehmer verteilt wurde.

Vielleicht wird zu meinen Ausführungen über die Mitwirkung des Staates an gemeindlichen Aufgaben unter Hinweis auf das Thema meines Vortrags „*Gemeinschaftsaufgaben* zwischen Staat und Gemeinden" der Einwand erhoben, daß hier nur eine *Mitwirkung* des Staates an gemeindlichen Aufgaben vorläge, es sich dabei aber um keine echten gemeinschaftlichen Aufgaben handle, weil keine eigentlichen gemeinsamen Interessen gegeben sind. Dieser Einwand ist nicht begründet; um ihn zu entkräften, muß man sich das Verhältnis von Gemeinden und Staat grundsätzlich vor Augen führen. Früher wurde dieses Verhältnis als ein obrigkeitliches Machtverhältnis betrachtet, der Staat wurde als das Ursprüngliche und Übergeordnete angesehen, von dem auch die Gemeinden ihre öffentliche Gewalt ableiten. Die Verfassungen der Nachkriegszeit zeigen jedoch, wie Becker im Handbuch der Kommunalen Wissenschaft und Praxis[1] zutreffend dargelegt, daß den Gemeinden eine selbständige, unabhängige und ursprüngliche hoheitliche Gewalt zuerkannt wird. Diese Kennzeichnung des Verhältnisses von Staat und Gemeinden könnte zu der Annahme führen,

[1] Vgl. Bd. I, S. 118 ff.

der Staat nähme keine eigenen Interessen wahr, wenn er sich an den eigenen Aufgaben der Gemeinden beteiligt. Zu Unrecht, denn letzten Endes hängt das Wohl des Staates davon ab, daß in der örtlichen Gemeinschaft das Zusammenleben der staatlichen Gesellschaft dient. Es liegt also im ureigensten Interesse des Staates, wenn in den Gemeinden gesunde Wohnungen in genügender Anzahl vorhanden sind, geeignete Schulhäuser zur Verfügung stehen, um die Menschen für die Gesellschaft im Staat zu erziehen, die Einwohner ausreichend mit Trinkwasser und den anderen Bedürfnissen des täglichen Lebens versorgt sind. So gesehen sind viele Aufgaben, an denen sich der Staat im kommunalen Bereich beteiligt, echte Gemeinschaftsaufgaben.

Besonders deutlich wird diese Zusammenarbeit auf dem Gebiet des sozialen Wohnungsbaus. Hier ist eine Angelegenheit des örtlichen Bereichs infolge der durch den Krieg und den Zusammenbruch entstandenen Verhältnisse zu einer Gemeinschaftsaufgabe von Bund, Ländern und Gemeinden von besonderer Eigenart herangewachsen. Eines der markantesten Beispiele ist wohl die Lösung des Problems der Massenverkehrsmittel in den Großräumen unserer Großstädte, wie München, wo scheinbar eigene Aufgaben weit in die Nachbargemeinden hineinwirken.

2. *Im Bereich der Mitwirkung der Gemeinden bei staatlichen Aufgaben* liegt die Bezeichnung als gemeinschaftliche Aufgabe schon näher, wenngleich sie auch hier ungebräuchlich ist. Erfüllen die Gemeinden Aufgaben namens des Staates, so spricht man von Auftragsangelegenheiten, von übertragenem Wirkungskreis oder von Pflichtaufgaben nach Weisung[2]. Auch hier könnte in Zweifel gezogen werden, ob es sich dabei um Gemeinschaftsaufgaben handelt. Denn diese Aufgaben erledigen die Gemeinden und Gemeindeverbände nicht aus freiem Willen, sie werden ihnen vom Staat durch Gesetz zugewiesen. Damit sind sie verpflichtet, diese Aufgaben zu erfüllen. Wenn auch die Freiwilligkeit fehlt, liegen doch echte Gemeinschaftsaufgaben vor, weil gemeinsame, übergeordnete Interessen vorliegen. Staat und Gemeinden leiten ihre Hoheitsgewalt zwar aus eigenem Recht ab, sie sind in ihrem tatsächlichen Bestand aber aufeinander angewiesen; deshalb gehören auch diese Formen der Mitwirkung zu den gemeinschaftlichen Anliegen.

Die Mitwirkung kann verschiedener Art sein. Sie ist umfassend, wenn die Gemeinden oder Gemeindeverbände die Funktion unterer staatlicher Verwaltungsbehörden übernehmen (in Bayern z. B. die

---

[2] Zweifelhaft ist, ob auch die Pflichtabgaben nach Weisung hierher gehören; vgl. eingehend mit weiteren Verweisungen *Görg*, Bundesauftragsangelegenheiten der Gemeindeverbände und ihre Pflichtaufgaben nach Weisung, in DÖV, 1961, S. 41 ff.

kreisfreien Städte als Kreisverwaltungsbehörden). Der übrige Bereich der Auftragsangelegenheiten ist außerordentlich umfangreich. In Bayern können z. B. mehr als 70 verschiedene Aufgaben festgestellt werden, die auf diese Weise von Gemeinden und Gemeindeverbänden laufend wahrgenommen werden müssen. Dabei handelt es sich nicht nur um Angelegenheiten, die ihnen von den Ländern zugewiesen wurden. Auch der Bund spricht in vielen Gesetzen unmittelbar die Gemeinden an und überträgt ihnen Aufgaben.

So wurde durch § 1 des Zweiten Wohnungsbaugesetzes vom 27. Juni 1956 (BGBl. I S. 523) der Wohnungsbau zur Gemeinschaftsaufgabe von Bund, Ländern und Gemeinden bestimmt. Auch das Erste Gesetz über Maßnahmen zum Schutz der Zivilbevölkerung vom 9. Oktober 1957 (BGBl. I S. 1696) enthält ähnliche Vorschriften: Es ordnet in § 2 die Aufgabenzuständigkeit für den Luftschutz grundsätzlich dem Bunde zu, teilt diese Aufgabe dann aber, wie aus § 32 folgt, z. T. auch wieder zwischen Ländern und Gemeinden auf.

Allerdings ist das Recht des Gesetzgebers zur Aufgabenzuteilung an die Kommunen nicht unbeschränkt. Es steht ihm nicht frei, über jede Aufgabe eine Disposition zu treffen; in vielen Bereichen stößt er an Schranken, die ihm die Verfassung mit dem Grundsatz des Föderalismus gezogen hat. Ich werde darauf noch zu sprechen kommen.

Die Auftragsverwaltung enthält zwar in vielen Fällen keine weitreichenden Befugnisse. Sie beschränkt sich vielmehr häufig auf jene Angelegenheiten, die nach der Natur der Sache nur im örtlichen Bereich verwirklicht werden können, weil sie entweder eine genaue Kenntnis der örtlichen Verhältnisse voraussetzen oder an Ort und Stelle verwirklicht werden müssen. Gleichwohl werden durch die Vielfalt der Aufgaben, die ihrer Art nach etwa als gesteigerte Amtshilfe angesprochen werden können, die Gemeindeverwaltungen stark belastet.

Eine Folge der Mitwirkung der Gemeinden an staatlichen Aufgaben im übertragenen Wirkungskreis ist wiederum die Beteiligung des Staates an den kommunalen Lasten, deren Höhe ja durch den Umfang des übertragenen Wirkungskreises wesentlich beeinflußt wird. Dies führt im Ergebnis zu einer weiteren finanziellen Verflechtung von Staat und Kommunen. Ich meine hierbei die verschiedenen Formen des Kostenersatzes.

Hierzu zählen vor allem die in Bayern als Finanzzuweisungen bezeichneten Leistungen. Es handelt sich hier *nicht* um Finanzausgleich im Sinne des oben dargelegten Begriffes, wenn auch die Finanzzuweisungen aus gesetzesökonomischen Gründen meist in den Finanzausgleichsgesetzen geregelt sind. Diese Gruppe von Leistungen ist vielmehr ihrem Wesen nach reiner Kostenersatz dafür, daß die Gemeinden im übertragenen Wirkungskreis Aufgaben erledigen, die eigentlich ihrem Wesen nach staatliche Aufgaben wären, aber aus Zweckmäßigkeitsgründen den Gemeinden zur Besorgung überlassen sind. Diese Leistungen werden daher auch ohne Rücksicht von Steuerkraftunterschieden allen Gemeinden gewährt, die derartige Aufgaben erfüllen, und nach anderen als den Maßstäben des Finanzausgleichs, vor allem nach der Einwohnerzahl, aber auch gelegentlich nach dem Umfang der anfallenden Verwaltungsarbeit bemessen. Sie beruhen auf dem wohl in allen Ländern — in Bayern in der Bayerischen *und* in der Gemeindeordnung — verankerten Grundsatz, daß den Gemeinden bei der Übertragung neuer Aufgaben die erforderlichen Mittel zu erschließen sind. Da Sonderersatzleistungen für einzelne Aufgaben mit der Zeit zu verwaltungstechnisch unerfreulichen Erscheinungen führen können, indem eine Reihe, zum Teil der Größenordnung nach unbedeutender Leistungen an eine Vielzahl von Gemeinden zu erbringen sind, hat es sich als zweckmäßig erwiesen, solche Sonderersatzleistungen von Zeit zu Zeit durch angemessene Erhöhungen der Finanzzuweisungen in diesen aufgehen zu lassen oder sie zu pauschalieren.

III.

1. Die Selbstverwaltung, wie sie durch das Grundgesetz und die Verfassungen der Länder gewährleistet ist, verleiht den Gemeinden und Gemeindeverbänden das Recht, die Angelegenheiten ihrer örtlichen Gemeinschaft eigenverantwortlich zu erfüllen. Diese Selbstverwaltung ist umfassend, sie stellt den kommunalen Körperschaften frei, wie sie die Verwaltung organisieren, welches Personal sie verwenden und wie sie ihre Aufgaben wahrnehmen wollen; sie sind dabei lediglich — ebenso wie die Staatsverwaltung — verpflichtet, ihre Verwaltung gesetzmäßig auszuüben. Ein wesentliches Kennzeichen dieser Selbstverwaltung ist für die Gemeinden die Universalität oder Allseitigkeit. Sie bedeutet, daß der Gemeinde alle Gemeinschaftsaufgaben zufallen, die in ihrem örtlichen Bereich entstehen. Begrenzt wird sie lediglich durch die überörtlichen Belange, die sich im örtlichen Bereich verwirklichen. Für das Selbstverwaltungsrecht der Gemeinde*verbände* gilt der Grundsatz der Universalität nicht in gleicher Weise, weil ihr Wirkungsbereich durch das Subsidiaritätsprinzip begrenzt ist, das selbst wieder die Allseitigkeit der Gemeinde gewährleistet.

2. Diesem umfassenden Selbstverwaltungsrecht können erhebliche Gefahren erwachsen, wenn gemeinschaftliche Aufgaben vom Staat und den Gemeinden oder Gemeindeverbänden erledigt werden.

a) Wirkt der Staat durch finanzielle Zuwendungen mit, daß die Gemeinden ihre eigenen Aufgaben erfüllen können, so beschränkt er sich vielfach nicht einfach darauf, den Gemeinden die Mittel zuzuweisen.

Der Staat will eine Sicherheit dafür haben, daß die Mittel nicht verschleudert, sondern sinnvoll angelegt werden. Er verbindet deshalb ihre Zuweisung mit Auflagen und Bedingungen, die die Ausgestaltung der einzelnen Anlage betreffen, und macht sie davon abhängig, daß die Anlage wirtschaftlich ist und der spätere Unterhalt gesichert wird, sie also auf die Dauer ihrem Zweck zu genügen vermag.

Dieses Anliegen ist bis zu einem gewissen Grade verständlich; es liegt letzten Endes auch im wohlverstandenen Interesse der Gemeinden. Die Entscheidungen der gemeindlichen Organe werden dadurch vielleicht in bestimmte Bahnen gelenkt; die Selbstverwaltung wird durch diese in der Sache selbst begründeten Anregungen aber noch nicht gefährdet.

Größere Bedenken im Hinblick auf die Selbstverwaltung ergeben sich dagegen dann, wenn die Zuwendungen zu einer finanziellen Abhängigkeit der Kommunen vom Staat führen. Die Notwendigkeit laufender Zuschüsse zeigt, daß die Gemeinden in finanzieller Hinsicht unselbständig sind. Ihre Entscheidungen sind nämlich davon abhängig, daß die staatlichen Zuschüsse gegeben werden. Diese Fragen haben auch schon den Bayerischen Verfassungsgerichtshof beschäftigt[3]; er hat ausgeführt, daß das Selbstverwaltungsrecht der Gemeinden nur dann als gesichert angesehen werden kann, wenn diesen für den eigenen und übertragenen Wirkungskreis die notwendigen finanziellen Mittel zur selbständigen Haushaltswirtschaft zur Verfügung gestellt werden. Steigende finanzielle Abhängigkeit vom Staat bedeutet Rückgang der eigenverantwortlichen Selbstverwaltung.

Dies zeigt sich besonders in den Fällen, in denen der Gesetzgeber durch Änderung des kommunalen Steuerrechts die Steuereinnahmen der Gemeinden schmälert und auf den Einwand, eine solche Einnahmenminderung gefährde die ordnungsgemäße Erfüllung der kommunalen Aufgaben, auf Erhöhung der Leistungen des vertikalen Finanzausgleichs verweist. Natürlich kann auf diesem Wege im Einzelfall ein Steuerausfall ersetzt werden; in diesem Augenblick wird aber die finanzielle Abhängigkeit der Gemeinden vom Staat entsprechend verstärkt. Folgerichtig auf dem Gebiete aller Gemeindesteuern zu Ende gedacht, müßte das das Ende der gemeindlichen Selbstverwaltung bedeuten und die Gemeinden zu einem vom Staat ausgehaltenen Verwaltungsapparat degradieren. Damit würde ein Zustand geschaffen, wie wir ihn im Dritten Reich schon einmal gehabt haben und wie er zur Zeit in der Ostzone herrscht. Ich weise hierauf betont im Hinblick auf den dem Bundestag zur Zeit vorliegenden Entwurf des Steueränderungsgesetzes 1961 hin, bei dem den Gemeinden im Wege der Gewerbesteuersenkung ein Steuerausfall in der Größenordnung

[3] Vgl. BayVerfGH Entsch. vom 3. 6. 1959 VGH n.F. 12 II 48.

von etwa 600 Mio DM zugemutet wird, für dessen Ersatz die Bundesregierung bedenkenlos eine entsprechende Erhöhung der Leistungen des Finanzausgleichs empfohlen hat.

Kommt es durch Veränderungen des Steuersystems oder von Steuersätzen zu stärkeren Verschiebungen des Gewichts, das die einzelnen Steuerarten haben — ändert sich also die Steuerstruktur —, so verschiebt sich auch das finanzpolitische Gewicht von Bund, Ländern und Gemeinden untereinander.

Die Folge ist der Ruf nach einer Neuordnung der Finanzverfassung, der sein Gewicht dadurch erhält, daß andernfalls die Abhängigkeit der finanzschwachen Gebietskörperschaften von den finanzstarken Gebietskörperschaften das zuträgliche Maß überschreiten würde. Umstritten wird dabei aber immer die Frage sein, was noch als „zuträglich" gelten kann. Das Argument der gefährdeten Selbständigkeit ist freilich bis zu einem gewissen Grade spekulativ, und das mag dazu verleiten, es gering zu schätzen. In dieser Neigung zur „Geringschätzung" liegt die eigentliche Gefahr für die Gemeinden.

Nicht übersehen darf man auch folgendes: Kennzeichnend für die bisherige Entwicklung ist, daß das Steuererhebungsrecht der Gemeinden heute in der öffentlichen Meinung vielfach gegenüber dem des Bundes oder der Länder als zweitrangig angesehen wird, so daß sich die Forderungen nach einem Abbau der steuerlichen Belastung der Volkswirtschaft in der Regel in erster Linie gegen die Gemeindesteuern richten. In dieser Geringschätzung der kommunalen Selbstverwaltung sehe ich eine besondere Gefahr für die Gemeinden. Es ist bedauerlich, daß der Grundsatz der Gleichrangigkeit der Erfüllung der Aufgaben des Staates und der Gemeinden noch nicht zum Gedankengut der Staatsbürger und — leider muß ich das offen sagen — vielfach auch im besonderen noch nicht zum Gedankengut mancher Staatsrechtler und Politiker gehört. Sonst müßte man auch nicht immer wieder feststellen, daß der Bund nach dem Gesetz der attraktiven Kraft des übergeordneten Haushalts handelt, das heißt, seinen jeweiligen Finanzbedarf in erster Linie sichert und es den Ländern und Kommunen überläßt, mit dem verbleibenden Rest der Finanzmasse auszukommen.

Will man sicherstellen, daß die Kommunen einerseits ihre Gemeinschaftsaufgaben mit dem Staat zufriedenstellend erfüllen können, andererseits aber in ihrer Selbstverwaltung nicht unangemessen beeinträchtigt werden, dann muß man zweierlei beachten:

1. Jedes die Gemeinden in ihrer Gesamtheit treffende System, das zu einer Verminderung der gemeindlichen Einnahmen führen kann, ist abzulehnen.

2. Die Gemeinden müssen ausreichend mit sicheren und beständigen Einnahmequellen ausgestattet werden, die weder von der Willkür anderer Gebietskörperschaften abhängig noch für bestimmte Zwecke gebunden sind.

Es liegt auf der Hand, daß eine finanziell gut fundierte Gemeinde besser in der Lage ist, ihre eigenen und auch die staatlichen Aufgaben zu erfüllen, als eine Gemeinde, die um jeden Pfennig beim Staat betteln muß. Die Verwaltungskraft einer Gemeinde hängt schließlich weitgehend von den finanziellen Gegebenheiten ab. Bei dieser Sachlage ist die Finanznot der Gemeinden im ganzen Bundesgebiet eine ernste Sorge. In vielen Fällen beruht sie nicht nur auf den vielfältigen Aufgaben, dem Bevölkerungszuwachs usw., also auf zeitbedingten Anlässen. Es zeigen sich vielmehr tief wurzelnde strukturelle Mängel. Gemeinden, die so klein und so finanzschwach sind, daß sie kaum die Aufwandsentschädigung ihres Bürgermeisters und der Gemeinderatsmitglieder aufbringen, können auch keine echte Selbstverwaltung ausüben. Sie sind ewige Kostgänger des Staates. Gerade dieses Problem ist auch unter dem Gesichtspunkt der Selbstverwaltung nicht gering zu achten. Haben doch z. B. in Bayern von den über 7000 Gemeinden nur rund 1500 mehr als 1000 Einwohner. Die rund 5500 kleineren Gemeinden (drei Viertel aller bayerischen Gemeinden überhaupt), in denen aber nur ein Viertel aller Einwohner Bayerns leben, sind in den von den Kommunen gemachten Ausgaben nur mit 7 vH beteiligt. Dieses Problem zu meistern liegt damit im eigenen Interesse der Gemeinden und Gemeindeverbände.

Bedenklich wird die Notwendigkeit, die Gemeinden zu unterstützen vor allem dann, wenn die Zuschüsse mit anderen, nicht durch die Zuwendungen selbst unmittelbar bedingten Auflagen und Bedingungen verbunden werden.

Oft werden solche Zuschüsse darüber hinaus davon abhängig gemacht, daß die empfangende Körperschaft eigene Mittel in Höhe eines festgelegten Prozentsatzes für den bezuschußten Zweck bereitstellt. Durch diese sog. Interessenquote werden also von Bundes wegen bestimmte kommunale Mittel für bestimmte Maßnahmen gebunden und damit der Verfügungsmacht der kommunalen Organe entzogen. Es liegt auf der Hand, daß durch eine solche Praxis das verfassungsrechtlich festgelegte Selbstverwaltungsrecht empfindlich beeinträchtigt werden kann. Es geht nicht an, daß ein finanzieller Sonderausgleich des Bundes zu einer Verschiebung oder gar Beseitigung der kommunalen Verantwortung führt. Die Fondswirtschaft des Bundes enthält keine Befugnis zu Auflagen und Bedingungen, die einen Eingriff in die verfassungsmäßige Ordnung der Länder und in die Selbstverwaltung und Selbstverantwortung der Kommunen darstellen[4].

Jedenfalls kann die finanzielle Machtstellung eines Verwaltungsträgers — hier die des Bundes — nicht entscheidend sein für die Abgrenzung der Befugnisse zu anderen Körperschaften. Die Anwendung eines derartigen Grundsatzes würde schließlich dazu führen, daß die verfassungsmäßig festgelegte Ordnung durch den Sog des großen Haushalts aufgelöst würde. Die Frage der finanziellen Belastung ist subsidiär hinter der Frage der Aufgabenkompetenz einzureihen. Dem nach der Verfassung zuständigen Aufgabenträger müssen ohne eine Bindung in eine bestimmte Richtung so viele Mittel zur Verfügung stehen, daß er in der Lage ist, seinen Aufgaben ordnungsgemäß nachzukommen. Nur dieses Prinzip kann eine klare Ordnung der Machtverhältnisse und der Zuständigkeiten garantieren.

b) Ähnliche Gefahren können sich aber auch ergeben, wenn die Gemeinden in einem sehr starken Maße in der staatlichen Verwaltung mitzuwirken haben.

Die Bedenken bestehen nicht etwa darin, daß in diesem Bereich der kommunalen Tätigkeit die Entscheidung von den Gemeinden nicht eigenverantwortlich gefällt wird. Die Weisungsbefugnis des Staates berührt den gemeindlichen Bereich nicht unmittelbar, da die Auftragsangelegenheiten nicht im örtlichen Bereich wurzeln, sondern ihrer Natur nach dem überörtlichen und deshalb staatlichen Bereich angehören.

Die Zunahme der Auftragsangelegenheiten vermag aber das Wesen der gemeindlichen Selbstverwaltung zu verändern. Wenn die eigenen Angelegenheiten nur noch einen Bruchteil der weisungsgebundenen Aufgaben ausmachen, muß die Selbstverwaltung verkümmern, weil sie sich nur noch in einem engen Bereich verwirklichen kann. Die Differenzierung zwischen eigenen und Auftragsangelegenheiten wird aber auch stets schwieriger; die Unklarheit schränkt die eigene Verantwortlichkeit ein. Es ist unnatürlich, wenn die Kommunen mit einem aufgeblähten Verwaltungsapparat, der häufig 50 vH schon allein für Personalausgaben verschlingt, Aufgaben zu erledigen haben, die nur zu einem Bruchteil ihrem eigenen Wirkungskreis dienen.

Gefahren bei der Erledigung gemeinschaftlicher Aufgaben können sich auch ergeben, wenn der Gesetzgeber auf einzelnen Gebieten zu sehr selbst in den Verfahrensablauf in der kommunalen Körperschaft eingreift. In der Vergangenheit ist das verschiedentlich durch den Bundesgesetzgeber geschehen, indem er bestimmte Aufgaben besonderen, erst zu bildenden Ausschüssen zuwies oder vom Gemeindeparlament auf den leitenden Gemeindebeamten übertrug. Auch durch

[4] Vgl. *Becker* in BayVerwBl. 1960, S. 70.

besondere Genehmigungsvorbehalte, Einschaltung dritter Stellen usw. können Gefahren entstehen. Diese beruhen nicht in einer unmittelbaren Verletzung des Selbstverwaltungsrechts, das sich auf die Auftragsangelegenheiten nicht erstreckt[5]. Wenn aber immer mehr Angelegenheiten den nach den Kommunalgesetzen der Länder zur Willensbildung berufenen Organen entzogen werden oder wenn etwa der Bundesgesetzgeber bestimmt, welche Angelegenheiten als eigene oder übertragene Aufgaben zu gelten haben, dann kann es leicht dazu kommen, daß die Selbstverwaltungsgarantie allmählich innerlich ausgehöhlt und zur inhaltslosen Farce gemacht wird.

Es ist nun nicht wegzuleugnen, daß das Gewicht des unmittelbaren Bundeseinflusses auf die Gemeinden von Jahr zu Jahr gewachsen und heute schon zu einem kommunalpolitischen Faktor geworden ist, der dem Einflußbereich der Länder beinahe gleichkommt[6]. Der Bund beruft sich dabei besonders auf die Bestimmung des Art. 84 Abs. 1 GG, wonach der Bund mit Zustimmung des Bundesrates „die Einrichtung der Behörden und das Verwaltungsverfahren" regeln kann. Unter dem Stichwort „Einrichtung der Behörden" dringt der Bund auch in das landesrechtliche Reservat der kommunalen Organisation ein und übt so einen unmittelbaren Einfluß auf das kommunale Vollzugsgeschäft aus.

Demgegenüber ist darauf hinzuweisen, daß das Grundgesetz dem Bund keinerlei gemeinderechtliche Zuständigkeit verleiht; ein parlamentarischer Initiativantrag auf entsprechende Erweiterung des Art. 75 GG blieb seinerzeit ohne Erfolg[7]. Man muß also davon ausgehen, daß das GG nur zwei Verwaltungsräume kennt, nämlich den der Bundesverwaltung und den der Landesverwaltung. Gerade dies ist aber ein wesentliches Merkmal des Bundesstaates.

Der Bundesstaat unterscheidet sich vom dezentralisierten Einheitsstaat dadurch, daß die zum Bundesstaat zusammengeschlossenen Staaten ihr staatliches Eigenleben behalten, daß sie sich also ihre eigene, souveräne und von der Gesetzgebungszuständigkeit des Bundes exakt abgegrenzte Rechtsordnung vorbehalten. Ein Wesensmerkmal für den staatlichen Charakter der Bundesländer liegt in ihrer Befugnis, im Rahmen ihrer eigenen Rechtsordnung ihre gebietliche Aufgliederung in Gemeinden und Gemeindeverbände und den Status dieser Gebietskörperschaften zu regeln.

Folgerichtig hat das Grundgesetz in Art. 28 die Kreise und Gemeinden im Rahmen der Bestimmungen über die verfassungsmäßige Ordnung in den Ländern erwähnt. Es hat in Art. 70 ausgesprochen, daß

---

[5] Vgl. bes. *Jesch,* DÖV 1960, S. 739 ff. (742).

[6] Vgl. *Köttgen,* Die Gemeinde und der Bundesgesetzgeber, S. 18.

[7] Vgl. *Köttgen,* a.a.O., S. 17.

die Länder das Recht der Gesetzgebung haben, soweit das Grundgesetz nicht dem Bunde Gesetzgebungsbefugnisse verleiht, und daß sich die Abgrenzung der Zuständigkeit zwischen Bund und Ländern nach den Vorschriften des Grundgesetzes über die ausschließliche und konkurrierende Gesetzgebung bemißt. Innerhalb dieser für die Zuständigkeitsabgrenzung allein maßgebenden Vorschriften hat das Grundgesetz weder im Katalog der ausschließlichen Gesetzgebung nach Art. 73 noch im Katalog der konkurrierenden Gesetzgebung nach Art. 74 das Recht der Gemeinden und Gemeindeverbände erwähnt, so daß dieses der ausschließlichen Zuständigkeit der Länder zugerechnet werden muß. Damit sind diejenigen Bereiche der Gesetzgebung, die ihrem Inhalt nach in einer Gemeindeordnung oder in einem entsprechenden Gesetz für die Gemeindeverbände zu regeln sind, der Zuständigkeit des Bundes entzogen.

Die Bestimmungen der Art. 84 Abs. 1 und 85 Abs. 1 des Grundgesetzes, die bei der Ausführung der Bundesgesetze mit Zustimmung des Bundesrats unter bestimmten Voraussetzungen der Bundesgesetzgebung die Möglichkeit geben, die Einrichtung der Behörden und das Verwaltungsverfahren zu regeln, stehen außerhalb des VII. Abschnitts „Die Gesetzgebung des Bundes". Sie können nicht die Bedeutung haben, diese bei der Zuständigkeitsverteilung zwischen der Bundes- und der Landesgesetzgebung getroffene und dem Wesen des Bundesstaates entsprechende Regelung der Art. 70, 73 und 74 gegenstandslos zu machen. Diese Auslegung wird durch Art. 85 Abs. 3 Satz 3 bestätigt, wonach der Vollzug von Weisungen des Bundes durch die Obersten Landesbehörden sicherzustellen ist. Nicht der Bund, sondern die Länder bestimmen also, wie die Bundesgesetze auszuführen sind.

In ähnlichem Sinne hat sich übrigens erst kürzlich Herr Prof. Dr. Becker mit diesen Fragen in einer Abhandlung in den Bayerischen Verwaltungsblättern auseinandergesetzt[6]. Ich darf mich wegen der Kürze der Zeit darauf beschränken, auf diesen sehr gründlichen Aufsatz zu verweisen.

Als Bereiche, die demnach der Kommunalgesetzgebung der Länder vorbehalten und der Gesetzgebung des Bundes entzogen sind, müssen nach dem Gutachten, das eine Kommission des Rechtsausschusses des Bundesrats im Januar 1960 erarbeitet hat[7], insbesondere angesehen werden:

1. die Frage, ob eine Aufgabe von den Gemeinden als Selbstverwaltungsangelegenheit (in eigener Verantwortung) oder als Auftragsangelegenheit (als Pflichtaufgabe nach Weisung) durchzuführen ist,

[8] BayVerwBl. 1961, Heft 3, S. 65 ff.

[9] Gutachten vom 14./15. 1. 1960 (Anl. 220).

2. die Frage, ob für eine bestimmte Angelegenheit an Stelle eines kommunalen Gremiums eine Einzelpersönlichkeit tätig werden soll,
3. die Frage der unmittelbaren Bildung kommunaler Behörden oder Organe oder die Verpflichtung der Gemeinden zur Errichtung bestimmter Behörden oder Organe,
4. die Frage, ob die Gemeinden bestimmte Angelegenheiten im Wege der Satzung oder auf andere Weise regeln sollen, ob Satzungen genehmigungsbedürftig sind und wer zur Genehmigung zuständig ist.

Alle diese Fragen betreffen die innere Ordnung, insbesondere die Organisation, der kommunalen Gebietskörperschaften, also das kommunale Verfassungsrecht. Nicht berührt wird das Kommunalverfassungsrecht dagegen, wenn

a) den Gemeinden und Gemeindeverbänden Verwaltungsaufgaben lediglich zugewiesen werden und
b) bestimmt wird, daß die Gemeinden vor Durchführung bestimmter Maßnahmen von Bundes- oder Landesstellen zu hören sind.

Diese Grundsätze müssen mangels abweichender Regelung auch für den Fall der Bundesauftragsverwaltung (Art. 85 GG) Gültigkeit haben, was allerdings sehr bestritten ist. Sie werden auch durch eine Zustimmung des Bundesrats nicht außer Kraft gesetzt; denn eine Verfassungsdurchbrechung bleibt auch mit Zustimmung des Bundesrates verfassungswidrig.

Gleichwohl hat der Bund diese Grundsätze in verschiedenen Gesetzen mit Zustimmung des Bundesrates verletzt.

Als Beispiele für solche Regelungen nenne ich die Novelle zum Reichsjugendwohlfahrtsgesetz vom 28. August 1953, durch die den gemeindlichen Organen gesetzlich zustehende Befugnisse entzogen wurden (§§ 8 Abs. 2 und 9 Abs. 2 RJWG). Ähnlich wirkt auch das neue Bundesbaugesetz in mehreren Bestimmungen in bedenklicher Weise unmittelbar auf das gemeindliche Verfassungsrecht ein.

Weitere Beispiele für bundesgesetzliche Bestimmungen über die Organisation von Kommunalbehörden findet man im Körperbehindertengesetz (§ 4 Abs. 2), Tbc-hilfegesetz (§ 29 Abs. 1), Gesetz zur Bekämpfung der Geschlechtskrankheiten (§§ 2 Abs. 2, 14, 15), Wehrpflichtgesetz (§ 15), Lastenausgleichsgesetz (§ 308 Abs. 1), 1. Gesetz zum Schutz der Zivilbevölkerung (§ 4 Abs. 1).

Darüber hinaus hat der Bundesgesetzgeber schon mehrfach bestimmt, daß Angelegenheiten von den Gemeinden als Selbstverwaltungsangelegenheiten oder als Auftragsangelegenheiten durchzuführen sind (vgl. LAG § 305 Abs. 2, RJWG § 8 Abs. 1, FlüNotleistungsgesetz § 3 Abs. 3, 1. ZBG § 2, BLG § 5 Abs. 3, Wohnraumbew.G § 1 Abs. 2).

Es muß betont werden, daß gerade das Land Bayern im Bundesrat immer wieder auf diese bedenkliche Entwicklung hingewiesen hat und damit manche weitergehende Angriffe des Bundes gegen Zuständigkeiten auf kommunalem Gebiet verhindern konnte.

Es wäre falsch, in dieser Haltung nur eine unbequeme Rechthaberei oder sture Eigenbrötelei zu sehen und ihr mit grundsätzlicher Ablehnung zu begegnen, wie dies leider häufig geschieht.

Zunächst ist festzustellen, daß es sich hier um die Beachtung grundlegender Verfassungsprinzipien handelt, deren unverbrüchliche Wahrung allen verfassungsmäßigen Organen des Staates als vornehmste Aufgabe obliegen muß. Diesen Prinzipien muß auch in scheinbar weniger bedeutsamen Fällen Rechnung getragen werden, wenn man nicht die Gefahr in Kauf nehmen will, daß sich eine Staatspraxis bildet, welche mit der Verfassung nicht mehr in Einklang steht[8].

Rein sachlich bringen zentralistische Regelungen die Gefahr mit sich, daß vielfach Rechtsbegriffe und Organisationsformen übernommen werden müssen, die sich weder mit dem einschlägigen Landesrecht, noch mit den gegebenen örtlichen Verhältnissen vereinbaren lassen. Es hat sich immer wieder erwiesen, daß bundeseinheitliche Regelungen da nicht sinnvoll sind, wo die Rechtseinheit sie nicht erfordert und wo ausschließlich oder doch überwiegend rein örtliche Belange im Spiel stehen.

In der Zukunft wird sich zeigen, ob diese Entwicklung anhält. Ich habe Ihnen die Bedenken vorgetragen, die dagegen unter dem Gesichtspunkt der Selbstverwaltung bestehen.

Ich hoffe, Sie andererseits überzeugt zu haben, daß die Selbstverwaltung kein lästiges Hindernis ist, das man beseitigen müßte, sondern eine der Grundvoraussetzungen für das Funktionieren eines gesunden Staatswesens. Staat und Gemeinden können und müssen zur Erfüllung ihrer gemeinsamen Aufgaben zum Besten des Volkes zusammenwirken; aber dies muß in Formen geschehen, die die Selbstverwaltung als Grundpfeiler der Demokratie unangetastet läßt.

---

[10] Vgl. *Seidel*, BayStaatszeitung 1960, Nr. 3.

Ausgleichende Aufgaben der Landkreise

Von Ministerialdirektor a. D. *Hans-Georg Wormit*
Geschäftsführendes Präsidialmitglied des Deutschen Landkreistages, Bonn

Die Themen der einzelnen Vorträge unseres Fortbildungskursus „Gemeinschaftsaufgaben zwischen Bund, Ländern und Gemeinden" weisen auf ein bezeichnendes Merkmal der jüngsten Entwicklung in unserem Staats- und Verwaltungsgefüge hin: eine klare Scheidung der Zuständigkeiten für die großen strukturgestaltenden und strukturbeeinflussenden Aufgaben zwischen den verschiedenen nebeneinander oder übereinander gelagerten Schichten von Verwaltungsträgern wird immer schwieriger. Früher, als der Aufgabenbereich der öffentlichen Verwaltung noch begrenzt und überschaubar war, ließen sich zumindest die wichtigsten Verwaltungsaufgaben in ihrer horizontalen und vertikalen Schichtung meist ohne Schwierigkeiten sauber aufteilen und bestimmten Trägern zuweisen. Heute ist dies gerade bei den großen Aufgabenkomplexen, die den Staatsbürger besonders berühren, oft nur noch im Prinzipiellen möglich. Ein buntes Vielerlei von gegenseitigen Überschneidungen, von finanziellen Leistungen herüber und hinüber — kurz: eine verwirrende Gemengelage kennzeichnet das Feld der öffentlichen Verwaltung von heute. Darin liegen für die politisch-parlamentarische Kontrolle wie für die reibungslose Arbeit der Verwaltung große Gefahren. Aber wir müssen es wohl als Faktum hinnehmen: Die Gemeinschaftsaufgaben, bei denen sich mehrere Träger zusammenfinden, sind zu einem hervorstechenden Wesensmerkmal der modernen Verwaltung geworden — seien sie nun vertikal gegliedert (Bund, Länder, Kommunen) oder horizontal orientiert (z. B. die interkommunale Zusammenarbeit).

Ähnliche Züge — das Ausstrahlen der Verwaltung auf einen großflächigen, in sich unterschiedlich gearteten und vielfach gegliederten Raum und Interessen zahlreicher Verwaltungsträger, die meist parallel laufen, gelegentlich aber auch miteinander konkurrieren — kennzeichnen die Kommunalkörperschaften, die ich in Ihr Blickfeld rücken darf, unsere Landkreise. Sie wurden einst geschaffen, um einen weiteren, überörtlichen Raum verwaltungsmäßig zu bewältigen. Die weiträumige Fläche ist bis heute der stärkste Trumpf geblieben, den die Landkreise im Kräftespiel der verschiedenen Verwaltungsträger einzusetzen haben. Dabei ist aber das Gebiet überschaubar geblieben, auf dem wir, gleichsam auf den Raum eines Kreises projiziert, fast alle

Merkmale wiederfinden, die auf den größeren Ebenen die modernen Gemeinschaftsaufgaben kennzeichnen. Wie dort der Bund mit den Ländern und zahlreichen anderen Verwaltungsträgern zusammenarbeitet oder z. B. Bundesmittel von den Ländern eingesetzt werden, so steht auch der Landkreis in einer ständigen Wechselbeziehung zu anderen Verwaltungsträgern — zu den Ländern, zum Bund und besonders zu den eigenen Gemeinden.

Dies ist freilich nur eine Seite der Problematik des Landkreises. Sie rührt aber schon an das Thema, seine ausgleichenden Aufgaben. Wir umschreiben damit das Ziel, innerhalb des Landkreises ein sinnvolles Ausgewogensein, ein gesundes Gleichmaß kommunaler Verwaltungsleistungen und Betreuungsmaßnahmen zu erreichen und zugleich den Landkreis als Ganzes gegenüber dem kommunalen Bereich außer ihm, d. h. gegenüber den großen Städten, nicht zurückstehen zu lassen. Man sollte meinen, hier liege eine ganz neuartige, relativ junge Aufgabe der Kreise — nein, es ist im Grunde das Gesetz, nach dem sie schon vor eineinhalb Jahrhunderten angetreten sind. Das Preußische Kreisedikt, das „Edikt wegen Errichtung der Kreisdirektorien und der Gendarmerie" vom 30. Juli 1812, meist unter dem Namen „Gendarmerie-Edikt" bekannt, stellte den Landkreisen damals schon die Aufgabe:

> „Die aus den kreisangehörigen Städten und den ländlichen Gemeinden zusammengesetzten Kreise werden als selbständige, für sich bestehende Gemeindeverbände das, was in den Städten 1. Klasse — d. h. den kreisfreien Städten — geleistet wird, durch ihre Zusammensetzung wirken."

Der Landkreis sollte also zusammen mit seinen Gemeinden einen gleichwertigen Verwaltungseffekt erreichen, wie er in den größeren Städten durch diese allein erzielt wurde — ein eindrucksvolles Beispiel für die verwaltungspolitische Gestaltungskraft jener Zeit! Diese Konzeption hat sich bis zur Gegenwart, bis in unsere Tage einer ständig zunehmenden staatlichen und kommunalen Daseinsvorsorge, voll bewährt. Und wenn das Kreisedikt fortfährt,

> „jene Städte 2. Klasse und die ländlichen Gemeinden werden die ersten Bedürfnisse der öffentlichen Sozietät befriedigen; die Kreise aber überall eintreten, wo diese Befriedigung über die Kräfte der Gemeinden hinausgeht oder ein höheres, mehr in das Staatsverhältnis eingreifendes Interesse zu gewähren ist",

so weist dies in die gleiche Richtung, wie der § 3 Abs. 1 der Landkreisordnung für Rheinland-Pfalz, den ich als Beispiel für das positive Recht der Gegenwart aus dem Kreisverfassungsrecht der Länder allein hier anführen möchte:

> „Die Landkreise können gemeindliche Aufgaben übernehmen, die über den örtlichen Rahmen oder die finanzielle Leistungsfähigkeit

der einzelnen Gemeinden oder Ämter hinausgehen. Sie sollen Gemeinden, die ihre örtlichen Aufgaben nicht ausreichend erfüllen können, nach Maßgabe ihrer Kräfte unterstützen und zu einem wirtschaftlichen Ausgleich unter den kreisangehörigen Gemeinden beitragen."

Die an beiden Stellen so klar ausgedrückte Ausgleichsaufgabe des Landkreises ist, in die reale Gegenwart übertragen, so vielseitig und vielgestaltig, daß nur einige Beispiele genannt werden können: die Trägerschaft für Straßen, Krankenhäuser und Schulen, für Maßnahmen der Verkehrs- und Versorgungswirtschaft, für kulturelle Aufgaben. Aber auch das eigentliche Verwaltungshandeln muß hier — im weiteren Sinn — eingeordnet werden. Stellen die Aufgaben des Straßenverkehrsamtes, des Lastenausgleichsamtes, des Kreiskulturbauamtes u. a. nicht auch Funktionen dar, die der Kreis an Stelle und im Interesse seiner Gemeinden und zur unmittelbaren Betreuung seiner Bevölkerung wahrnimmt? In einigen Bereichen, wie in der klassischen Kreisaufgabe des Straßenbaus, in der Verkehrsentwicklung und in der Energiewirtschaft konnten sogar weite Gebiete der Landkreise überhaupt erst durch deren Initiative, durch jahrzehntelange, kostspielige Anstrengungen der Kreisverwaltungen wirtschaftlich und sozial erschlossen werden.

In der kommunalpolitischen Diskussion des Tages übersieht man diesen größeren Zusammenhang leider mitunter. Ein Landkreis gewährt aus seinen Haushaltsmitteln einzelnen seiner Gemeinden Beihilfen oder Zuwendungen für bestimmte einzelne Aufgaben — die Wahl des Empfängers oder die Höhe der Hilfe stoßen auf Kritik, und daran schließt sich — besonders vom Standpunkt der größeren und finanzkräftigeren Städte aus — die Frage an, ob hier nicht zu Unrecht aus Mitteln, zu denen einige Teile des Kreises besonders beitragen, der Gesamtkreis oder einzelne seiner Glieder gefördert werden, die nicht entfernt in gleichem Maße den Kreisetat aus eigenen Kräften speisen. Hier liegt ein natürliches Spannungsfeld, das vor allem bei den Diskussionen um die Kreisumlage sichtbar wird. Man sollte dabei aber drei Dinge nicht übersehen:

1. Die Landkreise waren bis zu der Realsteuerreform vor dem Zweiten Weltkrieg an der Gewerbesteuer und an der Grundsteuer unmittelbar beteiligt. Wenn dieser eigene Anteil an den Realsteuern damals in dem Glauben, hier vereinfachen zu können, durch eine Umstellung auf die abstrakte Realsteuerkraft als Bemessungsgrundlage für die Kreisumlage abgelöst wurde, so war hiermit gewiß nicht eine Verengung des Finanzgefüges der Landkreise dem Volumen nach beabsichtigt. Schon damals hatten ihre Aufgaben sehr stark zugenommen, und inzwischen haben sich ihre Ausgaben seit

1913 trotz des gegenüber dem alten Reiche so sehr geschrumpften Gebiets der heutigen Bundesrepublik mehr als verachtfacht.

2. Die heutigen Realsteuern der Gemeinden sind in ihrem Gesamtvolumen sowohl für Gemeinde- wie für Kreisbedürfnisse bestimmt. Eine Nachrangigkeit des Kreises läßt sich weder aus der geschichtlichen Entwicklung, noch aus dem geltenden Recht, noch von der Sache her begründen. Die Realsteuern sind lediglich auf zwei Verwaltungsträger aufgeteilt, ähnlich wie z. B. die Einkommensteuer in bestimmten Prozentsätzen dem Bund und den Ländern zufließt.

3. Die Kreisumlage wird in ihrer Bedeutung für den Gesamtetat des Kreises meist überschätzt. Sie macht heute im Durchschnitt des Bundesgebiets ein Drittel bis ein Viertel der Finanzmittel aus, die den Landkreisen zur Verfügung stehen. Bei den ausgleichenden Aufgaben der Landkreise kommt daher den Mitteln, die aus der Kreisumlage hierfür herangezogen werden, keineswegs eine ausschlaggebende Bedeutung zu.

Mit diesem Fragenkomplex haben sich wiederholt Stellen befaßt, deren Objektivität nicht bestritten werden kann. So stellte das Bundesverwaltungsgericht in einem Urteil vom 18. März 1960 fest, daß die Landkreise heute in allen deutschen Ländern mit der Aufgabe des Lastenausgleichs zwischen den kreisangehörigen Gemeinden betraut seien. Das heiße, daß mit Wissen und Willen des Gesetzgebers die leistungsfähigen kreisangehörigen Gemeinden — und das seien in erster Linie die größeren Kreisstädte — für die leistungsschwachen Gemeinden eintreten sollten.

Die Ausgleichsfunktion der Landkreise hat auch den Präsidenten des Bundesrechnungshofes beschäftigt, der vor einiger Zeit in seiner Eigenschaft als Beauftragter für die Wirtschaftlichkeit der Verwaltung ein Gutachten über die Verwaltung des württembergischen Landkreises Göppingen erstattete. Es ist der Bundeshaushaltsrechnung für 1955 beigefügt und enthält u. a. folgende Äußerung zu der Frage allgemeiner Einsparungsmöglichkeiten organisatorischer und personeller Art bei den Landkreisen:

> „Die den Landkreisen obliegende Daseinsvorsorge für die Bevölkerung sowie ihre Ausgleichsfunktion im Verhältnis zu den kreisangehörigen Gemeinden lassen einen nennenswerten Aufgabenabbau bei ihnen kaum durchführbar erscheinen."

Aufschlußreich sind schließlich aus der letzten Zeit Äußerungen, die der Staatssekretär des Bundesfinanzministeriums, Professor Dr. Hettlage, im Januar d. Js. im „Volkswirt" zur Frage der künftigen Stellung und Ausstattung der Landkreise veröffentlichte: Die Landkreise würden wahrscheinlich

„in schrittweiser Fortentwicklung mehr und mehr Aufgaben übernehmen müssen, die bisher den kreisangehörigen Gemeinden zur Erfüllung und Finanzierung aus eigenen Deckungsmitteln zugewiesen waren, zum Beispiel die Einrichtungen des überörtlichen ländlichen Schul-, Gesundheits- und Straßenwesens. Die Landkreise werden wirtschaftlich und finanziell mehr und mehr die Träger der allgemeinen örtlichen Verwaltungsaufgaben werden; der dezentralisierte Verwaltungsvollzug in den Landgemeinden braucht dadurch nicht wesentlich geändert zu werden. Hier vollzieht sich ein zwischengemeindlicher Finanz- und Lastenausgleich durch den Übergang von Aufgaben und teilweise der Deckungsmittel auf die Landkreise als nächsthöheren Gemeindeverband."

Aus allen diesen Stimmen ergibt sich, wie stark die Landkreise heute in den Strom der allgemeinen Entwicklung, der strukturellen Wandlungen eingebettet sind und wie sich ihre Verantwortung gegenüber den kreisangehörigen Gemeinden zwangsläufig verstärkt hat.

Die Ausgleichsaufgaben des Landkreises wird man in drei verschiedenen Richtungen sehen können:

als ausgleichende Funktion innerhalb des Landkreises selbst,
als Ausgleich zwischen den historischen Bereichen Stadt und Land sowie ihren Mischformen und schließlich

ist der Landkreis der ausgleichende Raum, der die in ihm zusammengeschlossenen kommunalen Bereiche gegenüber den darüber liegenden Verbänden (Land, Bund) vertritt und zugleich als durchleitende und verteilende Stelle von Staatsmitteln tätig wird.

Was die erste Gruppe von Ausgleichsaufgaben, den internen Ausgleich, anlangt, so reichen naturgemäß die eigenen Mittel und Möglichkeiten eines Landkreises auch nicht annähernd aus, um das Niveau der kommunalen Versorgung und Betreuung in ihm überall auf den gewünschten Stand anzuheben. Aber seine ausgleichenden Maßnahmen sind eine notwendige Ergänzung der in gleicher Richtung wirkenden Förderungs- und Hilfsmaßnahmen des Bundes und der Länder. Auch ein noch so verfeinerter Finanzausgleich innerhalb des Landes kann mit seinen Schlüssel- und Bedarfszuweisungen allein die noch in weiten Bereichen bestehenden, unvertretbaren Niveauunterschiede nicht ausgleichen. Staatliche Aktionen in dieser Richtung lassen sich nicht in dem Maße verfeinern und verdichten, daß sie bis in die letzte kreisangehörige Gemeinde hinein wirksam sind. Will man bis zu diesem letzten, noch erreichbaren Raum vorstoßen, so bleibt nur der Weg, mit eigenen Mitteln des Kreises und mit Beträgen, die der Staat dem Kreis für eigene Dispositionen zur Verfügung stellt, ergänzend und fortführend tätig zu werden. Eine solche ergänzende Aktivität des Landkreises verspricht um so mehr Erfolg, als seine Verwaltung mit dem Landrat oder Oberkreisdirektor an der Spitze einen genauen Überblick über die förderungsbedürftigen und förderungswerten Teile des Landkreises besitzt. Außerdem stehen in den Kreistagen und besonders in den Kreisausschüssen Gremien zur Verfügung, die geeignet sind, Fehlinvestitionen auf diesem Gebiet durch ihre intime Kenntnis der örtlichen wirtschaftlichen Zusammenhänge zu vermeiden. Auch lassen sich hier am ehesten Schwerpunkte und Dringlichkeitsstufen festlegen.

Der zweiten Gruppe von Ausgleichsaufgaben, die mit der überkommenen Polarität Stadt/Land zusammenhängt, scheint gerade in der letzten Zeit wieder wachsende Bedeutung zuzukommen. Wir wissen, daß die kommunale Selbstverwaltung in ihrer klassischen, überlieferten Form heute in einen tragischen Zwiespalt geraten ist. Unterschiede in Richtung und Intensität der kommunalen Betätigung gehörten früher zu ihren wesentlichsten Merkmalen. Heute aber sind Abstufungen und Verschiedenheiten in der betreuenden kommunalen Daseinsvorsorge nur in engen Grenzen, oft nur noch in Nuancen möglich. Wir wollen in den Landkreisen die überkommenen Lebensformen keineswegs aufgeben, die Eigenart des ländlichen und des kleinstädtischen Raumes nicht preisgeben, sondern erhalten und fördern. Aber wir müssen uns stets dessen bewußt bleiben, daß der Rahmen für alle diese Unterschiede und Eigenarten dort abgesteckt ist, wo eine Gruppe von Staatsbürgern bei der Betreuung durch die öffentliche Hand — es mag um Straßen oder Versorgungseinrichtungen, um Schulen oder soziale Institutionen gehen — anderen Bereichen gegenüber benachteiligt wird.

Die Landkreise und ihre Gemeinden stehen hier vor einer schweren Aufgabe. Ihr politisches Gewicht, die Resonanz ihrer Argumente in der Öffentlichkeit und — daraus folgend — der Niederschlag ihrer Wünsche und Forderungen in Gesetzgebung und Verwaltung sind meist geringer und schwächer, als die der großen Städte. Dennoch dürfen sie nicht müde werden, immer wieder die alte, gerechte Forderung zu erheben: Jedem das Seine! Das Leitmotiv des sozialen Rechtsstaates — gleichwertige Betreuung für alle Staatsbürger, wo sie auch leben und arbeiten — ist gerade für sie unverzichtbar. Und man wird verstehen müssen, daß sie mit Ernst und Nachdruck auf die unbefriedigenden Straßenverhältnisse in den Landkreisen hinweisen, auf die unzulänglichen Ortsdurchfahrten in unseren Dörfern und Kleinstädten, auf das völlige Fehlen von Umgehungsstraßen, das den gesamten Durchgangsverkehr in die engen kleinen Orte hineinzwängt — ebenso wie die großen Städte die wachsende Verkehrsnot in den Industriezentren und Ballungsräumen der Öffentlichkeit und besonders den politisch verantwortlichen Stellen eindringlich vor Augen halten. Man wird sich auch nicht wundern dürfen, wenn von bäuerlicher Seite und aus unseren Klein- und Mittelstädten gegenüber den Sanierungsplänen für den großstädtischen Bereich sorgenvoll darauf hingewiesen wird, daß die Dorfsanierung und die Neugestaltung vieler Klein- und Mittelstädte gleich dringlich ist — daß z. B. in unseren alten, verengten Haufendörfern hier eine wesentliche Voraussetzung liegt, um die agrarische Produktion zu steigern und die bäuerlichen Lebensverhältnisse gesund zu gestalten.

Wir sollten hier auch die besondere Schutzfunktion des Landkreises gegenüber denjenigen kreisangehörigen Gemeinden nicht vergessen, die im Ausstrahlungsgebiet großer Städte liegen. Wer die Eingemeindungswelle der zwanziger Jahre verfolgt hat und ein waches Auge für manche Entwicklungen in der Gegenwart besitzt, weiß, daß die kleine Randgemeinde oft auf bestimmte Einzelmaßnahmen — den Bau einer Verbindungsstraße, den Anschluß eines Siedlungsgebiets an Elektrizität und Wasser, eine Abwässerbeseitigungsanlage, die schulische Betreuung ungünstig liegender Siedlungen — lebensnotwendig angewiesen, aber zugleich gar nicht in der Lage ist, auch die Gesamtschau auf die kommunale Betreuung des betroffenen Raumes zu wahren. Sie wird deshalb leichter dazu neigen, für entgegenkommende Einzelmaßnahmen, die ihr der große Nachbar bietet, die eigene kommunale Selbständigkeit preiszugeben, als eine Gebietskörperschaft, die im größeren Raume wurzelt. Es geht hier nicht um das Eingemeindungsproblem als solches. Es geht nur um die einfache Erkenntnis, daß der Landkreis im Ausstrahlungsgebiet einer Großstadt eine weiträumige Verantwortung trägt — daß er immer die kommunalpolitischen Probleme im größeren Zusammenhang zu bedenken, die Auswirkungen aller Veränderungen im Verwaltungsaufbau auf die übrigen Gebiete des Kreises zu prüfen und vor allem darüber zu wachen hat, daß der kommunale Raum außerhalb der Großstadt im Interesse seiner Gemeinden, ihrer einzelnen Bürger und nicht zuletzt des Staates insgesamt gesund und leistungsfähig bleibt.

Die dritte Gruppe ausgleichender Aufgaben des Landkreises zielt einmal auf die geschlossene Vertretung des Kreises gegenüber Regierungsbezirk, Land und Bund. Zusammengefaßte Kraft erreicht auch hier am meisten.

Zum andern bietet sich der Kreis, bieten sich seine Organe — Kreistag, Kreisausschuß und Kreisverwaltung — als die gegebenen Durchgangs- und Mittlerstellen für alle jene Förderungsmaßnahmen an, die das Kreisgebiet im ganzen oder einzelne Teile zum Ziele haben, jedoch einer schematischen Regelung durch zentrale Stellen nicht zugänglich sind. Als Beispiel seien die in Rheinland-Pfalz seit etwa acht Jahren für den Ausbau der Gemeindeverbindungsstraßen nach § 15 des Landesfinanzausgleichsgesetzes eingesetzten Landesmittel erwähnt. Man hat hier mit Erfolg versucht, die Aufgabe zu lösen: wie können die gegenüber dem gesamten kommunalen Investitionsbedarf beschränkten Mittel des Finanzausgleichs so geleitet werden, daß jeweils der dringendste Bedarf mit einem größtmöglichen Wirkungsgrad befriedigt wird? Die Mittel werden schlüsselmäßig in die Landkreise geleitet und dort schwerpunktmäßig durch die Kreisausschüsse auf Grund der örtlichen Gegebenheiten unterverteilt. Die Gemeinde, die in einem Jahr zurückstehen muß, weiß, daß sie in absehbarer Zeit ebenfalls bedacht wird. Würde der Staat die Mittel allein nach generellen Maßstäben bis in die einzelnen Gemeinden hinein verteilen, so ließe sich diese Wirkung nie erreichen.

Mit dem Schulbau konnten in den Landkreisen ähnliche Erfahrungen gemacht werden.

Man sollte hiernach ernstlich prüfen, ob sich für die Zukunft allgemein in Ergänzung der gemeindlichen Schlüsselzuweisungen für die Gesamtheit der kommunalen Investitionen kreisangehöriger Gemeinden ein Investitionsstock bei dem Landkreis empfiehlt, wie dies in Rheinland-Pfalz bereits angeregt wurde. Bei seiner Aufteilung innerhalb des Landkreises könnten wiederum die Kreisausschüsse als geeignete Selbstverwaltungsorgane eingeschaltet werden. Gerechte Planung auf lange Sicht und schwerpunktmäßiger Einsatz sollten dann für die Verwendung im einzelnen maßgebend sein.

Solche Vorschläge, bei denen der Kreis und seine Organe recht weitgehende Befugnisse erhalten würden, werden hier und da Bedenken begegnen. Man wird befürchten, daß bei den Entscheidungen subjektive Erwägungen der beteiligten Personen nicht ausgeschaltet werden können. Gewiß ist eine Ideallösung auch hier nicht erreichbar. Vergessen wir aber nicht, daß in unseren Kreistagen und Kreisausschüssen die kreisangehörigen Gemeinden sehr zahlreich vertreten sind und so eine wachsame, gegenseitige Kontrolle besteht; daß sich außerdem die Verteilung stets unter der Aufsicht gewählter Körperschaften vollzieht. Der demoralisierende Einfluß einer „Töpfchenwirtschaft" bei den Landesministerien wird vermieden. Die sachliche Dringlichkeit der kommunalen Investitionen entscheidet hinfort, nicht aber die noch vorhandenen Reserven der einzelnen Etattitel des Landeshaushalts. Letzten Endes aber geht es hier darum, ob man der kommunalen Selbstverwaltung und ihren Organen jenes Maß von Verantwortung zubilligen will, das ihr Schöpfer ihnen vor 150 Jahren zudachte: „Zutrauen veredelt den Menschen, ewige Vormundschaft hemmt sein Reifen" — das waren die Worte des Freiherrn vom Stein. Und sind mit einer Entscheidung durch bürokratische Stellen des staatlichen Bereichs weniger Fehlerquellen verbunden? Es seien nur deren Verwaltungsferne und der fehlende enge Kontakt mit dem konkreten Bedarf im einzelnen erwähnt.

Der Ausgleichsgedanke ist heute ein unabdingbarer Bestandteil unserer staatspolitischen Vorstellungen geworden. Krasse Niveauunterschiede in der wirtschaftlichen und sozialen Betreuung nimmt die Bevölkerung nicht mehr widerspruchslos hin. Das Vertrauen zum Staate und zu seinen Repräsentanten hängt weithin davon ab, ob er den entschiedenen Willen zu gerecht verteilten Leistungen besitzt und vor allem auch praktisch betätigt. Die Feinheiten der Verwaltungsgliederung, organisatorischer Zuständigkeiten und haushaltsrechtlicher Zusammenhänge kann der Staatsbürger meist nicht übersehen. Seine Sorgen, Wünsche und Forderungen richten sich an die öffentliche Verwaltung insgesamt. Sie muß sich bemühen, in einem bewußten Zusammenwirken ihrer verschiedenen Träger das Optimum an wirksamer Daseinsvorsorge mit einem Minimum an Verwaltungs- und Finanzaufwand zu erreichen. Das ist nur möglich, wenn die ausgleichenden, vergleichend und korrigierend den weiten Raum erfassenden Verwaltungsmaßnahmen der verschiedensten Träger aufeinander abgestimmt sind. Die Stellung der Landkreise in diesem Funktionszusammenhang und ihre Möglichkeiten einer tatkräftigen Mitwirkung sind freilich begrenzt. Schon aus der unterschiedlichen Wirtschafts- und Finanzkraft der bestehenden 425 Landkreise des Bundesgebiets, ihrem so verschiedenen Gebietsumfang und manchen unvermeidlichen personellen oder organisatorischen Unzulänglichkeiten im einzelnen ergeben sich Hemmungen und Grenzen, deren wir uns bewußt bleiben müssen. Um diese geht es hier aber nicht, sondern um die generelle Eignung der Landkreise für dieses wichtige staatspolitische Anliegen. Und wenn z. B. auf die geringe Fläche, die unzulängliche Wirtschaftskraft mancher Landkreise hingewiesen wird, wenn man daran erinnert, daß ihre Grenzen einst nicht gezogen wurden, um ausgeglichene Wirtschaftsräume zu schaffen, so sei auf die gleichen Unterschiede in Größe und Finanzkraft bei unseren Bundesländern hingewiesen — und auf ihre Entstehung. Es ist müßig, hier theoretische Analysen zu entwickeln. Solange unsere Länder und sonstigen Gebietskörperschaften nicht ideal abgegrenzt sind, solange wir kein vollendetes Steuersystem, keinen perfekten Finanzausgleich besitzen, sollte jeder staatliche und kommunale Verband den gerechten Ausgleich der Leistungen in sich als immanenten Bestandteil seines Verwaltungshandelns ansehen und nach besten Kräften vollziehen.

Es bedarf eines hohen Maßes von Vertrauen bei den verantwortlichen Stellen des Staates, um die ausgleichenden Kräfte der Landkreise voll zu nutzen. Ihr erfolgreicher Einsatz hängt aber genauso von einem engen Vertrauensverhältnis zwischen den Landkreisen und den kreisangehörigen Gemeinden ab. Dieses Vertrauensverhältnis ist seit dem Kreisedikt von 1812 bis heute der Angelpunkt jeder erfolgreichen kommunalen Arbeit in dem Landkreis; es ist besonders die Voraussetzung jedes Erfolges seiner Ausgleichsmaßnahmen.

Ein solches gegenseitiges Vertrauen wird durch zahlreiche organisatorische und personelle Verbindungen zwischen dem Kreis und seinen Gemeinden gefördert; vielleicht aber auch durch die Erkenntnis, daß sich der Staat aller ausgleichenden Aufgaben annehmen müßte, gäbe es keine Landkreise. In den anderen europäischen Staaten fehlen Landkreise unserer Prägung und Aufgabenfülle; die vorhandenen, von Land zu Land sehr unterschiedlichen Kommunalgebilde überörtlicher, bezirklicher oder regionaler Art lassen sich nur sehr begrenzt mit den deutschen Landkreisen vergleichen. Sie sind meist auf wenige, ohne inneren Zusammenhang nebeneinander stehende Spezialaufgaben beschränkt. Soweit man die Ausgleichsaufgaben im überörtlichen Bereich überhaupt zielbewußt fördert, greift daher immer wieder der Staat mit Sonderbehörden, mit einem weit verzweigten eigenen Verwaltungsunterbau ein, und die Koordinierung aller dieser Maßnahmen unter den staatlichen Spezialverwaltungen macht große Schwierigkeiten. Gerade heute, in einer Zeit, die durch das Anwachsen der Bevölkerung, durch die industrielle und Verkehrsentwicklung immer stärker auf eine großräumige Verwaltungstätigkeit hinstrebt, sollten wir deshalb dankbar sein, daß in unserem Lande schon vor Generationen schöpferische Geister den Landkreis in seiner eigenartigen Doppelstellung zur kommunalen Selbstverwaltung und zum Staate hin schufen — in seiner fruchtbaren, zweifachen Funktion als Gemeindeverband und als eigene kommunale Gebietskörperschaft.

Als wir beim Deutschen Landkreistag vor einem Jahr das Material für eine zusammenfassende Darstellung des heutigen Kreisverfassungsrechts sichteten und dabei die historischen Zusammenhänge untersuchten, die zu den heutigen Landkreisordnungen geführt haben, drängte sich aus dem Vielerlei von Kabinettsordern, Gesetzen und Verordnungen die Erkenntnis auf, daß die Entwicklung zu dem Landkreis heutiger Prägung in den so verschiedenartigen Teilen unserer Heimat zwar zeitlich gestaffelt und stark vom norddeutschen Raum her beeinflußt, im ganzen aber offenbar parallel zueinander und zwangsläufig vor sich gegangen ist. Trotz mancher Kontraste im einzelnen, trotz mancher Unterschiede besonders in der organisatorischen Form von Kreisvertretung und Kreisverwaltung und in der Aufgabenverteilung bildete sich schließlich überall in unserer deutschen Heimat diese weiträumige, überörtliche kommunale Körperschaft heraus, die einmal dem Staate eng verbunden, zugleich aber ergänzend, stellvertretend und helfend für die Gemeinden ihres Gebietes tätig ist. So wurde der Landkreis zu einem kommunalen Organismus, der auf die Struktur des innerdeutschen Raumes besonders zugeschnitten und daher hervorragend geeignet ist, strukturverbessernde Maßnahmen, wie es die Ausgleichsaufgaben sind, in seine Hand zu nehmen.

Vielleicht wird dies bei einem zweiten Blick auf das Ausland noch deutlicher, bei einem Vergleich mit der kommunalen Entwicklung in Schweden. Dort wurde vor einigen Jahren eine Kommunalreform durchgeführt, um weiträumigere und finanzstärkere Verwaltungsträger zu schaffen. Eine Vielzahl von Landgemeinden wurde beseitigt und durch weiträumige Großgemeinden ersetzt. Es verblieben in dem Land, das mit einer Größe von rund 450 000 qkm das Gebiet der Bundesrepublik — die nur 245 000 qkm umfaßt — weit übertrifft, noch rund 1200 Gemeinden, während wir in der Bundesrepublik etwa 24 000 Gemeinden zählen. Gewiß eine radikale Lösung! Heute aber regen sich in Schweden erneut starke Kräfte, die einen zweiten, noch tieferen Eingriff fordern: Die Zahl der Gemeinden soll nochmals etwa um die Hälfte verringert werden. Man hofft, damit vor allem finanzkräftige Träger für die verschiedenen öffentlichen Schulen zu schaffen — so klingt auch dort der Ausgleichsgedanke an. Kommt es zu dieser zweiten Reform, so würden die schwedischen Gemeinden in Zukunft durchschnittlich rund 8000 Einwohner umfassen — eine Zahl, die bei der dünnen Besiedlung des Landes so großflächige Gemeinden schaffen würde, daß sich die Verbindung zwischen der Gemeinde und ihren einzelnen Siedlungseinheiten völlig lockern müßte. Wer von dem absoluten Wert der kommunalen Selbstverwaltung überzeugt ist, mag immerhin noch positiv werten, daß die Kommunalverwaltung wenigstens im formal-rechtlichen Sinne aufrechterhalten bleibt. Aber die schweren Nachteile dieser Entwicklung liegen auf der Hand. Die deutsche Lösung, bei der auch die kleinen Gemeinden trotz mancher Schwächen erhalten bleiben, ist gewiß vorzuziehen; denn in den kleinen, übersehbaren örtlichen Gemeinschaften verkörpern sich heute noch unersetzbare Werte für ein gesundes innerstaatliches Gefüge. Diese Lösung ist aber in der Gegenwart nur deshalb tragbar, weil der Landkreis als ergänzender, überörtlicher kommunaler Verwaltungsträger neben die Gemeinden tritt. Die Nachteile dieses mehrstufigen kommunalen Aufbaus werden durch viele verwaltungstechnische, vor allem aber staatspolitische Vorteile aufgewogen. Es sei nur daran erinnert, welch' große Zahl ehrenamtlicher Vertreter damit verantwortlich in die Entscheidung öffentlicher Dinge eingeschaltet wird, wie wichtig eine vielgliedrige Kommunalverwaltung für die innere Festigkeit und die demokratische Verwurzelung des Staates ist und wie sich aus ihr immer wieder die Parlamente in den Ländern und im Bund personell ergänzen können.

Wer die besondere Rolle des Landkreises in diesem Zusammenhang richtig beurteilen will, sollte auch eins nicht übersehen: Der Landkreis übt heute auch auf eine Fülle der verschiedenartigsten Organisationen, Zusammenschlüsse und Gruppierungen eine starke Kristallisationskraft aus. So setzen z. B. die politischen Parteien wohl durchweg den Kreis als die Basis ihrer organisatorischen Arbeit an, Wirtschafts- und Berufsverbände, Jugend- und Sportorganisationen, kulturelle Institutionen u. a. m. wählen das Kreisgebiet als Bereich ihrer Arbeit und beziehen dadurch auch die Teile des Kreises in sie ein, die sonst nur schwer oder gar nicht zu erfassen wären. Ausgleichende Aufgaben sind heute längst nicht mehr ein Privileg des Staates oder der Kommunen.

Wenn so die verbindenden und ausgleichenden Kräfte des Landkreises herausgestellt werden, so soll damit nicht die Bedeutung anderer überörtlicher kommunaler Zusammenschlüsse, wie der Zweckverbände, Verwaltungsgemeinschaften in kleinerem Raum u. a. unterschätzt werden. Sie sind notwendig und mögen nach der Aufgabe, die im einzelnen zu erfüllen ist, von Fall zu Fall auch vorzuziehen sein. Dennoch sollte man sich bei überörtlichen Aufgaben, die neu entstehen oder auf einen größeren Wirkungsbereich hinausgreifen, stets fragen, ob nicht der Landkreis als bereits vorhandener Verwaltungsträger mit einer festen Struktur und einem brauchbaren finanziellen Fundament eingeschaltet werden kann. Unser kommunales Gefüge ist seit je durch große Vielfalt gekennzeichnet. Aber es gibt auch hier Grenzen für neue Organisationsformen und Zweckgebilde, die nicht gesprengt werden dürfen, wenn man die Wirksamkeit der Verwaltung und den Überblick über das Ganze nicht nur für die politischen und Verwaltungsstellen, sondern vor allem für die Bevölkerung erhalten will.

Das gilt z. B. für die Durchführung des neuen Bundesbaugesetzes und die langsam in Gang kommende Landesplanungsgesetzgebung der Länder. Mitunter wird auch in dem gemeindlichen Bereich verkannt, welche Hilfs- und Schutzfunktion für die Gemeinden der Landkreis auf diesen Gebieten wahrnehmen kann und wie stark sich schon die technische Verwaltungsarbeit hier durch eine sinnvolle Zusammenfassung bei den Dienststellen der Landkreise vereinfachen und verbilligen läßt. Es scheint eine Bestätigung für die Notwendigkeit zu sein, gerade hier ausgleichend und helfend die Landkreise einzuschalten, daß, nachdem das Bundesbaugesetz sie in seinen Paragraphen nirgends erwähnt, der Bundesminister für Wohnungsbau im Plenum des Bundestages am 22. Februar 1961 erklärte, die Gemeinden und die Kreise hätten die Hauptlast bei der Durchführung des Gesetzes zu tragen.

So ist festzustellen, daß unseren Landkreisen im Rahmen der ausgleichenden Aufgaben der öffentlichen Hand eine bedeutsame Verantwortung zufällt. Ihre historische Entwicklung, weit mehr aber ihre beiden Hauptmerkmale: die weiträumige Fläche und die stark ausgeprägte Mitwirkung ehrenamtlicher Kräfte, eröffnen hier Möglichkeiten, die noch nicht genügend genutzt sind.

Ob freilich die Ausgleichsaufgaben der Landkreise in den kommenden Jahren so wirksam erfüllt werden können, wie dies von der Sache her notwendig ist, wird entscheidend von der Neuordnung der kommunalen Finanzen in ihrer Gesamtheit abhängen, die heute wohl von allen maßgebenden Stellen angestrebt wird. Das heute weithin fehlende Gleichmaß in der Finanzausstattung unserer Landkreise ist der größte Hemmschuh bei ihren Bemühungen, überall und nachhaltig ausgleichend tätig zu werden. Das klingt in dem erwähnten Aufsatz von Professor Dr. Hettlage deutlich an:

„Das zentrale Problem der gesamten Gemeindefinanzwirtschaft liegt auf absehbare Zeit nicht mehr in erster Linie darin, daß die Deckungsmittel dem wachsenden Bedarf nur unzureichend folgen, sondern darin, daß die ständig wachsende Gemeindefinanzmasse sehr ungleichmäßig und unzureichend auf die einzelnen Gemeinden und Gemeindeverbände verteilt wird."

Man wird der hierin liegenden Andeutung, das Gesamtvolumen der kommunalen Finanzmasse sei wohl nicht zu gering, nach den bei den kommunalen Spitzenverbänden vorliegenden Erfahrungen und Übersichten nicht ohne weiteres beipflichten können. Aber das ist unstreitig: neben der Verantwortung und den Wirkungsmöglichkeiten des Landkreises als weiträumiges, ausgleichendes Verwaltungsgebilde darf nie übersehen werden, daß sein realer Einsatz von einer Finanzbasis abhängt, die in allen Landkreisen ausreichend und krisenfest ist.

Interkommunale Zusammenarbeit – insbesondere zwischen Großstädten und Umland

Von Ministerialdirigent *Albert Nouvortne*
Niedersächsisches Ministerium des Innern, Hannover

I.

1. Zusammenarbeit zwischen kommunalen Gebietskörperschaften ist nichts Neues. Rechtsformen und Gegenstand sind häufig untersucht und dargestellt. Eine Betrachtung im Rahmen dieser Veranstaltung wäre kaum sinnvoll, wenn „interkommunale Zusammenarbeit" heute nicht mindestens *auch* etwas anderes als gemeinsame Aufgabenerfüllung herkömmlicher Art bedeutete.

Die Bezugnahme auf „Großstädte und Umland" im Thema deutet bereits darauf hin, daß hier von einem Grenzfall des gemeinsamen Handelns von Gemeinden und Gemeindeverbänden gesprochen werden soll. Eine allgemeine Kenntnis der kommunalen Struktur und Aufgaben, der Bedeutung der kommunalen Selbstverwaltung, ihres Verhältnisses zu Staat und Gesellschaft, ihrer verfassungsrechtlichen Grundlagen und ihres Anteils an der politischen Willensbildung wird dabei vorausgesetzt; die Vorstellungen darüber sind jedenfalls für das Thema genau genug, um den Verzicht auf eine entsprechende theoretische Einleitung zu rechtfertigen.

2. Hauptsächliche Kennzeichen herkömmlicher Zusammenarbeit sind: Erfüllung von Einzelaufgaben, die zum unbestrittenen Bestand kommunaler Tätigkeit gehören, strukturell ungefähr gleichartige Partner und Einigkeit über das Ziel der Zusammenarbeit. Sie ist ein Mittel der Rationalisierung der eigenen Aufgabenerfüllung, zur Ausdehnung des eigenen Tätigkeitsbereichs bei gleichlaufenden Interessen der Partner, sie läßt den Kern der eigenen Selbstverwaltung unangetastet und ergibt sich gelegentlich, für einzelne Aufgaben.

a) Gesellschaftsformen des Privatrechts werden meist gewählt, wenn Kostendeckung aus der Aufgabe heraus, in der Regel sogar Überschüsse erwartet werden, gleichgültig, ob es sich um wirtschaftliche Unternehmen oder öffentliche Einrichtungen handelt.

Die Kommunalverwaltung ist ihrem Wesen nach mehr Leistungs- als Hoheitsverwaltung, mehr Sach- als Dienstleistungsverwaltung.

Der Anteil der Sachverwaltung nimmt im allgemeinen mit wachsender Größe der Gebietskörperschaften zu. Dem dürfte etwa das Überwiegen privatrechtlicher Formen des Zusammenschlusses zwischen größeren Gebietskörperschaften entsprechen.

Nach einer Zusammenstellung des Nordrhein-Westfälischen Landkreistages im Jahre 1958 für 28 Landkreise waren diese z. B. an 72 Zusammenschlüssen beteiligt; davon hatten 28 privatrechtliche Form.

Abgesehen vom Lippeverband und der Emschergenossenschaft waren darin vertreten
Landkreise 47mal, kreisfreie Städte 32mal, kreisangehörige Städte 24mal, Ämter 2mal, sonstige kreisangehörige Gemeinden nur in besonderen Fällen, z. B. die Fremdenverkehrsgemeinden im Verkehrsverband Siegerland e. V., und bei der Möhne-Bade-Gesellschaft m.b.H.

Aufgaben waren
Energieversorgung und Verkehrsunternehmen in 8 Fällen, Hafenbetrieb, Flughäfen und Brückenbau in 6 Fällen, Kurbetriebe und Fremdenverkehr 3mal, Unterhaltung von Erholungsheimen und Wohnungsbau je 2mal, Unterhaltung einer Spezialschule und eines chemischen Untersuchungsamtes je 1mal.

b) Die öffentlich-rechtliche Form der Zusammenarbeit ist im wesentlichen der Zweckverband nach dem Reichszweckverbandsgesetz von 1939. Dessen Fortgeltung als Landesrecht ist nach herrschender Auffassung nicht zweifelhaft; Freiverbände, Pflichtverbände und öffentlich-rechtliche Vereinbarung sind nach wie vor das Instrumentarium entsprechender Zusammenarbeit.

Die Fortbildung des Zweckverbandsrechtes in Rheinland-Pfalz hat einige Änderungen im Zusammenhang mit dem „Wegfall" des Deutschen Reiches und auf Grund der Einführung der verwaltungsgerichtlichen Generalklausel gebracht.

Dem Nordrhein-Westfälischen Landtag liegt der Entwurf eines „Gesetzes über kommunale Gemeinschaftsarbeit" vor. Er hält ebenfalls an den überkommenen Formen fest und fügt die „Arbeitsgemeinschaft" hinzu, die aber im wesentlichen nur als empfehlender Hinweis gedacht ist. (Inzwischen verabschiedet; Nordrh.-Westf. GVBl. 1961, Seite 190.)

Nach dem Stande vom 31. März 1933 gab es im damaligen Reichsgebiet — immer in runden Zahlen — 15 000 Zweckverbände; davon 52 vH für Volksschulen, 11 vH für sonstige Schulen und 13 vH für Feuerschutzeinrichtungen. In weitem Abstand folgen einige sonstige Aufgaben (z. B. Energieversorgung 3 vH).

Zum Vergleich dazu einige Zahlen aus Niedersachsen — Stand 1957: Gesamtzahl der Zweckverbände 933, davon für Volks- und Hilfsschulen 62,4 vH, für Feuerschutzeinrichtungen 18,8 vH, alle anderen Aufgaben in weitem Abstand (Energieversorgung 3,9 vH).

Die Schwerpunkte — Erfüllung gestzlicher Pflichtaufgaben der Gemeinden — haben sich also nicht geändert.

In Niedersachsen waren kreisangehörige Gemeinden in 3898 Fällen beteiligt, Landkreise in 48 und kreisfreie Städte in 11 Fällen. Bei letzteren sind meist regionale Besonderheiten gegeben (Kadaververnichtungsverbände im Bezirk Aurich, Zweckverbandssparkasse und Elektrizitätszweckverband im Bezirk Oldenburg). Hauptsächlich sind Gemeinden bis zu 1000 Einwohnern beteiligt, die in Niedersachen 3000 von rd. 4200 Gemeinden insgesamt ausmachen.

Das soll kein Werturteil über den Zweckverband sein, sondern nur die Kriterien herkömmlicher Zusammenarbeit erläutern: Einigkeit über das Ziel der Zusammenarbeit, unbestritten kommunale Aufgaben und strukturelle Gleichartigkeit der Partner. Dazu noch ein Beispiel aus dem Bereich der Landkreise: Nach der bereits erwähnten Zusammenstellung waren die 28 Landkreise an 7 Zweckverbänden und 17 öffentlich-rechtlichen Vereinbarungen beteiligt, wiederum hauptsächlich zusammen mit kreisfreien Städten. Schwerpunkte der Aufgaben waren Wasserwirtschaft (5 von 7 Verbänden), Seuchenbekämpfung und Gesundheitswesen (11 von 17 Vereinbarungen).

II.

1. Interkommunale Zusammenarbeit als Gegenwartsproblem ist etwas wesentlich anderes. Man erwartet von ihr, daß sie gemeinsame Ziele erst erarbeitet, nicht aber gegebene Ziele verwirklicht. Sie soll strukturelle und qualitative Unterschiede ausgleichen, Gegensätze überbrücken und vielen anderen Interessen dienen. Das ist geradezu eine Umkehr der Voraussetzungen traditioneller Zusammenarbeit und ein Anzeichen dafür, daß sie nicht mehr selbständiges Hilfsmittel für die Erfüllung eigener Aufgaben der Gebietskörperschaften ist, sondern ein Versuch, die Beziehungen der Gemeinden und Gemeindeverbände zueinander neu zu ordnen. Das deutet auf Strukturänderungen der kommunalen Selbstverwaltung hin, die im wesentlichen zwei Ursachen haben.

a) Das Recht der Gemeinden, „alle Angelegenheiten der örtlichen Gemeinschaft im Rahmen der Gesetze in eigener Verantwortung zu regeln“, bedeutet in diesem Zusammenhang: Alle Gemeinden sind hinsichtlich ihrer Allzuständigkeit für den örtlichen Bereich gleich. Diese Garantie, verbunden mit der Rechtsgleichheit aller Staatsbürger, im sozialen Rechtsstaat verdichtet zu einem Anspruch auf gleiche Betreuung und Vorsorge, hat aus der Summe aller Einzelgemeinden einen einheitlichen „kommunalen Bereich“ werden lassen. Aus der Zuständigkeit für alle Angelegenheiten der örtlichen Gemeinschaft wurde die „örtliche Allzuständigkeit", also die Vorstellung eines allen Gemeinden gleichmäßig zufallenden Bestandes öffentlicher Aufgaben; Rechtsgleichheit wird für Funktionsgleichheit gehalten. Die Begriffe sind aber nicht identisch. Die „Stadt" unterschied sich seit jeher von anderen Ansiedlungen durch Aufgaben, die wir heute als „Mittelpunktsfunktion" bezeichnen. Arbeitsteilung und Verdichtung der Siedlung waren Ursachen und Folgen zugleich für weitere Förderung „zentraler Orte". Die „Verstädterung" ist heute schließlich zum Leitbild kommunaler Tätigkeit überhaupt geworden. Erst von diesem Maßstab aus kann man „unterschiedliche Stadien der Entwicklung" feststellen, die fast einer Wertskala gleichkommen. Von der Rechtsgleichheit her werden gleiche Ansprüche an alle Gemeinden gestellt, von der Funktionsgleichheit her wird behauptet, sie seien zur Erfüllung „ihrer" Aufgaben nicht in der Lage. Das ist die typische Situation Großstadt — Umland. Das Umland besteht dann — überspitzt ausgedrückt — in einer anonymen Menge unterentwickelter Städte, die den Hintergrund für um so überragendere Individualität der Großstadt bilden. Zu den „eigenen" Aufgaben des Umlandes gehört bei diesem Bild die Zu- oder Unterordnung gegenüber der Großstadt.

b) Das örtliche Selbstverwaltungsrecht ist nicht erst heute durch gegenseitige Rücksichtnahme begrenzt. Es gibt auch schon lange Gebiete, in denen keine Aufgabe von einiger Bedeutung mehr nur aus örtlicher Sicht heraus erfüllt werden kann. Neu ist aber, daß diese allgemeine Verflechtung — in betontem Gegensatz zu nur gelegentlich nötiger Abstimmung — heute für die meisten kommunalen Gebietskörperschaften besteht: zwischen benachbarten Großstädten genau so wie im Bereich der Mittel- und Kleinstädte, eben überall, wo sich differenzierte Funktionen herausbilden. In Landkreisen können sie von der gemeinsamen Landkreisgrenze übendeckt sein, über die Grenzen der Großstädte gehen sie immer hinaus. Großstadt — Umland ist nur ein extremer Fall dieser Wirklichkeit.

2. Gemeinsames Leitbild bei rechtlicher Gleichheit und funktioneller Ungleichheit, verbunden mit zunehmender Verflechtung aller Aufgaben als Ursache und Folge zugleich des gemeinsamen Leitbildes haben aus dem Grenzfall nur gelegentlicher Zusammenarbeit in *Bestätigung* des eigenen Wirkungskreises den Normalfall unter *Gefährdung* der Eigenständigkeit gemacht.

Gemeinden und Gemeindeverbände haben zunächst versucht, diese Erscheinung mit gewohnten Methoden auf eine Zusammenarbeit in Einzelfragen zu reduzieren. Es zeigte sich aber bald, daß Einzelabreden auf große Schwierigkeiten stoßen, weil eine gemeinsame

Ordnungsvorstellung fehlt, die erst die Maßstäbe für gemeinsames Handeln geben könnte. So ist zwar das Schlagwort von „interkommunaler Zusammenarbeit“ geblieben, es ist aber fraglich, ob der damit bezeichnete Weg überhaupt zum Erfolg führen kann, weil Grundsatzfragen der kommunalen Struktur, nicht aber technische Einzelprobleme zu lösen sind. Das wiederum muß herkömmlicherweise als Aufgabe des Staates betrachtet werden, vergleichbar der Gesetzgebung über Organisation und innere Verfassung der Gemeinden und Gemeindeverbände als Rahmen für ihre Tätigkeit. Die typischen Diskussionsgegenstände sind dementsprechend auch die Komplexe „Planung“, „Grenzänderung“ und „kommunale Finanzen“. Sie sollen im folgenden noch näher betrachtet werden.

III.

1. Planung aus kommunaler Sicht hat meist einen deutlichen Akzent auf Planung für Siedlung, Verkehr und Industriestandorte, ohne aber Fachplanung im eigentlichen Sinne zu sein.

Der Vorstellung, Planung sei ein Allheilmittel zur Beseitigung von Schwierigkeiten, die sich aus der wirtschaftlichen und sozialen Entwicklung der modernen Gesellschaft ergeben haben, muß gleich zu Anfang entgegengetreten werden. Sie kann ein Hilfsmittel für die Koordinierung von Einzelmaßnahmen sein, kann aber die Zuständigkeiten der öffentlichen Verwaltung nicht erweitern. Sie soll Leitbilder entwickeln, das heißt im Rahmen dieses Themas: Gemeinden und Gemeindeverbänden ihren funktionsgerechten Standort im Verhältnis zueinander zuweisen, also Gegensätze in gemeinsame Ziele verwandeln.

2. Die kommunale Zusammenarbeit auf diesem Gebiet hätte — da Grundsatzfragen der kommunalen Struktur berührt werden — eigentlich von Anfang an staatlicher Unterstützung bedurft. In Wirklichkeit haben die Gemeinden und Gemeindeverbände aber vorwiegend aus eigener Initiative heraus gehandelt.

a) Eine Zusammenstellung des Deutschen Verbandes für Wohnungswesen, Städtebau und Raumplanung über regionale interkommunale Arbeitsgemeinschaften in der Bundesrepublik hat (Stand Mai 1959) 27 kommunale Zusammenschlüsse für Planungsfragen registriert, von den gesetzlichen Landesplanungsgemeinschaften in Nordrhein-Westfalen und dem Siedlungsverband Ruhrkohlenbezirk abgesehen. Sie umfassen 72 Landkreise, 23 kreisfreie Städte und etwa 350 bis 400 kreisangehörige Gemeinden — also einen großen Teil des Bundesgebiets, besonders wenn man bedenkt, daß in den gesetzlichen Landesplanungsgemeinschaften sämtliche Landkreise und kreisfreien Städte des Landes Nordrhein-Westfalen vereinigt sind.

b) Hinsichtlich der Rechtsformen der Zusammenarbeit wird meist nach Abhandlung der bestehenden privatrechtlichen und öffentlich-rechtlichen Möglichkeiten festgestellt, daß sie alle brauchbar sind, daß sie auch ausreichen und daß es im wesentlichen auf vertrauensvolle Zusammenarbeit ankommt. Die 27 Zusammenschlüsse bestätigen das: 3 Zweckverbände, 4 öffentlich-rechtliche Vereinbarungen, 1 eingetragener Verein, 2 GmbH. und 16 nichtrechtsfähige Vereine, Gesellschaften des bürgerlichen Rechts und lose Arbeitsgemeinschaften. Das Überwiegen unverbindlicher Abreden gegenseitiger Fühlungnahme und Unterrichtung zeigt bereits, daß hier Neuland kommunaler Betätigung betreten wird, beginnend mit Kontaktaufnahmen bei unterschiedlichen Interessen. Die Beteiligten sind sich offensichtlich bei unterschiedlichen Interessen durchaus klar darüber, daß — im Gegensatz zum Übergang bestimmter Fachaufgaben auf besondere Träger — in der Übertragung von Zuständigkeiten für die Entwicklung eines gemeinsamen Leitbildes ein schwer abzuschätzendes Risiko für die Erhaltung der Eigenständigkeit liegen könnte.

c) Das zeigen auch die Formulierungen, mit denen die „gemeinsame Aufgabe" umschrieben wird, sehr im Gegensatz zu der nüchternen und prägnanten Ausdrucksweise über Zusammenarbeit auf herkömmlichem Gebiet. So heißt es z. B.

beim Planungsverband „Äußerer Wirtschaftsraum München":

§ 3 (Aufgaben):

> ... er hat den Zweck, die Erfüllung der gemeindlichen Aufgaben auf dem Gebiet der Planung im Einfluß- und Ausstrahlungsgebiet der Landeshauptstadt München ... zu erleichtern, zu verbessern, zu beschleunigen und unter einheitlichen Richtlinien aufeinander abzustimmen. Er hat eine rasche, den jeweiligen baulichen und wirtschaftlichen Verhältnissen angepaßte Gesamt- und Einzelplanung für die Bauentwicklung des äußeren Wirtschaftsraumes von München im engsten Einvernehmen mit den Planungen der Landeshauptstadt zu gewährleisten und in den einzelnen wirtschaftlich bestimmten Räumen die erforderliche Planung rechtzeitig sicherzustellen. ..."

bei der Planungsgemeinschaft „Westlicher Bodensee pp.":

§ 3:

> „... verfolgt die Aufgabe, in Zusammenarbeit mit den zuständigen Ministerien des Landes Baden-Württemberg und dem Regierungspräsidium Südbaden unter Beteiligung aller in ihrem Gebiet an

einer gemeinsamen Planung interessierten Planungsträger und sonstigen in Betracht kommenden Stellen und Personen die bestehenden natürlichen, baulichen, wirtschaftlichen, verkehrspolitischen, kulturellen und sozialen Zustände zu erforschen, auf Grund der gewonnenen Erkenntnisse eine vorausschauende Gesamtplanung (Entwicklungsplan und Raumordnungsplan) zu erarbeiten, die für ihre Erfüllung notwendigen Maßnahmen aufzuzeigen und auf eine gute Entwicklung des Planungsraumes hinzuwirken."

bei der Kommunalen Arbeitsgemeinschaft Rhein-Neckar-GmbH.:

§ 3:

„Zweck der Gesellschaft ist

1. die gemeinsame Planung in allen die Gesellschafter gemeinschaftlich berührenden Angelegenheiten, insbesondere des Verkehrs einschließlich des Hafenbetriebs, der Versorgung mit Gas, Wasser und Strom, der Raumplanung, der Industrie- und Wohnungssiedlung, des Anstaltswesens, des Feuerschutzes und der Kultur,
2. die Vorbereitung der Ausführung gemeinschaftlicher Anlagen und Einrichtungen einschließlich der Gründung besonderer handelsrechtlicher Gesellschaften oder anderer Vereinigungen zur Durchführung gemeinschaftlicher Aufgaben,
3. die Planung und Vorbereitung öffentlich-rechtlicher Zweckverbände,
4. öffentliche Stellungnahme zu Fragen, die das gemeinschaftliche Interesse berühren."

Die anderen Vereinbarungen enthalten durchweg ähnliche Formulierungen.

Trotz dieser Unbestimmtheit herrscht bei den Beteiligten das Gefühl vor, „einen wesentlichen Schritt vorangekommen zu sein", und die Beschreibung der Aufgaben läßt in der Tat erkennen, wieviele Überlegungen nötig waren, welche Schwierigkeiten und Gegensätze überwunden werden mußten, bis es schließlich zu Abreden über gemeinsame Arbeit kam. Als Beispiel sei hier noch die Vorgeschichte des Zweckverbandes „Trierer Tal" angeführt:

Über den Gemeinden schwebte schon seit etwa 1920 die Ungewißheit über die Mosel-Kanalisierung. Bereits vorher war von seiten der Industrie- und Handelskammer zur Verbesserung der Wirtschaftsstruktur eine großzügige Eingemeindung propagiert worden. Träger war ein „Verein für industrielle Entwicklung der Südeifel", mit Namen wie Hugo Stinnes, August Thyssen und Gustav Stresemann als Gründern. In den 20er Jahren folgten Gutachten und Flächennutzungspläne für die Stadt Trier und „ihre nähere Umgebung". Nach dem zweiten Weltkrieg tauchen wieder im Zusammenhang mit der Industrialisierung des Raumes Eingemeindungsüberlegungen auf, die schließlich 1955 zur Gründung der Planungsgemeinschaft führten, mit dem erklärten Ziel, Eingemeindungen zu verhindern und mit dem Alternativvorschlag, einen Raumordnungsplan vorzubereiten.

IV.

1. Dieser Verlauf ist einigermaßen typisch: Die Überlegungen ziehen sich über lange Zeiträume hin. Sie werden maßgeblich von der allgemeinen wirtschaftlichen und sozialen Entwicklung beeinflußt. Die Bedeutung der gemeinsamen Erledigung einzelner Fachaufgaben tritt demgegenüber zurück, wenn sie auch gelegentlich beispielhaft die Notwendigkeit großzügiger und umfassender Zusammenarbeit verdeutlicht. Das Ergebnis ist kein Abschluß, sondern eher ein neuer Anfang. Das Schwergewicht liegt bei der Verabredung gemeinsamer Planung, ihrer Methoden und Ziele; Verbindlichkeit der Arbeitsergebnisse oder konkrete Lösungen für Einzelaufgaben und ihre Finanzierung sind dagegen kaum anzutreffen. Das ist nicht etwa mangelnde Fähigkeit zu konkreter Zusammenarbeit, liegt vielmehr im Charakter der Aufgabe als „Raumordnung" oder „Landesplanung", die zunächst mit Vorstellungen staatlicher Zuständigkeit verbunden ist. Das Bundesbaugesetz hat diesen übergeordneten Charakter der Aufgabe bestätigt: Die Aufstellung der Flächennutzungspläne ist Selbstverwaltungsaufgabe der Gemeinden; die Summe dieser Pläne ergibt aber noch keine Raumordnung. Auch die Planungsverbände nach dem Bundesbaugesetz können nur an die Stelle der örtlichen Planung, nicht aber der übergeordneten Planung treten. Sie wird vielmehr in § 1 Abs. 3 vorausgesetzt: „Die Bauleitpläne sind den Zielen der Raumordnung und Landesplanung anzupassen."

2. Diese Ziele müssen nun in einem rechtlich gesicherten Verfahren klargelegt und die dafür zuständigen Behörden bestimmt werden. Das soll durch Landesplanungsgesetze geschehen, zu deren Erlaß sich die Länder in dem Abkommen über die „Ständige Konferenz für Raumordnung" verpflichtet haben.

Die Grenzen zwischen übergeordneter Planung, regionaler Raumordnung und örtlicher Planung im Sinne der Koordinierung von Fachaufgaben sind aber fließend. Es ist deshalb fraglich, ob man überhaupt von „übergeordneter Planung" als einer *rein* staatlichen Aufgabe sprechen kann.

3. *Wenn* die Länder aber die entsprechende Zuständigkeit beanspruchen, müssen sie sich über ihre Besonderheit klar sein: Raumordnung ist nicht Planung von Fachaufgaben unter „Berücksichtigung

anderer Interessen" — mögen sie noch so weit gefaßt sein, wie etwa Siedlung, Industrialisierung oder Verkehr. Sie ist vielmehr eine Ordnungsfunktion der allgemeinen Verwaltung, ein Mittel der Koordinierung durch Entwicklung eines Leitbildes als Maßstab für fachlich bestimmtes Handeln.

Das sollte entscheidend sein für die Bestimmung der „zuständigen Behörden".

4. Die Länder stehen damit vor der Frage, wie weit Planungszuständigkeiten in kommunale Hände gelegt werden sollen. Das liegt zunächst — wie bei allen Fragen der Organisation der allgemeinen Verwaltung auf regionaler Grundlage — nahe, weil Gemeinden und Gemeindeverbände aus der Universalität ihres Wirkungskreises heraus ohnehin die ständige Aufgabe der Koordinierung von Fachaufgaben haben. Ganz allgemein bieten sich zunächst die Landkreise als geeignete Träger an. Für Gebiete, in denen sich deren Grenzen nicht mit Räumen intensiver kommunaler Verflechtung decken, müßten jedoch besondere Formen entwickelt werden. „Interkommunale Zusammenarbeit" wird damit Begründung und Voraussetzung für die Einrichtung von Kommunalverbänden als Trägern regionaler staatlicher Planungszuständigkeit.

5. Das Musterbeispiel hierfür ist der Siedlungsverband Ruhrkohlenbezirk. Er ging von der Förderung und Ordnung der Siedlungstätigkeit aus, dafür wurden ihm staatliche und kommunale Kompetenzen durch Gesetz übertragen. Diese Ansatzpunkte reichten aus, um ihm in allen Fragen der Planung und ihrer Sicherung im Laufe der Zeit Autorität zu verschaffen. Das ist aber *ein Ergebnis* seiner Arbeit, nicht eine von Anfang an gewollte Zuständigkeit.

Die Überlegungen über den Zusammenschluß von Gemeinden und Landkreisen im Raume Hannover haben einen etwas anderen Anhaltspunkt:

a) Ihre Zuständigkeiten bleiben unberührt. Im Wege freiwilliger Vereinbarung kann der Verband Aufgaben übernehmen, die für die Entwicklung des Gesamtraumes bedeutsam sind.

b) Gesetzlich übertragene Aufgabe ist die Erarbeitung eines Regionalplanes, der durch Satzung verbindliches Recht für die Gemeinden und Landkreise wird. Die Planung muß sich in die Gesamtplanung des Landes einfügen.

c) Soweit staatliche Zuständigkeiten eine zusätzliche Sicherung der Planung ermöglichen, sollen sie auf den Verband übergehen.

d) Alle Staats- und Kommunalbehörden im Verbandsbereich müssen Aufträge des Verbandes gegen Bezahlung ausführen.

e) Die innere Verfassung soll dem Nieders. Kommunalrecht — insbesondere der NLO — nachgebildet werden. Einseitige Entscheidungen zu Lasten einzelner Gemeinden und Landkreise werden durch entsprechende Zusammensetzung der Beschlußorgane und qualifizierte Mehrheiten für wichtige Entscheidungen, in Einzelfällen auch durch den Vorbehalt staatlicher Genehmigung verhindert.

f) Finanzielle Grundlage soll eine Umlage sein, die der Kreisumlage nachgebildet ist.

g) Die beratende Mitwirkung der berufsständischen Vertretungen und sonstigen maßgebenden Organisationen des wirtschaftlichen und sozialen Lebens wird durch einen Beirat gesichert.

Grundlage ist also nicht — wie beim Siedlungsverband Ruhrkohlenbezirk — eine unbestritten kommunale Aufgabe (Förderung der Siedlungstätigkeit), sondern ein staatliche Aufgabe. Die Alternative zu dieser Lösung wäre die Übertragung entsprechender Vollmachten an staatliche Dienststellen, jedenfalls, wenn die *Verbindlichkeit des planerischen Leitbildes* für die rd. 180 kommunalen Körperschaften in diesem Raum gesichert werden soll.

Der Verband soll aber gerade die Ordnungsvorstellung für den Gesamtraum zu einem Bestandteil der örtlichen Vorstellungen verwandeln und damit die Voraussetzung für vertrauensvolle Zusammenarbeit schaffen. Er begründet keine neuen staatlichen oder kommunalen Zuständigkeiten; das ist die Grenze seiner Wirkungsmöglichkeit.

In Richtung auf gemeinsame kommunale Aufgabenerfüllung, Interessenausgleich, Finanz- und Lastenausgleich wirkt er nur durch *Eröffnung der Möglichkeit* der Kooperation und durch die Abstellung der Finanzierung auf die Steuerkraft der Beteiligten. Wie groß sein Finanzbedarf wird, hängt also in erster Linie von seiner eigenen Willensbildung, d. h. von den Gemeinden und Landkreisen selbst ab. Die Verpflichtung bestehender Behörden, Aufträge des Verbandes zu erfüllen, soll jedenfalls verhindern, daß der Finanzbedarf zunächst hauptsächlich durch den Aufbau einer eigenen Verbandsbürokratie verursacht wird.

6. Diese Überlegungen sind auf eine konkrete Situation zugeschnitten, die als der *Grenzfall* Großstadt — Umland des allgemeinen Problems „Ordnung in Ballungsräumen“ charakterisiert werden kann. Zwei Gesichtspunkte sind dabei von allgemeiner Bedeutung:

a) Nur ganz besondere Gründe könnten die Eigenständigkeit von Umlandgemeinden gegenüber der Großstadt zur Geltung bringen. Wenn sie nicht nur als bauliche Erweiterung der Großstadt oder als „Reserveflächen“ gelten sollen, müssen sie gemeinschaftlich auftreten, eben weil die frühere funktionelle Unterscheidung Stadt und Land, letzteres im Sinne vorwiegend agrarisch bestimmter Räume, durch das gemeinsame Leitbild der „Verstädterung" abgelöst würde. *Ohne* staatliche Mitwirkung fällt dabei allein den Landkreisen die Aufgabe zu, in eigenen Ordnungsvorstellungen die gemeinsame Besonderheit aller kreisangehörigen Gemeinden des Umlandes auszudrücken.

b) *Verwirklichung* der Planung ist auf jeden Fall aber nur durch übereinstimmende Willensbildung in einer großen Zahl von Gemeinden möglich. Diese Schwierigkeit läßt die Landkreise beinahe zwangsläufig zu Trägern von Aufgaben werden, die gemeinsamer Erfüllung zusammen mit der Großstadt bedürfen, auch wenn ohne deren Ausstrahlung sonst die Gemeinden zu ihrer Erfüllung ohne weiteres in der Lage wären.

Beide Überlegungen führen dazu, durch gesetzliche Regelung die Frage der gemeinsamen Zugehörigkeit zum „Raume" für Großstadt und Umland vorab zu entscheiden, die Erarbeitung gemeinsamer Ordnungsvorstellungen als eine allen Beteiligten neue, gemeinsam übertragene Aufgabe darzustellen und die Verbindlichkeit des Leitbildes der Entscheidung des so geschaffenen Zusammenschlusses anzuvertrauen.

Mit der *Vorentscheidung,* die Zuständigkeit der kommunalen Selbstverwaltung zu begründen, mündet die staatliche Aufgabe dann in die traditionelle normative Zuständigkeit ein, mit der der Rahmen kommunaler Tätigkeit bereitzustellen ist.

7. Es ist bereits gesagt, daß die Möglichkeiten der Planung nicht überschätzt werden dürfen. Das gleiche gilt für den Zusammenschluß von Gemeinden und Gemeindeverbänden. Über ihre bestehenden Zuständigkeiten können sie auch gemeinsam nicht hinausgehen. Der Wert von Landesplanungsgesetzen, gesetzlicher Verankerung der Zusammenarbeit der Gemeinden und Landkreise und ähnlicher Maßnahmen liegt in erster Linie in der Beseitigung von Unklarheiten über den kommunalen Aufgabenbestand und der Fixierung staatlicher Pflichten, vielleicht auch in der Abkürzung des Weges mühevoller Einzelverhandlungen. Es kann dann ein reibungsloserer Ablauf örtlicher Verwaltungstätigkeit eintreten, mehr aber auch nicht.

V.

1. „Planung" als Gegenstand interkommunaler Zusammenarbeit hat demnach die Aufgabe, der Verflechtung kommunaler Gebietskörperschaften durch Erarbeitung eines gemeinsamen Leitbildes, also durch Objektivierung der Gesprächsgrundlagen, Rechnung zu tragen. Sie

soll auf diese Weise den Bestand und die Eigenständigkeit von Gemeinden und Gemeindeverbänden sichern, auch wenn ihre Grenzen sich nicht mit den Räumen decken, in denen von der Funktion her einheitliche Zielsetzung kommunaler Betätigung nötig ist. Gemeinsame Arbeit scheitert aber oft gerade an der Furcht, Argumente für spätere Eingemeindungen zu liefern.

2. Nun kann man sicher gegen kommunale Grenzen in vielen Fällen Einwendungen erheben, wie schließlich gegen alle Grenzen. Zu hinderlichen Barrieren vernünftiger Aufgabenerfüllung werden sie aber erst, wenn sie gefährdet scheinen. Angesichts des reichhaltigen Instrumentariums für gemeinsame Aufgabenerfüllung dürfte es schwer sein, ihre absolute Unhaltbarkeit zu beweisen.

Man kann zwar heute sehr oft hören, daß Eingemeindungen kein brauchbares Mittel für die Verbesserung der kommunalen Struktur sind. Gemeinsame Aufgabenerfüllung wäre aber wahrscheinlich sehr viel leichter, wenn dieser Ansicht ein rechtlich gesicherter Ausdruck gegeben würde. Wenn z. B. Großstädte im Einzelfall derartige Erklärungen abgegeben haben, ist damit oft der Weg zu praktischer Zusammenarbeit erst eröffnet worden, was immer sie *rechtlich* bedeuten mögen.

3. Grenzänderungen werden auch in Zukunft sicher gelegentlich nötig sein. Im Verhältnis Großstadt — Umland sind Eingemeindungen als *strukturverbessernde* Maßnahmen aber zunächst vorbelastet mit zweispältiger Beurteilung ähnlicher Vorgänge in der Vergangenheit. Zur Entwicklung großräumiger Ordnungsvorstellungen und ihrer Verwirklichung wären sie in der Tat nur brauchbar, wenn Stadtgebiet und Ordnungsraum dann identisch würden. Bei den großen kommunalen Zentren des Bundesgebietes ist das unmöglich. Bei kleineren Ballungsräumen wäre es allenfalls eine Übergangslösung von wahrscheinlich zeitlich begrenzter Wirkung. Angesichts dieser zweifelhaften Vorteile sollte man den mechanischen Ersatz der Zusammenarbeit durch Vergrößerung des Gebietes *einer* Gemeinde nicht als allgemein brauchbares Mittel empfehlen.

4. Wenn andererseits — wie in den Gemeindeverbänden, vor allem den Landkreisen — Träger gemeinsamer Arbeit vorhanden sind, sollte ihr Bestand gesichert bleiben, auch wenn einzelne Gemeinden zu besonderen Schwerpunkten werden. Das bedeutet nicht einen Verzicht auf Maßnahmen zur Milderung der Spannungen im gemeinsamen Oberverband. Dafür zwei Beispiele:

a) Die Verwaltungs- und Finanzkraft größerer Gemeinden könnte etwa in der Gestaltung der Aufsicht, bei den Amtsbezeichnungen und in einer Sicherung ihres eigenständigen Wirkungskreises zusätzlich berücksichtigt werden. Voraussetzung wäre aber, daß die Rechtsgleichheit aller Gemeinden zugunsten eines funktionsgerechten Status' einzelner Gruppen aufgegeben würde. Ansätze dafür sind die „großen Kreisstädte" in Baden-Württemberg und die „selbständigen Städte" in Niedersachsen.

b) Diesen Gemeinden ist durchaus bewußt, daß sie wesentlich zum Finanz- und Lastenausgleich im Landkreis beitragen. Die Kreisumlage kann ihrem Wesen nach nicht unter dem Gesichtspunkt von Leistung und Gegenleistung betrachtet werden. Es ist aber sicher nicht falsch, die mittelbaren Leistungen der Gemeinden für die Landkreise zu würdigen.

Ebenso wäre die entsprechende Lastenausgleichsfunktion der kreisfreien Städte klarer darzustellen oder zu schaffen — im wesentlichen eine Aufgabe der Finanzausgleichsgesetze.

5. Die mangelnde Verwaltungskraft vieler kleiner Gemeinden hat die Landkreise in kritischen Regionen weitgehend zu Treuhändern für die Gemeindeinteressen gemacht. Ihre Anstrengungen, die eigene Verwaltung — vor allem technische Dienststellen — der Großstadtverwaltung anzugleichen, haben auch zur Beruhigung des Verhandlungsklimas und zu wachsendem beiderseitigem Verständnis beigetragen. Der Gesetzgeber sollte — z. B. bei der Gestaltung der inneren Organisation der Landkreise, des Beamten- und Besoldungsrechts — diese Bemühungen fördern, selbst wenn dabei von dem traditionellen Bild der Landkreisverwaltung auf die Dauer Abschied genommen werden muß.

6. Schließlich sind noch Möglichkeiten personeller und gebietsmäßiger Verzahnung zu erwähnen, etwa im Sinne von „Industriekreis" oder „Stadtkreis". Auch sie sollen auf einen einheitlichen „Raum" bezogen werden, aber im wesentlichen die Willensbildung der bestehenden Gebietskörperschaften erhalten, nur die Verwaltungen vereinigen oder getrennte Verwaltungen in der Spitze in Personal- oder Realunion zusammenfassen.

Das sind im Grunde Ansätze zur Bildung von Gebietskörperschaften höherer Ordnung, kaum aber mehr bloße Hilfsmittel zur Förderung interkommunaler Zusammenarbeit.

VI.

1. Interkommunale Zusammenarbeit als Reaktion auf Ballungstendenzen ist nicht eine Frage neuer Rechtsformen zum Zwecke der Intensivierung herkömmlicher Zusammenarbeit, sondern eine Frage der Struktur der kommunalen Selbstverwaltung. Im Grunde ist also eine Wiederholung der Arbeit nötig, die zu den Kommunalverfas-

sungsgesetzen geführt hat, und eine Wiederholung kommunaler Tätigkeit zur Ausfüllung eines neuen Rahmens.

Daß dabei nur bedingt von objektiv feststehenden Notwendigkeiten ausgegangen werden kann, soll noch ein Hinweis auf den Einfluß der kommunalen Finanzausstattung zeigen. Die gesonderte Darstellung darf nicht vergessen lassen, daß Finanzfragen nur *eine* Komponente dieses Komplexes sind, wie ja der unlösbare Zusammenhang von Finanzfragen mit der Aufgabenverteilung und der Willensbildung ihrer Träger sowie die Wirklichkeitsferne aller nur rechtlichen oder organisatorischen Betrachtungen für alle Bereiche der öffentlichen Verwaltung gelten.

2. „Interkommunale Zusammenarbeit" bedeutet hier beinahe das gleiche wie „interkommunaler Finanzausgleich". Beide Schlagworte sind — zugespitzt — Forderungen zur Beseitigung von „Mißständen" und „Ungerechtigkeiten". Beide sind auch Sammelbegriffe für ähnlich gegensätzliche und unterschiedliche Interessen.

Anknüpfungspunkt im Zusammenhang mit dem Thema „interkommunale Zusammenarbeit" ist dabei vor allem die Gewerbesteuer. Einerseits gelten die kommunalen Steuern nach wie vor als Fundament der örtlichen Selbstverwaltung, andererseits wird gerade die Gewerbesteuer als Ursache vieler Reibungen im Verhältnis der Gebietskörperschaften zueinander betrachtet. Außerdem wird ihr vorgeworfen, sie verhindere in den Ballungsräumen geradezu vernünftige Zusammenarbeit. In der Tat gelten Erfolge in der Industrieansiedlung und -ausweitung geradezu als Kriterium „guter" Komunalarbeit und „nur" Wohngemeinde zu sein, klingt beinahe wie ein Vorwurf. Ob Industrieballung an sich richtig oder falsch ist, ob ausgesprochene Wohnzonen, möglichst abgesetzt von Industriegebieten, wünschenswert sind oder nicht, soll hier nicht untersucht werden. Es wäre aber ungerecht, als treibende Kraft für diese oder jene Erscheiung die Gewerbesteuer anzusehen. Sie beeinflußt zwar die *kommunale* Vorstellung von der Ordnung und Funktion des eigenen Gebietes, die Entwicklung wird aber vorwiegend von wirtschaftlichen und sozialen Kräften außerhalb kommunaler Einflußmöglichkeiten vorangetrieben. Es bleibt aber übrig, daß manche Forderungen nach Zusammenarbeit wegfallen oder mit umgekehrter Argumentation erhoben würden, wenn die kommunale Finanzausstattung von gewerblichen Betrieben weitgehend gelöst und etwa an Person oder Einkommen der Bürger gebunden wäre. Man kann daraus aber nicht *mehr* entnehmen, als daß die *Vorstellung* von Zusammenarbeit von ungleichmäßiger Finanzausstattung ebenso beeinflußt wird, wie von ungleichartiger Funktion, wenn beides unorganisch nebeneinander steht. Eine Modifizierung der Gewerbesteuer wäre jedenfalls ebensowenig ein Allheilmittel wie die Ordnung von Planungszuständigkeiten.

Wichtig ist aber, daß *bald* Klarheit über die Frage geschaffen wird, ob die jetzige kommunale Finanzstruktur beibehalten oder in welcher Weise sie umgeformt werden soll. Eine — wenn auch natürlich relative — Gewißheit über die Dauerhaftigkeit der Ausgangslage ist jedenfalls für Maßnahmen unter dem Stichwort „interkommunale Zusammenarbeit" unerläßlich.

3. Ohne normative Unterstützung des Staates würde interkommunale Zusammenarbeit zur Normalisierung kommunaler Tätigkeit in den Ballungsräumen auch dann nicht auskommen können, wenn eine „Reform des kommunalen Finanzsystems" eine funktionsgerechtere Finanzausstattung bringen würde. Ihre Realisierung wäre aber dann von der Aufrechnung gegenseitiger Vor- und Nachteile wenigstens entlastet. Die Finanzierung gemeinsamer Aufgaben ergäbe dann wohl kaum *mehr* Probleme als bei herkömmlichen Einrichtungen — schwierig genug, aber doch nur im Range technischer Detailfragen.

Zu erwarten aber ist wahrscheinlich allenfalls eine gleichmäßigere und gegenwartsnahere Verteilung der Gesamtmasse, orientiert an rechnerischen Durchschnitten, modifiziert durch einige Faktoren, wie Einwohnerzahl, Steuerkraft und dergleichen. Interkommunaler Finanzausgleich wird dann als besonderer Aspekt interkommunaler Zusammenarbeit bestehen bleiben. Wenn es aber schon nicht möglich sein sollte, für die Gebietskörperschaften insgesamt Maßstäbe für funktionsgerechte Finanzausstattung zu finden, wird es wohl kaum für *zusätzliche* Ausgleichsmaßnahmen gelingen. Dann scheint es sinnvoller, gemeinsame Aufgaben im konkreten Fall gemeinsam zu finanzieren und aus ihnen die entsprechenden Maßstäbe zu entwickeln. Ob man dabei wesentlich über gewohnte Umlageprinzipien hinausgehen muß, mag dahingestellt bleiben.

VII.

Mit der Begründung, man wisse nicht, wie lange der bestehende Zustand dauere, kann man nun oft das Hinauszögern eigener Entscheidungen rechtfertigen, ebenso mit dem Hinweis auf „umfassende Reformen", „grundsätzliche Entscheidungen" und ähnliche Formeln.

Um so mehr ist anzuerkennen, daß die kommunalen Gebietskörperschaften aus eigener Initiative dem Phänomen der „Verstädterung", der drohenden Uniformierung des öffentlichen Lebens und den furchterregenden Auswirkungen pluralistischer Lebensform begegnen. Daß diese Bemühungen noch nicht zu abschließenden Ergebnissen geführt haben, kann ihren Wert nicht herabsetzen, wenn man bedenkt, mit welcher rechtlichen und politischen Unsicherheit sie belastet sind.

Mit dem Schlagwort „interkommunale Zusammenarbeit" ist das Problem nur unzureichend gekennzeichnet. Wenn man für die Ordnung in Ballungsräumen kommunale Zuständigkeiten institutionell erhalten und kommunalen Sachverstand nutzen will — auch über bestehende kommunale Grenzen hinweg — ist normative Mitarbeit des Staates, nach dem Grundgesetz also der Länder, notwendig. Man muß sich dabei der Grenzen bewußt sein, die Wirtschaft und Sozialordnung kommunaler Betätigung setzen. In der Vergangenheit ist es nicht gelungen, rechtzeitig funktionsgerechte kommunale Träger öffentlicher Verwaltung für entstehende Ballungsräume zu schaffen. Auch heute ist keine Zeit mehr zu verlieren, jedenfalls wenn man die Lösung des Problems in der Erhaltung regional bestimmter gebietskörperschaftlicher Selbstverwaltung sieht.

Verfassungsrechtliche Grenzen der Gemeinschaftsaufgaben

Von Professor Dr. *Friedrich Klein*, Münster

A. Vorbemerkungen

I. Allgemeine thematische Vorbemerkungen

Das Thema der Gemeinschaftsaufgaben ist gerade in diesen Tagen in den Mittelpunkt des öffentlichen Interesses gerückt worden. Das „Fernseh-Urteil" des Zweiten Senats des Bundesverfassungsgerichts vom 28. Februar 1961 — 2 BvG 1/60, 2/60 — hat sich darum bemüht, den grundgesetzlich zugelassenen Beteiligungsanteil des Bundes und der Länder an dem komplexen tatsächlichen Sachverhalt des Ausstrahlens von Rundfunk- und Fernsehsendungen zu bestimmen; die staatswissenschaftliche Arbeitstagung „Föderalistische Ordnung" hat am 9. und 10. März 1961 in Mainz zu Fragen der Gemeinschaftsaufgaben, insbesondere zu den Fragen gemeinsamer Aufgaben der Länder, Stellung genommen; in der Haushaltsdebatte des Bundestages in der vorigen Woche ist die geltende „Finanzverfassung" und damit u. a. die Beteiligung des Bundes an der Finanzierung von Landesaufgaben kritisiert worden.

Ein Referat über die verfassungsrechtlichen Grenzen der Gemeinschaftsaufgaben von Bund, Ländern und Gemeinden hat deshalb fast über Nacht eine tagespolitische Aktualität erhalten, die der Diskussion der hier zu besprechenden Fragen eher abträglich als förderlich ist. Eben deshalb ist der Referent zu einer eingehenden theoretischen Begründung seiner Thesen verpflichtet.

II. Zum Begriff der Gemeinschaftsaufgaben

Der *Begriff der Gemeinschaftsaufgaben* wird in diesem Referat in dem Sinne verwendet, daß er *eine körperschaftliche Beteiligung mehrerer Gemeinwesen* — des Bundes, der Länder und/oder der Gemeinden — *an der Erfüllung ein und derselben Aufgabe* umfaßt.

Diese Beteiligung kann sehr unterschiedlich sein. Sie kann sich in verschiedenen Funktionen vollziehen — z. B. kann die Gesetzgebung dem Bunde, die Gesetzesausführung dagegen den Ländern zustehen —, sie kann aber möglicherweise auch innerhalb derselben Funktion liegen. Die Beteiligung des einen Partners kann sich unmittelbar auf die Aufgabenerfüllung des anderen auswirken — wie z. B. das Setzen der Organisations- und der Verfahrensgesetze durch den Bund gemäß Art. 84 Abs. 1 GG —, sie kann aber auch die Aufgabenerfüllung des jeweils anderen Partners nur mittelbar berühren — wie z. B. das Verteilen des Steueraufkommens aus der Einkommensteuer und der Körperschaftsteuer gemäß Art. 106 Abs. 4 GG durch den Bund auf Bund und Länder. Der Begriff der Gemeinschaftsaufgaben wird also *in einem sehr weiten Sinne,* in dem Sinne *einer irgendwie gearteten Beteiligung bzw. Einflußnahme des einen Partners an der bzw. auf die Erfüllung der Aufgaben des jeweils anderen Partners* verstanden.

Wesentlich ist aber in jedem Falle, daß sich die an der Gemeinschaftsaufgabe Beteiligten *körperschaftlich* gegenüberstehen, wenn der Begriff der Gemeinschaftsaufgaben sinnvoll verwendet werden soll. Gibt man dieses Erfordernis auf und läßt man auch ein reines Organschaftsverhältnis im Begriff der Gemeinschaftsaufgaben aufgehen, dann verliert der Begriff der Gemeinschaftsaufgaben seine Umrißlinien.

Aufgabe dieses Referates ist daher ganz wesentlich auch festzustellen, ob in den jeweils betrachteten Fällen eine körperschaftliche Beteiligung mehrerer Gemeinwesen und mithin eine Gemeinschaftsaufgabe vorliegt. Das zu betonen erscheint nicht unwichtig, weil oft zu beobachten ist, daß die Annahme einer körperschaftlichen Beteiligung des Bundes, der Länder und/oder der Gemeinden an ein und derselben Aufgabe (und damit das Vorliegen einer Gemeinschaftsaufgabe) auf der unausgesprochenen Voraussetzung beruht, daß Bund, Länder und Gemeinden jedenfalls Körperschaften *seien,* und daß also (!), daß allein und schon deshalb, jedes Zusammenwirken zwischen Bund und Ländern, Bund und Gemeinden, Ländern und Gemeinden, der Länder untereinander und der Gemeinden untereinander Ausdruck einer Gemeinschaftsaufgabe, d. h. Ausdruck eines körperschaftlichen Zusammenwirkens, sei.

Diese Annahme ist jedoch mit einer rechtstheoretischen Analyse des Körperschaftsbegriffs unvereinbar; sie beruht auf einer petitio principii.

Vor allem die — in jüngster Zeit durch die Untersuchung Otto *Bachofs* (und seines Assistenten Dietrich *Jesch*) über „Teilrechtsfähige Verbände des öffentlichen Rechts"[1] erneut[2] bestätigten — Untersuchungen Hans J. *Wolffs*[3] haben gezeigt, daß der Begriff der Rechtsfähig-

[1] In AöR a.a.O., insbesondere unter F II S. 259—270.

[2] Vgl. z. B. das bei *Bachof,* a.a.O., S. 260, Anm. 60 sowie S. 262, Anm. 69 und 71 angegebene Schrifttum.

[3] Hans J. *Wolff,* Organschaft und Juristische Person, Bd. I §§ 7—11 und Bd. II §§ 8—14; Verwaltungsrecht I³ § 32 III.

keit, der den Subjekten des bürgerlichen Rechts als Rechtspersonen die gleichmäßige potentielle Inhaberschaft der Rechte des bürgerlichen Rechts gewährleistet, im Organisationsrecht eine solche Bedeutung nicht hat: Während im Zivilrecht die Rechtspersönlichkeit eines Subjekts Voraussetzung für das Innehaben von Rechten ist, ist im Organisationsrecht gerade das Innehaben von Rechten als „eigene" Rechte Voraussetzung für den rechtlichen Status des Subjekts dieser Rechte als Rechtsperson. Infolge dieses Umstandes, der für das Gebiet des öffentlichen Organisationsrechts mit dem nicht näher zu erörternden organisatorischen Grundprinzip der Ungleichheit, für das gesamte Gebiet des Organisationsrechts mit der Tatsache zusammenhängt, daß das Organisationsrecht die von ihm anerkannten Rechtspersönlichkeiten nicht vorfindet, sondern überhaupt erst schafft, „ist ... die Möglichkeit eröffnet, daß ein Verband nur in bezug auf einen beschränkten Normenkomplex, ja sogar nur in bezug auf eine einzige Norm Rechtssubjekt" i. S. einer Rechtspersönlichkeit ist[4].

Enneccerus-Nipperdey formulieren: „Da es lediglich eine Frage des positiven Rechts ist, ob eine Organisation als Rechtssubjekt anerkannt werden soll, steht nichts im Wege, eine solche Anerkennung nur in einzelnen Beziehungen auszusprechen[5]."

Hieraus folgt, daß ein und dasselbe organisationsrechtliche Gebilde in einer Beziehung Körperschaft, in anderer Beziehung bloßes Organ einer anderen Körperschaft sein kann, und daß also daraus, daß eine Organisation in einer Beziehung Körperschaft ist, nicht geschlossen werden kann, sie sei es auch in anderen oder allen anderen Beziehungen. Es gibt keinen gültigen Satz: „In dieser Beziehung Körperschaft — also in allen Beziehungen Körperschaft."

Damit stellt sich im Rahmen unseres Themas primär die Aufgabe, in allen Fällen, in denen möglicherweise eine Gemeinschaftsaufgabe vorliegen könnte, zunächst zu prüfen, ob eine solche — d. h. ein körperschaftliches Zusammenwirken von Bund, Ländern und/oder Gemeinden — wirklich gegeben ist.

Insbesondere *reicht zur Annahme einer Gemeinschaftsaufgabe zwischen Bund und Ländern die* bloße *Berufung auf das Bundesstaatsprinzip nicht aus.* Denn dieses kann als Auslegungsmaßstab erst herangezogen werden, nachdem die Analyse der zu erörternden Rechtsfigur ergeben hat, daß Bund und Länder sich insoweit körperschaftlich gegenüberstehen.

Die unkritisch vorausgesetzte Annahme, Bund, Länder und Gemeinden hätten stets und notwendig den Status von Körperschaften, ist deshalb geeignet, die Untersuchung der möglichen Gemeinschaftsauf-

---

[4] *Bachof,* a.a.O., S. 262.

[5] a.a.O., S. 618.

gaben und insbesondere die Bestimmung des grundgesetzlich angeordneten oder zugelassenen Beteiligungsanteils der einzelnen Institutionen anhand unrichtiger Maßstäbe vorzunehmen; sie begründet deshalb die Gefahr unzutreffender Ergebnisse.

Eben deshalb ist es notwendig, jedes möglicherweise als Gemeinschaftsaufgabe zu wertende Zusammenwirken von Bund, Ländern und/oder Gemeinden zunächst einmal daraufhin zu untersuchen, in welchem Status die einzelnen Beteiligten an der Erfüllung der jeweiligen Aufgabe beteiligt sind. Dies muß geschehen, bevor begründete Aussagen über den grundgesetzlich zulässigen Beteiligungsanteil der einzelnen Institutionen gemacht werden können. Das zwingt dazu, die einzelnen verfassungsrechtlichen Institute, in denen möglicherweise Gemeinschaftsaufgaben geregelt sein können, je für sich und unter tunlicher Beschränkung auf die im Hinblick auf das gestellte Thema verfassungsrechtlich grundlegenden Fragen zu untersuchen. Demgemäß wird *zunächst* jeweils geprüft, *ob und in welcher Beziehung* eine *Gemeinschaftsaufgabe* vorliegt; *sodann* soll versucht werden, den grundgesetzlich zulässigen *Beteiligungsanteil* der jeweiligen Partner zu ermitteln.

B. Die Grenzen der Gemeinschaftsaufgaben nach dem Bonner Grundgesetz

Die beiden Unterthemen

Erstens: Wo sind Gemeinschaftsaufgaben?

Zweitens: Wer darf was an ihnen mit(be-)wirken?

sollen hier für die drei Sachverhalte „Ausführung von Bundesgesetzen“ (I), „Staatsverträge“ (II) und „finanzielle Beteiligungen des Bundes an der Erfüllung von Landesaufgaben“ (III) untersucht werden.

I. Gemeinschaftsaufgaben bei der Ausführung von Bundesgesetzen

Bei dem Sachverhalt *„Ausführung von Bundesgesetzen“* stellen sich die beiden Unterthemen: Wo sind Gemeinschaftsaufgaben? Wer darf was an ihnen mit(be-)wirken? vorzugsweise für die vier Sachverhalte „Landeseigene Ausführung von Bundesgesetzen“ (1), „Bundesauftragsverwaltung der Länder“ (2), „Errichtung von Bundesoberbehörden, bundesunmittelbaren Körperschaften und Anstalten des öffentlichen Rechts auf Gebieten der landeseigenen Verwaltung und der Bundesauftragsverwaltung der Länder“ (3) sowie schließlich „Ausführung von Bundesgesetzen durch die Gemeinden“ (4).

1. Landeseigene Ausführung von Bundesgesetzen

Liegt bei der *landeseigenen Ausführung von Bundesgesetzen* nach dem Grundgesetz eine Gemeinschaftsaufgabe vor? (a) Wie weit sind bejahendenfalls Bund und Länder an ihrer Wahrnehmung beteiligt? (b)

a) Für die Antwort auf die Frage, *ob die landeseigene Ausführung von Bundesgesetzen eine Gemeinschaftsaufgabe* ist, muß davon ausgegangen werden, daß es sich dabei um die Ausführung von Gesetzen des Bundes durch die Länder als sogenannte eigene Angelegenheit der Länder handelt. Die Gesetze des Bundes sind hier Ergebnisse eigenverantwortlicher Bundestätigkeit. Geschieht auch die landeseigene Ausführung dieser Gesetze eigenverantwortlich? Die Ausgestaltung der landeseigenen Verwaltung durch Art. 83 und 84 GG beschneidet die Eigenständigkeit der Länder dadurch erheblich, daß sie dem Bund über den Rahmen einer reinen Rechtsaufsicht hinaus spezifische Verwaltungszuständigkeiten einräumt, und zwar einerseits in der grundgesetzlichen Zuständigkeit zum Erlaß allgemeiner Verwaltungsvorschriften (Art. 84 Abs. 2 GG), anderseits in der grundgesetzlichen Möglichkeit, durch zustimmungsbedürftiges Bundesgesetz die Befugnis zur Erteilung von Einzelweisungen einzuräumen (Art. 84 Abs. 5 GG). Diese Beschneidung der Eigenständigkeit der Länder beseitigt jedoch nicht deren Eigenverantwortlichkeit in der Ausführung der Bundesgesetze. Diese Eigenverantwortlichkeit wird vielmehr nur eingeschränkt, so daß *die landeseigene Ausführung der Bundesgesetze*, die im Grunde eine körperschaftlich dezentralisierte[5a] Bundesverwaltung ist, *eine Gemeinschaftsaufgabe* bleibt.

Ob die landeseigene Ausführung von Bundesgesetzen nach dem Grundgesetz eine Gemeinschaftsaufgabe ist, hängt insbesondere nicht von einer Stellungnahme in dem Meinungsstreit darüber ab, ob ihre Regelung im Grundgesetz Bundesstaats- oder nur Selbstverwaltungscharakter trägt[6]. Dieser Meinungsstreit über den Rechtscharakter der landeseigenen Ausführung von Bundesgesetzen als bundesstaatliche oder als bloße Selbstverwaltungstätigkeit betrifft nicht die Eigenverantwortlichkeit in der Bewältigung der gemeinschaftlich zu bewältigenden Sachverhalte.

b) Wie sind die *Beteiligungsanteile von Bund und Ländern* an der landeseigenen Ausführung von Bundesgesetzen abgegrenzt? Hierbei ist zu beachten, daß sich der Art. 84 GG in zwei rechtlich durchaus unterschiedlich zu bewertende Komplexe gliedert: erstens die Abs. 1, 3 und 4 (aa); zweitens die Abs. 2 und 5 (bb).

5a Vgl. unten Anm. 109.

6 Vgl. aber unten Anm. 109.

aa) Zu dem Komplex der *Abs. 1, 3 und 4 des Art. 84 GG* ist festzustellen, daß weder ein organisatorischer noch ein verfahrensmäßiger Vorbehalt zugunsten der Länder dahin besteht, daß es dem Bunde absolut oder wenigstens grundsätzlich verwehrt ist, Organisation und Verfahren zu regeln.

Ein solcher organisatorischer oder/und verfahrensmäßiger Vorbehalt zugunsten einer auch insoweit ausschließlich eigenständigen Tätigkeit der Länder bei der landeseigenen Ausführung der Bundesgesetze fände nämlich seine (verfassungstheoretische) Begründung nur darin, daß allein die staatliche Einheit der Gliedstaaten den Maßstab für die organisatorischen und verfahrensmäßigen Regelungen über die Ausführung der Bundesgesetze bilden könnte. Die Annahme, allein die staatliche Einheit der Gliedstaaten sei Maßstab für solche Regelungen, würde jedoch der strukturellen Abhängigkeit der Ausführung von Gesetzen von dem Inhalt der Gesetze und weiterhin auch dem rechtsstaatlichen Gebot der Gesetzmäßigkeit der Verwaltung, d. h. insbesondere der Gleichmäßigkeit der Anwendung aller Gesetze, widersprechen. Deshalb hat das Grundgesetz auch nur auf denjenigen Gebieten dem Zentralstaat jegliche Möglichkeit zur Regelung der Verwaltungsorganisation und des Verwaltungsverfahrens der Länder versagt, auf denen die zu regelnde Materie durch Landesgesetz geregelt wird.

Bei der landeseigenen Ausführung von Bundesgesetzen ist es — wie gesagt — anders. Es wäre mit der Abhängigkeit der Gesetzesausführung vom Gesetzesinhalt und dem rechtsstaatlichen Grundsatz der Gesetzmäßigkeit, insbesondere der Gleichmäßigkeit, der Verwaltung unvereinbar, wenn die auszuführenden Bundesgesetze am Maßstab der staatlichen Einheit des Zentralstaats, die Organisations- und die Verfahrensgesetze dagegen am Maßstab der staatlichen Einheit des Gliedstaats orientiert würden. Sachnormen einerseits, Organisationsnormen und Verfahrensnormen anderseits stehen miteinander in engem Zusammenhang. Denn die Organisations- und die Verfahrensnormen sollen durch die Regelung der Modalitäten der zu treffenden Sachentscheidung die Garantie dafür schaffen, daß die Sachentscheidung in optimaler Weise getroffen wird. Ist aber der Inhalt der möglichen Sachentscheidungen in einem Bundesgesetz — d. h. am Maßstab der staatlichen Einheit des Zentralstaats — orientiert (worden), so können sinnvollerweise auch die durch Organisationsnormen und Verfahrensnormen zu schaffenden Modalitäten dieser Sachentscheidungen selbst am Maßstab der staatlichen Einheit des Zentralstaats, also durch Bundesnormen, angeordnet werden. Das Setzen der Organisationsnormen und Verfahrensnormen durch die Länder würde das Prinzip der Gleichheit aller vor dem (auszuführenden) Gesetz auf das schwerste gefährden, weil es für die schließlich getroffene Sachentscheidung von erheblicher Bedeutung ist, unter welchen Modalitäten sie getroffen wird. Es ist nicht gleichgültig, ob dieselbe Gesetzesnorm in dem einen Land durch eine Kollegialbehörde, in dem anderen dagegen durch eine monokratisch organisierte Behörde vollzogen wird, ob in dem einen Land Anhörungsrechte gewährt werden, in dem anderen hingegen nicht usw.

Da mithin die Modalitäten des Treffens der Vollzugsentscheidungen wesentlich auf den Inhalt der schließlich getroffenen Entscheidungen einwirken, diese Entscheidungen aber hinsichtlich der am Maßstab der staatlichen Einheit des Zentralstaats orientierten Bundesgesetze bei gleichen Tatbeständen im gesamten Bundesgebiet nur gleichmäßig ergehen dürfen, so folgt daraus, daß dem am Maßstab der staatlichen Einheit des Zentralstaats orientierten Bundesgesetz sinnvollerweise nur an demselben Maßstab orientierte Organisationsnormen und Verfahrensnormen — also Organisationsgesetze und Verfahrensgesetze des Bundes — zugeordnet werden können[7/8].

Daß Art. 84 Abs. 1 GG subsidiär[9] auch den Ländern die Befugnis zur Regelung des Organisations- und des Verfahrensrechts zuspricht,

---

[7] Grundsätzlich zutreffend deshalb *von Hausen/von der Heide*, a.a.O., S. 756, 1. Sp., Abs. 3. Bei der Ausübung dieser Zuständigkeit mögen zwar — worüber hier nicht zu befinden ist — „Macht- und Prestigefragen" sowie „sehr reale Zweckmäßigkeitserwägungen" (vgl. *Haas*, a.a.O., S. 82 f.) eine Rolle spielen. Diese haben aber mit der ratio des Art. 84, Abs. 1 GG nichts zu tun, die aus den angegebenen Gründen in der organisations- und verfahrensmäßig zu schaffenden Gewährleistung der Gleichheit aller vor dem auszuführenden Gesetz liegt. Dem Bundesrat obliegt es, über die Wahrung dieser ratio zu wachen.

[8] Diese Erscheinung hat aber nichts damit zu tun, daß gerade das Sozialstaatsprinzip — so wie dies seit der Setzung des Grundgesetzes in zunehmendem Maße angenommen wird — „die Konformität der Länder in bezug auf ... Gesetzesvollzug ... herbeiführen könnte" und dadurch in einen Gegensatz zum bundesstaatlichen Prinzip träte (so schon *Maunz*, Staatsrecht[1], S. 142; vgl. dazu etwa *Köttgen*, Die Gemeinde und der Bundesgesetzgeber, passim; *Becker*, BayVerwBl., a.a.O., unter I; *Maunz*, Staatsrecht[10], S. 202; *Scheuner*, Ordnung, S. 81). Richtig ist insoweit nur, daß die quantitative Zunahme der zentralen Sozialgesetzgebung besonders deutlich macht, daß das am Maßstab der staatlichen Einheit des Zentralstaates gebildete Bundesgesetz nur nach dem in ihm für das betreffende Sachgebiet normativ und gesetzeskräftig verkörperten Maßstab der staatlichen Einheit des Zentralstaates, nicht aber nach dem Maßstab der (partikularen) staatlichen Einheit des jeweils vollziehenden Gliedstaates durch die Länder vollzogen werden kann. Eben dies drängt zur normativen Vereinheitlichung der Organisation und des Verfahrens in den zum Gesetzesvollzug berufenen Ländern. Damit wird deutlich, daß hinsichtlich des Vollzuges von Bundesgesetzen eine solche Gestaltung der Organisation und des Verfahrens gefordert wird, welche die Gleichheit aller vor dem (auszuführenden Bundes-) Gesetz auch wirklich gewährleistet. Mit richtiger Tendenz daher *Köttgen*, JöR, a.a.O., S. 72: „Die dem Zentralstaat anvertraute Rechtseinheit impliziert heute in erheblichem Umfang die vom klassischen Bundesstaat vorbehaltlos verneinte Verwaltungseinheit."

[9] Die für den Bereich des Art. 83 GG durchweg vertretene Auffassung, die Regelung der Organisation und des Verfahrens hinsichtlich der landeseigenen Ausführung von Bundesgesetzen stehe nach Art. 84, Abs. 1 GG

läßt sich deshalb mit der verfassungstheoretischen Struktur der landeseigenen Ausführung von Bundesgesetzen nicht vereinbaren. Deshalb ist es kein Zufall, sondern folgerichtig, daß die weitaus überwiegende Mehrzahl der auf Grund des Art. 84 Abs. 1 GG ergangenen Organisationsgesetze und Verfahrensgesetze Bundesgesetze sind.

Diese Zuständigkeit des Bundes zur Regelung des Organisations- und des Verfahrensrechts findet ihre Grenze darin, daß sie nur Regelungen deckt, welche die landeseigene Ausführung von Bundesgesetzen als solche unangetastet lassen.

Im Rahmen der *Organisationsgesetze,* die auf Grund des Art. 84 Abs. 1 GG ergehen, darf der Bund die Landeszuständigkeit zur landeseigenen Ausführung der Bundesgesetze weder ganz noch teilweise auf andere Institutionen verlagern. Der Bund darf z. B. auf Grund eines solchen Gesetzes die Ausführung von Bundesgesetzen nicht den Gemeinden als Selbstverwaltungsangelegenheiten[10] zuweisen[11], weil er dadurch die Landeszuständigkeiten zur Ausführung der Bundesgesetze in grundgesetzwidriger Weise auf die Gemeinden verlagern

---

grundsätzlich den Ländern, ausnahmsweise dem Bunde zu (vgl. z. B. *Haas,* a.a.O., S. 83; *Held,* a.a.O., S. 54 f. und 57; *Köttgen,* DöV 1952, S. 424; *Rohwer-Kahlmann,* a.a.O., S. 221), vermag ich außer den im Text angeführten Gründen auch aus rein auslegungstechnischen Gesichtspunkten nicht zu teilen. Zur Annahme einer Ausnahme ist es notwendig, einen als solchen normierten Ausnahmetatbestand festzustellen, bei dessen Vorliegen die als „Ausnahme" gewertete Rechtsfolge eintreten soll. Eine bundesgesetzliche Regelung gemäß Art. 84, Abs. 1 GG wäre mithin nur dann eine Ausnahme, wenn das Grundgesetz angeben würde, unter welchen Voraussetzungen die Regelungsbefugnis der Länder ausnahmsweise ausgeschlossen und diejenige des Bundes ausnahmsweise gegeben wäre. Solche Voraussetzungen statuiert Art. 84, Abs. 1 GG aber nicht und kann sie aus den oben im Text angegebenen Gründen sinnvoll auch nicht statuieren. Die Vorschrift besagt vielmehr, daß die Regelungsbefugnis der Länder nur (solange und) soweit gegeben ist, als der Bund von seiner Regelungszuständigkeit keinen Gebrauch macht. Das bedeutet, daß die Regelungsbefugnis der Länder regelmäßig gegeben ist, solange und soweit kein Bundesgesetz ergangen ist, nicht aber, daß sie regelwidrig („ausnahmsweise") ausgeschlossen ist, solange und soweit ein Bundesgesetz besteht. Eben deshalb ist auch eine restriktive Auslegung des Art. 84, Abs. 1, Halbsatz 2 GG nicht möglich, weil diese Bestimmung keine tatbestandsmäßigen Voraussetzungen enthält, an welche die Gesetzgebungsbefugnis des Bundes geknüpft ist. Nur solche Voraussetzungen könnten aber restriktiv ausgelegt werden. Eine restriktive Auslegung des Art. 84, Abs. 1 GG würde deshalb dazu führen, in diese Bestimmung Tatbestandsmerkmale hineinzulegen, die in ihr selbst nicht enthalten sind. Zutreffend deshalb *von Hausen,* DöV 1960, S. 443: „Abgesehen davon, daß der Wortlaut der Art. 84, Abs. 1, und 85, Abs. 1 GG eine engere oder weitere Auslegung nicht zuläßt".

[10] Entsprechendes gilt für die Organisationsgesetze der Länder (vgl. unten B I 4); zur Frage der Zuweisung als Auftragsangelegenheiten ebenfalls unten B I 4; vgl. aber auch unten Anm. 13.

[11] So aber *Köttgen,* JöR, a.a.O., S. 91 unter cc) und wohl auch: Die Gemeinde und der Bundesgesetzgeber, S. 74, vorletzter Abs., in Verbindung mit S. 73 f.

und die Länder allenfalls auf Aufsichtsbefugnisse beschränken würde[12/13].

Die *Verfahrensgesetze,* die auf Grund des Art. 84 Abs. 1 GG ergehen, sind zunächst einmal insoweit begrenzt, als sie das rechtswirksame Zustandekommen der von den Ländern gesetzten Verwaltungsakte nicht von einer irgendwie gearteten Mitwirkung von Bundesstellen abhängig machen dürfen, weder von Zustimmungsrechten oder Vetorechten noch von einem Einvernehmen[14]. Solche Zustimmungsrechte,

---

12 Insoweit im Ergebnis zutreffend *Haas,* a.a.O., S. 96, der seine Auffassung allerdings damit begründet, daß „das Kommunalrecht dem Bundeszugriff verschlossen" sei (ähnlich *Becker,* BayVerwBl., a.a.O., unter II, Abs. 2). Entsprechend dieser Begründung meint *Haas* weiter, auf Grund des Art. 84, Abs. 1 GG ergehende Landesgesetze könnten den Gemeinden die Ausführung von Bundesgesetzen als Selbstverwaltungsangelegenheiten zuweisen, denn „Art. 28 macht es diesen (nicht dem Bunde) allerdings zur Pflicht, örtliche Aufgaben den Gemeinden zuzuweisen oder zu belassen" (ebenda). *Haas* verkennt, daß in den Fällen, in denen die Ausführung der Bundesgesetze eine eigene Angelegenheit der Länder ist, kraft des Art. 83 GG Angelegenheiten der örtlichen Gemeinschaft i. S. des Art. 28, Abs. 2 GG überhaupt nicht vorliegen. Eben deshalb kann aber die Annahme, eine bundesrechtliche Zuweisung der Gesetzesausführung an die Gemeinden als Selbstverwaltungsangelegenheiten sei unzulässig, nicht mit dem Hinweis auf mangelnde kommunalrechtliche Zuständigkeit des Bundes, sondern allein dadurch gerechtfertigt werden, daß eine solche Zuweisung die durch Art. 83 GG gezogenen Grenzen der Regelungsbefugnis des Bundes aus Art. 84, Abs. 1 GG überschreiten würde. Auf die Frage, ob dem Bund Gesetzgebungszuständigkeiten zur Regelung des Kommunalverfassungsrechts zustehen, kommt es im Rahmen der Art. 83 und 84, Abs. 1 GG nicht an, weil der Bund auch bei Bejahung dieser Frage von diesen Zuständigkeiten im Rahmen der erwähnten Bestimmungen keinen Gebrauch machen dürfte. Richtig ist an der Auffassung von *Haas* deshalb nur soviel, daß aus Art. 84, Abs. 1 GG keine Zuständigkeit des Bundes zur Regelung des Kommunalverfassungsrechts abgeleitet werden kann. — Aus denselben Gründen abzulehnen *von Hausen,* DöV, a.a.O., S. 3 und 5 f. Dieser übersieht wie *Haas,* jedoch mit entgegengesetzter Tendenz, daß der zur eigenen Angelegenheit der Länder erklärte Gesetzesvollzug (Art. 83 GG) keine Angelegenheit der örtlichen Gemeinschaft i. S. des Art. 28, Abs. 2 GG ist, und daß deshalb die die Organisation und das Verfahren des landeseigenen Gesetzesvollzuges regelnden Bundesgesetze (vgl. Art. 84, Abs. 1 GG) den Gemeinden den Vollzug von Bundesgesetzen — im Gegensatz zu der Auffassung *von Hausens* — nicht als Selbstverwaltungsangelegenheit zuweisen dürfen.

13 Dies gilt freilich nur, soweit die Länder nach Art. 83 GG zuständig sind, nicht dagegen in den Fällen, in denen die Gemeinden auf Grund von Bundesgesetzen als Selbstverwaltungskörperschaften tätig werden dürfen, weil der Bundesgesetzgeber auf Grund der Art. 73 ff. GG bestimmte, den Angelegenheiten der örtlichen Gemeinschaft i. S. des Art. 28, Abs. 2 GG zuzurechnende Angelegenheiten regeln kann. Vgl. dazu unter B I 4.

14 Ebenso *Maunz* in *Nawiasky*-Festschrift, S. 266; *Rohwer-Kahlmann,* a.a.O., S. 223; *Schäfer,* AöR, a.a.O., S. 39; *Gerner,* a.a.O., S. 194 u. a. Diese Auffassung wird auch vom Bundesrat vertreten (vgl. StenBer. über die 136. BR-Sitzung, S. 33 c). *Füsslein,* a.a.O., S. 2/3, sieht in diesen Instituten „nur" (?) eine „Typenabart" (a.a.O., S. 2, vorletzter Abs.), die eine „Mitwirkung des Bundes bei einem Verwaltungsakt des Landes" einräume (a.a.O., S. 2, Abs. 5), meint also, die Eigenverantwortlichkeit der Länder

Vetorechte und Einvernehmenserfordernisse in einem Verfahrensgesetz nach Art. 84 Abs. 1 GG anzuordnen, ist nicht etwa deshalb zulässig, weil Art. 84 Abs. 5 GG die Möglichkeit vorsieht (durch zustimmungsbedürftiges Bundesgesetz) sogar Bundeszuständigkeiten zur Erteilung von Einzelweisungen zu schaffen. Die Zulässigkeit einer gesetzlichen Einführung jener Zustimmungsrechte, Vetorechte und Einvernehmenserfordernisse im Rahmen von Verfahrensgesetzen nach Abs. 1 kann auch nicht aus der Zulässigkeit der Einrichtung von Einzelweisungsrechten gemäß Abs. 5 begründet werden; weder kann sie daraus hergeleitet noch kann sie damit verknüpft werden[15]. Denn das Nichtbefolgen der Einzelweisung berührt als solches[16] die Gültigkeit des weisungswidrig gesetzten Vollzugsaktes nicht, wohingegen der Mangel der Zustimmung, die Einlegung des Vetos und das Nicht-Einvernehmen den Vollzugsakt als solchen nicht gültig zustande kommen lassen würden, und zwar unabhängig davon, ob diese Ungültigkeit als „Nichtigkeit" ohne weiteres oder als „Anfechtbarkeit" in einem förmlichen Verwaltungs- bzw. verwaltungsgerichtlichen Verfahren geltend gemacht werden könnte. Daran zeigt sich, daß die Weisung einerseits, die Zustimmung, das Veto und das Einvernehmen anderseits qualitativ[17] verschieden sind, infolgedessen aber aus der Zulässigkeit jener nicht auf die Zulässigkeit dieser geschlossen werden darf.

Eine weitere Grenze finden die gemäß Art. 84 Abs. 1 GG[18] zu erlassenden Verfahrensgesetze darin, daß sie keinen durchgehenden (außergerichtlichen) Rechtsmittelzug von Landesbehörden zu Bundesbehörden eröffnen dürfen[19]. Dies würde die Zuständigkeit für die end-

---

bleibe insoweit unberührt (a.a.O., S. 3, Abs. 2). Einschränkend dann allerdings a.a.O., S. 3 f. unter IV.

[15] So aber *Köttgen*, DÖV 1955, S. f., der insoweit von einer „rechtstechnischen Perfektionierung" der in Art. 84, Abs. 5, GG zugelassenen Weisungsrechte spricht. Ähnlich *Forsthoff*, Rechtsgutachten, S. 20; *Hamann*, a.a.O., Erl. B 7 zu Art. 83, S. 362, wohl auch *Maunz*, Staatsrecht[10], S. 206.

[16] Ein weisungs- und gesetzwidriger Verwaltungsakt wäre zwar nichtig bzw. anfechtbar; dies jedoch wegen seiner Gesetzwidrigkeit, nicht wegen seiner Weisungswidrigkeit.

[17] Daran ändert nichts, daß das Weisungsrecht gemäß Art. 84, Abs. 5, GG ebenso wie die hier betrachteten Institute der Zustimmung, des Vetos und des Einvernehmens eine spezifische Verwaltungszuständigkeit (*Köttgen*, DÖV 1955, S. 489) ist. Denn auch innerhalb von Verwaltungszuständigkeiten sind qualitative Unterscheidungen möglich. Sie sind insbesondere dann gegeben, wenn verschiedene Verwaltungshandlungen verschiedene Rechtswirkungen äußern; denn qualitativ gleiche Verwaltungshandlungen ziehen notwendig gleiche Rechtswirkungen nach sich.

[18] Die entsprechenden Probleme des Art. 87, Abs. 3, GG bleiben hier zunächst außer Betracht. Deshalb sind auch die Ausführungen derjenigen Autoren, die aus der Sicht gerade dieser Bestimmung argumentieren, hier noch nicht zu würdigen.

[19] Vgl. z. B. *Gerner*, a.a.O., S. 194; *Köttgen*, DÖV 1955, S. 488; *Maunz*, Staatsrecht[10], S. 206.

gültige Vollzugsentscheidung auf den Bund verlagern und damit eine Auftragsverwaltung[20] einführen, d. h. die Landeszuständigkeit beseitigen und die Bundeszuständigkeit im Rahmen der Reichweite der Rechtsmittelentscheidung des Bundes begründen[21]. Die Zulässigkeit eines durchgehenden Instanzenzuges von Landesbehörden zu Bundesbehörden kann auch nicht aus dem Rechtsgedanken des Art. 84 Abs. 5 GG — Erteilung von Einzelweisungen — hergeleitet werden. Denn wenn auf Grund dieser Bestimmung auch — wie noch zu zeigen sein wird[22] — die Landeszuständigkeit beseitigt und eine Bundeszuständigkeit begründet werden kann, so gestattet sie doch nicht die Einweisung von Bundesbehörden in extern wirkende Vollzugsfunktionen[23]. Die Einführung eines durchgehenden (außergerichtlichen) Instanzenzuges von Landesbehörden zu Bundesbehörden würde dagegen gerade extern wirkende Vollzugsfunktionen des Bundes begründen, also über die Grenzen des — das Gefüge des Art. 84 GG ohnehin sprengenden — Art. 84 Abs. 5 GG hinausgehen.

Formen einer Einbeziehung von Bundesbehörden in die Verwaltungsführung der Länder, welche die Vollzugsbehörden der Länder weder binden noch für das Zustandekommen der Vollzugsakte dieser Behörden rechtserheblich sind, dürfen dagegen angeordnet werden. So bestehen keine Bedenken, wenn das Anhören von Bundesbehörden vorgeschrieben[24] oder wenn angeordnet wird, daß sich die Landesbehörden mit Bundesbehörden ins Benehmen[25] zu setzen haben. Desgleichen wird man gesetzlich angeordnete Pflichten der Länder zur Aktenvorlage und Erstattung von Berichten jedenfalls insoweit als zulässig ansehen müssen, als sie im Zusammenhang mit der Aufsicht gemäß Art. 84 Abs. 3 und 4 GG und eines gesetzlich statuierten Weisungsrechts gemäß Art. 84 Abs. 5 GG stehen. Darauf soll hier aber nicht näher eingegangen werden.

bb) *Die Abs. 2 und 5 des Art. 84 GG lösen das* auf Grund der bisher betrachteten Vorschriften systematisch klar umrissene *Gebilde der landeseigenen Ausführung von Bundesgesetzen* insofern *auf*, als die

---

[20] Aufschlußreich *Köttgen*, DÖV 1955, S. 488: „Kopie des Landesrechts, das in kommunalen Auftragsangelegenheiten ... die Beschwerde an die zuständige Staatsbehörde vorsieht."

[21] Das ist im Rahmen der Erörterung der Bundesauftragsverwaltung der Länder (unten B I 2) näher darzulegen.

[22] Vgl. unten bb in den beiden letzten Absätzen.

[23] So auch *Köttgen*, DÖV 1955, S. 488, 1. Sp., Abs. 1, dort allerdings nur in bezug auf den hier nicht besonders behandelten sog. „zusammengesetzten Verwaltungsakt". Seine unmittelbar darauf folgende Bemerkung, eine Vollzugsspaltung sei gestattet, „die ein bestimmtes Bundesgesetz partiell in bundeseigene Verwaltung verweist", bezieht sich offensichtlich auf Art. 87 GG.

[24] So auch *Köttgen*, DÖV 1955, S. 487.

[25] So von *Mangoldt*, a.a.O., Anm. 2, Abs. 2, zu Art. 84, S. 454.

grundgesetzliche Bundeszuständigkeit zum Erlaß von allgemeinen Verwaltungsvorschriften (Abs. 2) und die grundgesetzliche Möglichkeit, durch zustimmungsbedürftiges Bundesgesetz Bundeszuständigkeiten zur Erteilung von Einzelweisungen zu schaffen (Abs. 5), organisations- und verfahrensrechtliche Elemente in das Gefüge der landeseigenen Gesetzesausführung einbringen, die im Verhältnis des Bundes zu den Ländern allein im Bereich der Auftragsverwaltung ihren systematischen Standort haben und nur von dort her zu verstehen sind.

Betrachtet man den *Abs. 2*, so hat es auf den ersten Blick den Anschein, als ob diese Bestimmung denselben Sinn haben und damit für die in ihr geregelten Gemeinschaftsaufgaben dieselben Abgrenzungsgesichtspunkte enthalten könnte wie der Abs. 1[26]. Die Organisations- und die Verfahrensgesetze i. S. des Abs. 1 haben aber eine ganz andere Funktion als die allgemeinen Verwaltungsvorschriften i. S. des Abs. 2. Wie dargelegt, ergänzen die Organisations- und die Verfahrensgesetze die auszuführenden Gesetze nach dem Maßstab der auf die staatliche Einheit des Zentralstaats bezogenen Gleichheit aller Gesetzesunterworfenen hinsichtlich der Modalitäten des Gesetzesvollzuges[27]. Sie dienen der Wahrung des rechtsstaatlichen Gebotes der Gleichheit aller vor dem Gesetz und sind ihrer Intention nach auf eine erschöpfende Wahrung dieses Gebotes hin angelegt. Das bedeutet, daß dort, wo die Regelungsintensität des mit der Autorität des formellen Gesetzes auftretenden Organisations- und Verfahrensrechts endet, die dann noch möglichen Spielarten der Verwaltungsorganisation und des Verwaltungsverfahrens gleichermaßen das Gleichheitsgebot erfüllen, und daß mithin die Wahl dieser oder jener Spielart nicht mehr eine Frage der Verwirklichung des Rechtswertes der Gleichheit, sondern nur eine Frage der Zweckmäßigkeit und damit des Verwaltungsermessens ist.

Der Unterschied zwischen den Organisations- und den Verfahrensgesetzen i. S. des Abs. 1 und den allgemeinen Verwaltungsvorschriften i. S. des Abs. 2 ist also nicht nur formell: Während die Organisations- und die Verfahrensgesetze durch Regelung der Modalitäten des Vollzuges die Gleichheit aller vor dem auszuführenden Gesetz nach dem Maßstab der staatlichen Einheit des Zentralstaats gewährleisten sollen, haben die allgemeinen Verwaltungsvorschriften die Aufgabe, die innerhalb dieser gesetzlichen Regelung möglichen und mithin hinsichtlich der Wahrung des Gleichheitsgebotes gleichwertigen Spielarten unter dem Gesichtspunkt der Zweckmäßigkeit und der Anpassung an die wechselnden Verhältnisse festzulegen. Der die Organi-

---

[26] Die allgemeinen Verwaltungsvorschriften i. S. des Abs. 2 enthalten Spezialisierungen und Konkretisierungen der Organisations- und der Verfahrensgesetze i. S. des Abs. 1. Sie scheinen sich deshalb auf den ersten Blick nur in bezug auf ihren Rang von diesen zu unterscheiden.

[27] Vgl. oben vor, zu und in Anm. 9.

sations- und die Verfahrensgesetze des Bundes i. S. des Abs. 1 rechtfertigende rechtsstaatliche Gesichtspunkt der notwendigen Wahrung des Gleichheitssatzes spielt beim Erlaß der allgemeinen Verwaltungsvorschriften deshalb keine Rolle, weil jede allgemeine Verwaltungsvorschrift, die sich im Rahmen der nach Abs. 1 ergangenen Gesetze hält, den Gleichheitssatz wahrt.

Für eine Zuerkennung von Zuständigkeiten zum Erlaß allgemeiner Verwaltungsvorschriften an den Bund fehlt im Rahmen der landeseigenen Ausführung von Bundesgesetzen jeder Grund, weil jede der von den Ländern in Übereinstimmung mit den Organisations- und den Verfahrensgesetzen des Bundes angeordnete allgemeine Verwaltungsvorschrift — auch bei Abweichungen zwischen den einzelnen Ländern — aus den angegebenen Gründen den Gleichheitssatz wahrt. Entsprechendes gilt aber auch in den Fällen, in denen der Bund kein Organisations- und/oder Verfahrensgesetz erlassen hat. Denn darin kommt zum Ausdruck, daß insoweit alle denkbaren Verfahrensspielarten unter dem Gesichtspunkt der Wahrung des Gleichheitssatzes zulässig sind.

Die Zuweisung der Zuständigkeit zum Erlaß allgemeiner Verwaltungsvorschriften an den Bund zerstört im Rahmen ihrer Reichweite die Zäsur, die Art. 83 GG durch Zuerkennung körperschaftlicher Verwaltungszuständigkeiten an die Länder zwischen diesen und dem Bunde geschaffen hat, und ordnet die Bundesregierung insoweit den Ländern als zentrale Verwaltungsinstanz unmittelbar vor. Diese Vorordnung der Bundesregierung und damit des Bundes hinsichtlich der Steuerung der Verwaltungsführung durch allgemeine Verwaltungsvorschriften zeigt, daß die Länder insoweit eine eigene körperschaftliche Verbandskompetenz nicht mehr besitzen, sondern daß diese insoweit beim Bunde liegt, weil dieser endgültig und die allgemeinen Verwaltungsvorschriften der Länder ausschaltend über den Inhalt der allgemeinen Verwaltungsvorschriften befindet. Die Länder sind insoweit — ebenso wie im Rahmen der noch näher zu erörternden Bundesauftragsverwaltung — auf die Stufe von Bundesorganen herabgedrückt, die der Bundesregierung unmittelbar nachgeordnet und unterstellt sind.

Auf diese Weise ist der landeseigene Bereich der Gesetzesausführung allein auf das Setzen der extern wirkenden Vollzugsakte beschränkt. Damit ist aber das Institut der landeseigenen Ausführung von Bundesgesetzen durch Aufnahme systemfremder Elemente schon so weit aus dem Gleichgewicht gebracht, daß es nur noch eines geringen Anstoßes bedarf, um es völlig in das Institut des unmittelbaren Bundesvollzuges in der Form der Auftragsverwaltung des Bundes durch die Länder umschlagen zu lassen.

Diesen Anstoß geben die nach *Abs. 5* zulässigen Bundesgesetze, die für den Bereich der durch sie vorgesehenen Weisungsrechte eine unmittelbare Bundesverwaltung in der Form der Bundesauftragsverwaltung der Länder statuieren. Denn diese Gesetze unterstellen die Landesbehörden unmittelbar einer Zentralbehörde, die im Rahmen der ihr verliehenen Weisungsrechte die endgültige Entscheidung im Einzelfall trifft.[28]. Im Rahmen dieser Unterstellung besteht eine körperschaftliche Verbandskompetenz der Länder nicht mehr. Diese hat das Nichtbestehen von Weisungsrechten zur notwendigen Voraussetzung, wie auch umgekehrt Weisungsrechte einer Körperschaft, insbesondere eines Staates, das Innehaben der Verwaltungskompetenz als Verbandskompetenz deshalb herbeiführen, weil sie die endgültige Entscheidungsmöglichkeit der weisungsberechtigten Körperschaft bzw. des weisungsberechtigten Staates begründen. Daß das Grundgesetz die gemäß Art. 84 Abs. 5 GG begründbaren Weisungsrechte im Gegensatz zu den durch Art. 85 Abs. 3 GG begründeten Weisungsrechten der Bundesregierung und nicht den „zuständigen obersten Bundesbehörden" zuerkennt, läßt freilich den Schluß zu, daß der Bundesverfassunggeber der Auffassung gewesen ist, die Weisungsrechte des Art. 84 Abs. 5 GG ließen sich einerseits der der Bundesregierung anvertrauten Bundesaufsicht eingliedern, anderseits von den Weisungsrechten des Art. 85 Abs. 3 GG begrifflich trennen.

Das Weisungsrecht des Bundes gegenüber den Ländern kann aber nur entweder ein Institut der Bundesaufsicht über die Länder oder aber ein Institut der unmittelbaren Verwaltungsführung des Bundes sein, nicht aber (gemäß Art. 84 Abs. 5 GG) der Bundesaufsicht und (gemäß Art. 85 Abs. 3 GG) der unmittelbaren Bundesverwaltung eingeordnet werden. In diesen Regelungen kommen — wie im Abschnitt VIII des Grundgesetzes überhaupt — tiefgreifende Unsicherheiten und Unklarheiten des Verfassunggebers über die rechtslogischen Beziehungen zwischen den von ihm gesetzten Rechtsinstituten zum Ausdruck. Im ganzen gesehen kann auch aus der hier vertretenen Sicht des Instituts der landeseigenen Verwaltung die durch Art. 84 Abs. 5 GG geschaffene Lage nicht treffender ausgedrückt werden als durch die Feststellung Hans *Nawiaskys*: „Ein derartiges Befehlsrecht steht in einem Rechtsstaat nicht einmal der Staatsregierung in bezug

---

[28] Zwar ist richtig, daß das Weisungsrecht nach Art. 84, Abs. 5, GG nicht „als ein Behelfsmittel des laufenden Geschäftsgangs verwandt werden darf" (*Köttgen*, JöR, a.a.O., S. 86), — das wird schon durch die Zulässigkeit der Normierung dieses Weisungsrechts nur „für besondere Fälle" ausgeschlossen —; es kann aber nicht bestritten werden, daß die Weisung — im Gegensatz zu der Auffassung *Köttgens* — dort, wo sie zulässigerweise ergeht, eben doch „ein Surrogat bundesministerieller Verwaltungsakte" (so *Köttgen*, ebenda) ist, weil sie das Land bei der Entscheidung des weisungsbetroffenen Einzelfalles bindet.

auf den Bereich des eigenen Wirkungskreises der Gemeinden zu. Die Länder werden also hier auf einen niedrigeren Status als den der untersten Stufe der Selbstverwaltungskörper herabgedrückt[29]."

2. *Bundesauftragsverwaltung der Länder*

Auch bei der *Bundesauftragsverwaltung der Länder* muß zunächst geprüft werden, ob diese nach dem Grundgesetz überhaupt eine Gemeinschaftsaufgabe darstellt (a). Erst wenn und soweit diese Frage bejaht worden ist, kann weiter der Beteiligunsanteil von Bund und Ländern an der Bewältigung dieser Gemeinschaftsaufgabe im Rahmen des Grundgesetzes ermittelt werden (b).

a) *Ob* die Bundesauftragsverwaltung der Länder eine *Gemeinschaftsaufgabe* ist, läßt sich nicht so leicht feststellen wie bei der landeseigenen Ausführung von Bundesgesetzen. Denn der Rechtscharakter der Bundesauftragsverwaltung der Länder wird durch den Ausdruck „Auftragsverwaltung" eher verhüllt als aufgedeckt. Dieser an die zivilrechtliche Rechtsfigur des Auftrags erinnernde terminus läßt den Eindruck entstehen, als ob sich im Rahmen der Auftragsverwaltung selbständige Rechtspersönlichkeiten in der Stellung des „Auftraggebers" und des „Beauftragten" gegenüberstünden. Diese Vorstellung läßt sich jedoch nicht auf das öffentliche Organisationsrecht übertragen, weil die Rechtspersönlichkeit der Subjekte des öffentlichen Organisationsrechts mangels eines diesbezüglichen realen Substrats von diesem Recht nicht vorgefunden, sondern überhaupt erst und nur in gerade dem Umfang begründet wird, in dem einem bestimmten organisatorischen Gebilde eigenständige Zuständigkeiten zuerkannt werden. Dies ermöglicht es, ein und dasselbe organisatorische Gebilde in der einen Beziehung organisatorisch zu verselbständigen — d. h. ihm durch Zuweisung einer Verbandskompetenz/Trägerkompetenz die Stellung einer eigenständigen Rechtspersönlichkeit zu geben —, und dieses Gebilde gleichzeitig in anderer Beziehung durch Zuweisung einer bloßen Organzuständigkeit in die Organisation eines anderen Verbandes einzugliedern.

Die Rechtsfigur der Auftragsverwaltung ist Ausdruck der letztgenannten Gestaltungsmöglichkeit[30]. Sie beruht auf dem Gedanken, daß die Ausübung einer in die Verbandskompetenz/Trägerkompetenz der einen Körperschaft fallenden Aufgabe durch Einrichtungen organschaftlich wahrgenommen werden kann, die bereits außerhalb der Organisation der „beauftragenden" Körperschaft — sei es als Körper-

---

[29] a.a.O., S. 44. — Der zweite Satz des Zitates steht im Original gesperrt gedruckt.

[30] So für die Reichsauftragsverwaltung der Länder unter der Weimarer Reichsverfassung, *Anschütz*, a.a.O., Anm. 4 zu Art. 14, S. 111.

schaften oder als Organe von Körperschaften — vorhanden sind. Die Auftragsverwaltung ist deshalb ein Ausdruck von Sparsamkeit und rationeller Organisation. Denn sie erspart der „beauftragenden" Körperschaft den Aufbau eines eigenen Behördensystems dadurch, daß ursprünglich körperschaftsfremde Einrichtungen als Substituten eines eigenen Behördensystems der beauftragenden Körperschaft benutzt werden, weil sie sich nach ihrem Aufbau und (oder) im Hinblick auf ihren bisherigen Aufgabenbereich auch zur Erfüllung der Aufgaben eignen, mit denen sie nunmehr „beauftragt" werden sollen. Die Auftragsverwaltung ist deshalb auch nur sinnvoll, insoweit sie nicht zur Schaffung neuer Behörden führt.

Daß die „Beauftragung" nichts anderes als die Zuweisung organschaftlicher Zuständigkeiten bedeutet, haben § 166 der *Stein*schen Städteordnung von 1808 hinsichtlich der organschaftlichen Eingliederung von Einrichtungen, die im übrigen Organe fremder Körperschaften waren[31], und Art. 72 Abs. 1 der Preußischen Verfassung von 1920 hinsichtlich von Einrichtungen, die im übrigen Körperschaften waren[32], klar beschrieben.

Während die „beauftragten" Einrichtungen nur Organzuständigkeiten erhalten[33], *verbleibt die Verbandskompetenz/Trägerkompetenz bei der „beauftragenden" Körperschaft.* Diese Tatsache findet ihren institutionellen Ausdruck in der unmittelbaren Nachordnung der „beauftragten" Einrichtungen unter Behörden der „beauftragenden" Körperschaft, die im Regelfall[34] durch ein unbeschränktes Weisungsrecht[35] der „beauftragenden" Körperschaft begründet wird. Dieses

---

[31] „Dem Staate bleibt vorbehalten, in den Städten eigene Polizeibehörden anzuordnen oder die Ausübung der Polizei dem Magistrat zu übertragen, der sie sodann vermöge Auftrages ausübt. So wie die besonderen Polizeibehörden, welche in den Städten angeordnet werden, unter den oberen Polizeibehörden stehen, so steht der Magistrat, welcher die Polizei vermöge Auftrages erhält, unter diesen höheren Behörden rücksichtlich alles dessen, was auf die Polizeiübung Bezug hat. Die Magistrate werden in dieser Hinsicht als Behörde des Staates betrachtet."

[32] „Die Provinzen verwalten nach Maßgabe des Gesetzes durch ihre eigenen Organe: a) selbständig die ... eigenen Angelegenheiten (Selbstverwaltungsangelegenheiten); b) als ausführende Organe des Staates die ihnen übertragenen staatlichen Angelegenheiten (Auftragsangelegenheiten)."

[33] *Köttgen* spricht zutreffend davon, daß die Länder im Rahmen einer Bundesauftragsverwaltung „nach dem Wortlaut des Grundgesetzes nicht ihre ‚eigenen', also offenbar fremde Angelegenheiten zu führen haben (Art. 85)" (JöR, a.a.O., S. 92), und daß sich mit einer Auftragsverwaltung „*instrumentale* Abhängigkeiten des Auftragsempfängers" verbinden (Die Gemeinde und der Bundesgesetzgeber, S. 80; Hervorhebung nur hier).

[34] Eine andere — mit dem Weisungsrecht gegebenenfalls kombinierbare — Möglichkeit besteht in der Errichtung eines durchlaufenden Rechtsmittelzuges zu Behörden der „beauftragenden" Körperschaft.

[35] Nicht recht verständlich deshalb *Maunz*, Staatsrecht[10], S. 207: „Die Landesverwaltung im Auftrag des Bundes ist in Wahrheit eine Landesverwaltung nach *Weisung des Bundes*. Der Bund erteilt nämlich keine

Weisungsrecht „durchschlägt" die etwa in sonstiger Hinsicht bestehende körperschaftliche Selbständigkeit der „beauftragten" Einrichtung, indem es nach Maßgabe seiner Reichweite die endgültige Entscheidung der „beauftragenden" Einrichtung vorbehält. Die etwa im übrigen bestehende körperschaftliche Selbständigkeit der „beauftragten" Einrichtung kommt deshalb im Rahmen des Weisungsrechts der „beauftragenden" Einrichtung nicht zur Auswirkung.

Das bedeutet, daß die sogenannte „beauftragte" Körperschaft gar nicht als solche „beauftragt" wird, sondern daß kraft des sogenannten „Auftrages" bestimmte Instanzen oder Instanzenzüge organschaftlich in die Organisation der „beauftragenden" Körperschaft eingefügt werden.

In dieser Weise ist auch die Auftragsverwaltung i. S. des Art. 85 GG zu verstehen[36/37]. Das auf die „zuständigen obersten Bundesbehörden" gestellte umfassende Weisungsrecht des Art. 85 Abs. 3 GG kennzeichnet *die in das Gefüge der Auftragsverwaltung einbezogenen Landesstellen* als *bloße Substituten einer bundeseigenen Behördenorganisation und damit* als *Bundesorgane*. Daran ändert auch nichts, daß die Weisungen, außer wenn die Bundesregierung es für dringlich erachtet, an die obersten Landesbehörden zu richten sind. Denn einmal zeigt insbesondere die Vorschrift des Art. 85 Abs. 3 Satz 2 GG, daß die obersten Bundesbehörden jede in die Organisation der Bundesauftragsverwaltung einbezogene Landesbehörde anweisen können, wenn sie auch die Weisung über die zuständigen obersten Landesbehörden leiten müssen; zum zweiten liegt es nach Art. 85 Abs. 3 Satz 1 GG im Ermessen der Bundesregierung, ob sie den Fall für so dringlich erachtet, daß ein unmittelbares Übermitteln der Weisung an die angewiesene Behörde erforderlich ist. Es handelt sich also bei der Bundesauftragsverwaltung weder um eine „echte Landesverwaltung"[38], noch um eine „mittelbare Bundesverwaltung"[39], noch um eine „gemeinsame Verwaltung"[40] des Bundes und der Länder[41], also insoweit auch *nicht* um eine *„Gemeinschaftsaufgabe"*.

Aufträge an die Länder (und es gibt weder Selbstverwaltungs- noch Auftragsangelegenheiten des Landes), sondern er kann lediglich Weisungen erlassen."

[36] So im Grundsatz *von Mangoldt*, a.a.O., Anm. 2 zu Art. 85, S. 460/61; vgl. aber unten zu Anm. 39.

[37] Nur diese soll hier als Modell der Bundesauftragsverwaltung betrachtet werden.

[38] So *Hamann*, a.a.O., Erl. A, Abs. 1 zu Art. 85, S. 367; *Herrfahrdt* in Bonner Kommentar, Erl. I zu Art. 85; *Maunz*, Staatsrecht[10], S. 207 i. V. mit S. 205 (vgl. dazu oben zu Anm. 35).

[39] So in der Sache *von Mangoldt*, a.a.O., Anm. 2 Abs. 1 zu Art. 85, S. 460/61.

[40] So *Schäfer*, DÖV 1960, S. 646.

[41] Unklar *Kölble*, DÖV 1959, S. 810, der annimmt, daß die Bundesauftragsverwaltung der Länder, „wenn sie auch nicht generell als unmittel-

Die Annahmen, es handele sich um eine „echte Landesverwaltung“ (so Andreas *Hamann)* oder um eine „mittelbare Bundesverwaltung“ (so Hermann *von Mangoldt*) haben trotz ihres unterschiedlichen Gehalts zur gemeinsamen Voraussetzung, daß die Verbandskompetenz/Trägerkompetenz bei den Ländern liegt. Diese Voraussetzung ist jedoch infolge des Weisungsrechts des Art. 85 Abs. 3 GG nicht gegeben, das die endgültige Entscheidung bezüglich jeder beliebigen Angelegenheit auf dem Gebiete der Bundesauftragsverwaltung — und mithin die Verbandskompetenz/Trägerkompetenz — dem Bunde zuweist. Die Auffassung, es liege eine „gemeinsame Verwaltung“ von Bund und Ländern (so Hans *Schäfer*) vor, setzt voraus, daß die Verbandskompetenz/Trägerkompetenz zwischen dem Bund und jeweils einem Lande geteilt ist. Auch diese Voraussetzung ist infolge des Art. 85 Abs. 3 GG nicht gegeben.

Von daher und bis dahin gesehen scheinen im Bereiche der Bundesauftragsverwaltung Gemeinschaftsaufgaben i. S. der Themafrage nicht vorzuliegen. Jedoch stehen sich *im Bereiche des Art. 85 Abs. 2 Sätze 2 und 3 GG* — Befugnis zur Regelung der einheitlichen Ausbildung der Beamten und Angestellten; Bestellung der Mittelbehörden-Leiter im Einvernehmen mit der Bundesregierung — *Bund und Länder in einem Gemeinschaftsaufgaben-Verhältnis* gegenüber.

Die mit Organzuständigkeiten zur Wahrnehmung von Bundeshoheiten versehenen Landesbehörden sind nämlich nach dem Grundgedanken der Auftragsverwaltung solche, die primär zur Erfüllung von Landesaufgaben geschaffen und dementsprechend mit Bediensteten besetzt sind, die der Personalhoheit des Landes — insbesondere hinsichtlich ihrer Berufung und Abberufung in die bzw. aus den von ihnen versehenen Stellen — unterstehen. Da es sich bei der Bundesauftragsverwaltung um eine Sonderform bundesunmittelbarer Verwaltung handelt, bei der die „beauftragten“ Stellen als Substituten einer bundeseigenen Behördenorganisation tätig werden, liegt es im Interesse des Bundes, daß er auch auf die Besetzung der zu Bundesorganen erklärten Landesstellen Einfluß zu nehmen sucht. Hier liegt die unter dem Gesichtspunkte der Gemeinschaftsaufgaben wesentliche und erhebliche Stelle der Bundesauftragsverwaltung der Länder. Denn wird dem Bunde die Einflußnahme auf die personelle Besetzung der „beauftragten“ Einrichtungen eingeräumt, so wird damit in die Per-

bare Bundesverwaltung angesehen“, doch kraft diesbezüglicher ausdrücklicher gesetzlicher Anordnnug als „Wahrnehmung unmittelbarer Bundesaufgaben“ qualifiziert werden könne. Darauf kann es aber nicht ankommen, weil die durch Art. 85 GG geformte rechtliche Struktur der Bundesauftragsverwaltung der Länder stets dieselbe ist, unabhängig davon, ob ein einfaches Gesetz die Bundesauftragsverwaltung — zulässiger- oder unzulässigerweise — zur „Wahrnehmung unmittelbarer Bundesaufgaben“ erklären würde oder nicht.

sonalhoheit der Länder empfindlich eingegriffen. Wird nämlich der Walter der Institution, die einerseits als Landesorgan Landesaufgaben — insbesondere staatliche Aufgaben des Landes —, anderseits als Bundesorgan Bundesaufgaben zu erfüllen hat, unter Mitwirkung des Bundes angestellt, so bedeutet das, daß der Bund auf die personelle Besetzung der Stelle auch insoweit Einfluß nimmt, als diese Landesaufgaben wahrzunehmen hat. Ein und dieselbe Anstellung weist in dem beschriebenen Fall den Ernannten in beide Funktionsbereiche — in den des Bundes und in den des Landes — ein. Deshalb liegt in Art. 85 Abs. 2 Satz 3 GG, wonach im Bereich der Bundesauftragsverwaltung die Leiter der Mittelbehörden im Einvernehmen mit der Bundesregierung zu bestellen sind, die Anordnung einer Gemeinschaftsaufgabe vor.

In ähnlicher Weise zeigt auch Art. 85 Abs. 2 Satz 2 GG, daß die Bundesauftragsverwaltung der Länder, obwohl eine Sonderform der bundesunmittelbaren Verwaltung, nicht von aller Gemeinschaftsaufgaben-Problematik frei ist. Denn einerseits kann die einheitliche Ausbildung der Beamten und Angestellten nur sinnvoll bundeseinheitlich geregelt werden, insoweit eine einheitliche Bundesverwaltung besteht, d. h. insoweit die Verwaltung nicht eine „eigene Angelegenheit“ der Länder ist. Anderseits unterliegen aber die einheitlich auszubildenden Beamten und Angestellten nach wie vor der Personalhoheit der Länder.

b) Inwieweit lassen sich bei diesem recht eingeschränkten Auftreten von Gemeinschaftsaufgaben im Bereich der Bundesauftragsverwaltung der Länder noch *Grenzen der Beteiligung von Gemeinschaftsaufgaben-Partnern an der Wahrnehmung der Gemeinschaftsaufgaben* feststellen? Man kann dazu nur sagen, daß sich die verschiedenen persönlichen Einflüsse und Ausstrahlungen, die sich zufolge der Sätze 2 und 3 des Art. 85 Abs. 2 GG ergeben, der Grundstruktur der Bundesauftragsverwaltung der Länder als einer Sonderform der bundesunmittelbaren Verwaltung einfügen müssen. Der verfassungsrechtlichen, insbesondere der verfassungsrechtspraktischen, Abgrenzung sind solche Einflüsse und Ausstrahlungen aber weitgehend entzogen.

c) Nicht mit der Abgrenzung der Beteiligung von Bund und Ländern an Gemeinschaftsaufgaben, wohl aber mit der *Abrundung der behandelten Problematik* überhaupt und mit dem Verhältnis zur landeseigenen Ausführung von Bundesgesetzen im Lichte dieser Problematik haben wir es im *institutionellen Bereich des Art. 85 GG* zu tun. Hier folgt aus der Einordnung der Bundesauftragsverwaltung der Länder als einer Sonderform der bundesunmittelbaren Verwaltung eine Reihe von Erkenntnissen, die zwar nicht genau zum Thema „Verfassungsrechtliche Grenzen der Gemeinschaftsaufgaben“ gehören, die aber doch gerade im Zusammenhang jener rechtlichen Bewertung der Bundesauftragsverwaltung der Länder interessieren. Sie seien im folgenden kurz angedeutet:

Eine *Zuständigkeit des Bundes zur Regelung des Verwaltungsverfahrens* ist in Art. 85 GG ausdrücklich nicht vorgesehen. Ein Vergleich mit dem Institut der landeseigenen Verwaltung — dessen Struktur die in Art. 84 Abs. 1 GG geregelte Zuständigkeit des Bundes zur Regelung des Verwaltungsverfahrens zwingend fordert — zeigt jedoch besser als jede Auslegung des Wortees „bleibt" i. S. des Art. 85 Abs. 1 GG, daß der Bund auch im Bereich der Bundesauftragsverwaltung die Gesetzgebungszuständigkeit zur Regelung des Verwaltungsverfahrens hat. Denn die Sonderform bundesunmittelbarer Verwaltung des Art. 85 GG erfordert in noch stärkerem Maße als die Verwaltung des Art. 84 GG ein bundeseinheitliches Verfahren. Die Nichterwährung der Zuständigkeit des Bundes zur Regelung des Verwaltungsverfahrens in Art. 85 GG muß deshalb als Redaktionsversehen gewertet werden[42].

Die *Tragweite der Organisations- und der Verfahrensgesetze* gemäß Art. 85 Abs. 1 GG reicht infolge der Struktur der Bundesauftragsverwaltung als einer Sonderform unmittelbarer Bundesverwaltung erheblich weiter als die Tragweite der Organisations- und der Verfahrensgesetze des Bundes gemäß Art. 84 Abs. 1 GG. Gesetze gemäß Art. 85 Abs. 1 GG können insbesondere das rechtswirksame Zustandekommen von Vollzugsakten der „beauftragten" Behörden von der Zustimmung durch Bundesbehörden, der Nichteinlegung eines Vetos durch Bundesbehörden oder der Herstellung eines Einvernehmens mit Bundesbehörden abhängig machen. Denn da es sich hier um die Regelung eines von Bundesorganen anzuwendenden Verfahrens handelt, können die beauftragten Behörden allen Verfahrensmodalitäten unterworfen werden, denen bei einer gedachten Verwaltungsführung durch bundeseigene Behörden auch diese unterworfen werden können[43]. Die Gegenmeinung beruht auf der unzutreffenden Voraussetzung, daß die Bundesauftragverwaltung „echte Landesverwaltung" sei[44].

Aus den angeführten Gründen bestehen auch keine Bedenken, einen *Rechtsmittelzug zu den zuständigen obersten Bundesbehörden* i. S.

---

[42] Darauf ist hier nicht näher einzugehen.

[43] Im Ergebnis ebenso *Forsthoff*, Rechtsgutachten, S. 20; *Köttgen*, DÖV 1955, S. 488 f.; *Schäfer*, AöR, a.a.O., S. 38, der zutreffend insoweit die landeseigene Ausführung von Bundesgesetzen (a.a.O., S. 39) von der Bundesauftragsverwaltung unterscheidet.

[44] *Gerner*, a.a.O., S. 194; Maunz in *Nawiasky*-Festschrift, S. 266.

des Art. 85 Abs. 3 GG zu eröffnen[45/46]. Allerdings sollte von dieser Möglichkeit im Hinblick auf die insoweit gerade geschaffene Rechtseinheit[47] nur für ganz besondere Fälle Gebrauch gemacht werden.

Im Gegensatz zu der Regelung des Art. 84 Abs. 2 GG ist die Befugnis der Bundesregierung zum *Erlaß allgemeiner Verwaltungsvorschriften* gemäß Art. 85 Abs. 2 Satz 1 GG nicht nur verfassungsrechtlich unbedenklich, sondern dem Institut der Bundesauftragsverwaltung angemessen. Denn die Bundesregierung erfüllt damit eine zentrale Verwaltungsfunktion, die ihr auch im Rahmen der bundesunmittelbaren Verwaltung durch bundeseigene Behörden zugestanden worden ist (Art. 86 GG). Fraglich kann nur sein, ob man nicht zweckmäßiger diese Befugnis den zuständigen obersten Bundesbehörden zuerkannt und auf das Zustimmungserfordernis des Bundesrates verzichtet hätte[48].

Schließlich bleibt festzustellen, daß das Institut der *Bundesaufsicht* gemäß Art. 85 Abs. 4 GG *„leerläuft"*. Denn da die Länder dem Bunde im Bereich der Bundesauftragsverwaltung nicht mehr körperschaftlich gegenüberstehen, sondern nach Maßgabe des jeweils errichteten Instanzenzuges in das Gefüge der Bundesorganisation eingegliedert sind, fällt der Gedanke der Verbandsaufsicht ins Leere.

Abgesehen davon läßt sich die in Art. 85 Abs. 4 GG eingeführte Zweckmäßigkeitskontrolle mit dem Gedanken der Verbandsaufsicht nicht vereinbaren, sondern zeigt einmal mehr, daß die im Rahmen der Bundesauftragsverwaltung inkorporierten Instanzen und Instanzenzüge der unmittelbaren Leitungsgewalt der zuständigen Bundesstellen unterstehen[49].

d) *Zusammenfassend* bleibt für die landeseigene Ausführung von Bundesgesetzen und die Bundesauftragsverwaltung der Länder zu bemerken:

Die grundgesetzliche Regelung beider Institute ist nicht bedenkenfrei. Das Grundgesetz hat die Ausgestaltung der Bundesauftragsverwaltung der Länder in Verkennung ihrer logischen und verfassungstheoretischen Zwangsläufigkeiten stark an das Institut der landes-

---

[45] So auch *Maunz,* Staatsrecht[10], S. 208.

[46] Zu Bundesoberbehörden nur nach Maßgabe des Art. 87b, Abs. 2, Satz 2, und des Art. 120a, Abs. 1 GG.

[47] Vgl. § 73, Abs. 1, Ziff. 2, und § 77, Abs. 1, VerwGO.

[48] Vgl. Art. 87 b, Abs. 2, Satz 2, und Art. 120 a, Abs. 1, GG. In diesen Bestimmungen kommt der Rechtscharakter der Bundesauftragsverwaltung insoweit institutionell klarer zum Ausdruck als in Art. 85 GG. Anders wieder Art. 87 c und Art. 87 d, Abs. 2, GG.

[49] Zutreffend *von Mangoldt,* a.a.O., Anm. 5, zu Art. 85, S. 463: Es handele sich bei der Aufsicht i. S. des Art. 85, Abs. 4, GG „überhaupt nicht um ‚echte' Bundesaufsicht im Sinne des Art. 84. Bei der Auftragsverwaltung wäre daher besser der Begriff der ‚Dienstaufsicht' verwendet worden."

eigenen Ausführung von Bundesgesetzen angenähert, wie es umgekehrt dieses Institut mit Elementen angereichert hat, die nur im Bereiche der Auftragsverwaltung Platz haben. Die grundlegenden Unterschiede dieser beiden Verwaltungsformen sind dadurch weitgehend verwischt worden. Die Vermutung Arnold *Köttgens*[50], daß „das zwischen den Artikeln 84 und 85 bestehende Gefälle voraussichtlich auf die Dauer größer sein dürfte, als der Verfassungstext vermuten läßt", und „daß die nach dem Verfassungstext nur graduellen Unterschiede zwischen den Artikeln 84 und 85 das Gewicht qualitativer Besonderung gewinnen können, wenn nicht schon gewonnen haben", hat sich in vollem Umfange bestätigt.

3. Errichtung von Bundesoberbehörden, bundesunmittelbaren Körperschaften und Anstalten des öffentlichen Rechts auf Gebieten der landeseigenen Verwaltung und der Bundesauftragsverwaltung der Länder

Art. 87 Abs. 3 Satz 1 GG gestattet dem Bunde, für Angelegenheiten, für die ihm die Gesetzgebung zusteht, *selbständige Bundesoberbehörden und bundesunmittelbare Körperschaften und Anstalten des öffentlichen Rechts* durch nicht-zustimmungsbedürftige Bundesgesetze zu errichten. Die Bestimmung bezieht sich auf alle der Bundesgesetzgebung unterliegenden Sachbereiche ohne Unterschied, in welcher Form die Verwaltung auf diesen Gebieten geführt wird. Damit ergibt sich die Frage, welche Einwirkungen des Bundes durch das Errichten der erwähnten Institutionen innerhalb der einzelnen Verwaltungsformen geschaffen werden können bzw. geschaffen werden dürfen, insbesondere, welche Gemeinschaftsaufgaben zufolge dieser Einwirkung neu auftauchen oder noch erhalten bleiben — andes ausgedrückt: welche Aufgaben also nicht in reine Bundesverwaltung fallen (a) und welche Beteiligungsanteile den einzelnen Gemeinschaftsaufgaben-Partnern bei der Bewältigung der Gemeinschaftsaufgaben zustehen (b).

a) Für die Frage, *ob überhaupt Gemeinschaftsaufgaben* neu auftauchen oder noch erhalten bleiben, sollen nacheinander die beiden zuvor behandelten Sachverhalte der landeseigenen Ausführung von Bundesgesetzen (aa) und der Bundesauftragsverwaltung der Länder (bb) behandelt werden[51].

---

[50] *Köttgen*, JöR, a.a.O., S. 97; vgl. dort auch S. 85: Die in Art. 85 GG geregelte Bundesauftragsverwaltung repräsentiere „gegenüber dem regulären Landesvollzug (Art. 84) kein minus oder maius, sondern ein aliud, wenn dem Wortlaut beider Artikel dieses vielleicht auch nicht ohne weiteres entnommen werden kann."

[51] Das Gebiet der bundeseigenen Verwaltung bleibt — weil thematisch nicht betroffen — außer Betracht.

aa) Für das Gebiet der *landeseigenen Ausführung von Bundesgesetzen* (Art. 83 und 84 GG) ergibt sich zunächst die Frage, ob den nach Art. 87 Abs. 3 Satz 1 GG errichtbaren Institutionen überhaupt die Ausführung von Gesetzen anvertraut werden darf[52], oder ob sie etwa nur mit Verwaltungsaufgaben betraut werden dürfen, die nicht spezifisch Vollzugsaufgaben sind[53].

Das Grundgesetz läßt insoweit keine Unterschiede erkennen, so daß angenommen werden muß, daß die in Art. 87 Abs. 3 Satz 1 GG erwähnten Einrichtungen auch mit spezifischen Vollzugszuständigkeiten ausgestattet werden dürfen[54]. Das bedeutet, daß die bisher landeseigenen Vollzugsaufgaben in dem Umfange, in dem Bundesoberbehörden, bundesunmittelbaren Körperschaften oder Anstalten des öffentlichen Rechts Vollzugsaufgaben zugewiesen werden, der Zuständigkeit der Länder entzogen und in bundeseigene Verwaltung i. S. des Art. 86 GG überführt werden. Bei Errichtung einer solchen Institution wird mithin der Vollzug des jeweilig auszuführenden Gesetzes, materienmäßig getrennt[55], teils in landeseigener, teils in bundeseigener Verwaltung geführt[56]. Es handelt sich also um *Gemeinschaftsaufgaben.*

bb) *Im Bereich der Bundesauftragsverwaltung* führt das Errichten der in Art. 87 Abs. 3 Satz 1 GG genannten Institutionen zu einer vertikalen Aufspaltung des Vollzuges ein und desselben Gesetzes zwischen

---

52 So z. B. § 54, Abs. 1, Nr. 3, Abs. 2 und Abs. 3 des Güterkraftverkehrsgesetzes (GKG) vom 17. Oktober 1952 (BGBl. I, S. 697). Daran ändert nichts, daß die Bundesanstalt für den Güterfernverkehr (nur) die in Ausübung ihrer Befugnisse festgestellten Zuwiderhandlungen den zuständigen Behörden zu melden hat (§ 54, Abs. 4, GKG). Gerade diese Vorschrift zeigt, daß die spezifische Vollzugsaufgabe der Überwachung der Gesetzesunterworfenen hinsichtlich der Erfüllung ihrer gesetzlichen Pflichten in die autoritative Feststellung des Tatbestandes (Bundesanstalt für den Güterfernverkehr) und die autoritative Anordnung der an den festgestellten Tatbestand geknüpften Rechtsfolgen (zuständige Landesbehörden) organisatorisch aufgespalten ist. Vgl. ferner etwa die §§ 55, 56, 58 (dort insbesondere Abs. 2), 59 GKG.

53 Vgl. z. B. §§ 54, Abs. 1, Nr. 1, und 2, 57, 60 GKG.

54 Dies führt freilich oft zur Errichtung sogenannter „Außenstellen“ (vgl. z. B. § 53, Abs. 3, Sätze 1 und 2 GKG), die dann der Sache nach als Unter- und/oder Mittelbehörden des Bundes fungieren. Es erscheint deshalb zweifelhaft, ob die Errichtung von „Außenstellen“ noch durch Art. 87, Abs. 3, Satz 1, GG gedeckt wird. Diese Frage kann hier jedoch nicht näher erörtert werden. Vgl. dazu etwa *Böhm,* a.a.O., S. 746 f.; *Köttgen,* JöR, a.a.O., S. 74 f.; *Schneider,* AöR, a.a.O., S. 7 ff.

55 Es handelt sich also um eine vertikale Aufteilung des Gesetzesvollzuges auf Bund und Länder unter Beschränkung des Bundes auf eine (Zentral-)Instanz.

56 Die Bedenken *Kratzers* (a.a.O., S. 534) sind durch *Böhm* (a.a.O., S. 746) und *Schneider* (AöR, a.a.O., S. 4) widerlegt worden. Die oben im Text wiedergegebene Auffassung hat sich durchgesetzt; vgl. etwa *Huber,* a.a.O., S. 89; *von Mangoldt,* a.a.O., Anm. 6 zu Art. 87, S. 472—475; *Maunz,* Staatsrecht[10], S. 208; *Köttgen,* JöR, a.a.O., S. 67 f.

der bundeseigenen Verwaltung gemäß den Art. 87 Abs. 3 Satz 1 und Art. 86 GG und der Bundesauftragsverwaltung gemäß Art. 85 GG bzw. den einschlägigen Sondervorschriften des Grundgesetzes. *Gemeinschaftsaufgaben* liegen also ebenso wie bei der Bundesauftragsverwaltung der Länder *nur in Form personeller Einflüsse und Ausstrahlungen* vor.

b) Wie steht es mit der *verfassungsrechtlichen Abgrenzung der Beteiligung von Bund und Ländern* an diesen Gemeinschaftsaufgaben bzw. im Falle der Bundesauftragsverwaltung der Länder (auch hier sei zur Abdrundung kurz darauf eingegangen) mit deren Trennung in verschiedene Verwaltungszweige?

aa) *Im Bereich der landeseigenen Ausführung von Bundesgesetzen* darf die Bundesoberbehörde, bundesunmittelbare Körperschaft oder Anstalt des öffentlichen Rechts im Rahmen eines solchen Einbruchs in das Gebiet der landeseigenen Verwaltung den Landesbehörden nicht unmittelbar vorgeordnet werden. Sie darf weder Rechtsmittelinstanz[57] sein noch Weisungsrechte[58] erhalten. Denn dies würde die Einführung einer Bundesauftragsverwaltung der Länder bedeuten, die — wie Art. 87 b Abs. 2 Satz 2, Art. 87 c, Art. 87 d Abs. 2, Art. 108 Abs. 1 Satz 4 und Art. 120 a Abs. 1 GG zeigen — nur kraft diesbezüglicher ausdrücklicher Gestattung des Grundgesetzes durch den einfachen Bundesgesetzgeber errichtet werden darf.

Die Bedeutung des Art. 87 Abs. 3 Satz 1 GG für das Gebiet der landeseigenen Verwaltung besteht mithin darin, daß er die vertikale Aufspaltung des Vollzuges ein und desselben Gesetzes in den landeseigenen und den bundeseigenen Vollzug ermöglicht und für letzteren die zentrale, wenn auch körperschaftlich wahrzunehmende[59] Bundesverwaltung einführt.

bb) *Im Bereich der Bundesauftragsverwaltung der Länder* zeigen Art. 87 b Abs. 2 Satz 1 zweite Alternative mit Satz 2, Art. 87 d Abs. 2,

[57] So aber *Böhm*, a.a.O., S. 747; *Herrfahrdt* in Bonner Kommentar, Erl. II 4 zu Art. 87; *von Mangoldt*, a.a.O., Anm. 2 zu Art. 84, S. 454, und Anm. 6 zu Art. 87, S. 473; *Nawiasky*, a.a.O., S. 42 und 71; *Pathe*, a.a.O., S. 683; *Peters*, Gutachten, S. 3; *Schneider*, AöR, a.a.O., S. 6. Diese Autoren verkennen, daß die Einführung des beschriebenen Rechtsmittelzuges eine Bundesauftragsverwaltung statuieren würde. Sie behandeln dementsprechend auch nicht die Frage, ob eine solche auf Grund des Art. 87, Abs. 3, Satz 1 GG angesichts des Art. 87 b, Abs. 2, Satz 2, und des Art. 120 a, Abs. 1, GG eingeführt werden darf.

Im Ergebnis wie hier: *Hamann*, a.a.O., Erl. B 7 zu Art. 83, S. 362; *Köttgen*, DÖV 1955, S. 491, letzter Abs.; *Maunz*, Staatsrecht[10], S. 208; *Rohwer-Kahlmann*, a.a.O., S. 223. Unentschieden *Katzenstein*, a.a.O., S. 602 f.

[58] Allgemeine Auffassung; vgl. etwa *Böhm*, a.a.O., S. 747; *Herrfahrdt* in Bonner Kommentar, Erl. II 4 zu Art. 87; *Kratzer*, a.a.O., S. 535; *Peters*, Gutachten, S. 4; *Schneider*, AöR, a.a.O., S. 6 und 25.

[59] Die selbständige Bundesoberbehörde ist von einer bundesunmittelbaren Anstalt des öffentlichen Rechts kaum zu unterscheiden.

Art. 120 a Abs. 1 und schließlich Art. 87 c GG, daß die Einrichtungen des Art. 87 Abs. 3 Satz 1 GG in den Instanzenzug der Bundesauftragsverwaltung nur kraft diesbezüglicher ausdrücklicher Gestattung des Grundgesetzes eingeschaltet werden dürfen. Das Errichten eines durchgehenden Rechtsmittelzuges und das Statuieren von Weisungsrechten sind im Rahmen des Art. 87 Abs. 3 Satz 1 GG mithin auch dann unzulässig, wenn die gemäß dieser Bestimmung errichteten Institutionen auf einem der Bundesauftragsverwaltung unterliegenden Sachgebiet tätig werden sollen.

4. Die Gemeinden und die Ausführung von Bundesgesetzen

Von den bisher gewonnenen Ergebnissen aus ist es nunmehr auch möglich, die *Stellung der Gemeinden im Rahmen der einzelnen Verwaltungsformen* zu behandeln.

Für die Frage, *ob und inwieweit dabei Gemeinschaftsaufgaben* vorliegen, muß festgestellt werden, ob und inwieweit die Gemeinden im Rahmen der landeseigenen Ausführung von Bundesgesetzen und der Bundesauftragsverwaltung der Länder mit Vollzugsaufgaben betraut werden dürfen. Wie bereits ausgeführt, scheiden die Gemeinden im Rahmen der landeseigenen Ausführung von Bundesgesetzen als Träger von Vollzugsaufgaben jedenfalls insoweit aus, als ihnen Vollzugsaufgaben nicht als Selbstverwaltungsaufgaben zugewiesen werden dürfen[60]. Denn eine solche Zuweisung würde — gleichgültig, ob sie durch Bundesgesetz oder Landesgesetz vorgenommen werden würde — den Rahmen der landeseigenen Gesetzesausführung i. S. der Art. 83 und 84 GG deshalb sprengen, weil die zum Träger des Vollzuges grundgesetzlich berufenen Länder zu bloßen Trägern der Verbandsaufsicht über die dann zu Vollzugskörperschaften erklärten Gemeinden werden würden. Die Länder sollen aber gemäß Art. 83 und 84 GG verwalten und nicht beaufsichtigen. Die Zuerkennung des Vollzuges an die Länder als eigene Angelegenheit führt dazu, daß die endgültige Entscheidung dem Lande und nicht der Gemeinde zusteht; sie bedingt notwendig ein in allen Angelegenheiten bestehendes, durchgehendes Weisungsrecht von der Landeszentrale bis zur Gemeinde und schließt damit eine körperschaftliche Verselbständigung unterhalb der Landesebene zwingend aus.

Demnach stellt sich die Frage nur dahin, ob ein auf Grund des Art. 84 Abs. 1 GG ergehendes Bundes- oder Landesgesetz die Gemeinden durch Zuerkennung von Organzuständigkeiten zur Wahrnehmung der Verbandskompetenz des Landes als Landesorgane in die landeseigene Ausführung von Bundesgesetzen einbeziehen darf. Es

---

[60] Vgl. oben zu und in Anm. 10—13.

würde sich dabei, da die Gemeinden im Rahmen der landeseigenen Ausführung von Bundesgesetzen Landeszuständigkeiten organschaftlich wahrzunehmen hätten, um eine „Landesauftragsverwaltung der Gemeinden“[61] in dem der „Bundesauftragsverwaltung der Länder“ entsprechenden Verständnis dieses Begriffs[62], also um eine landesunmittelbare Verwaltung und damit nicht um eine Gemeinschaftsaufgabe handeln, unabhängig davon, ob die Gemeinden durch Landesgesetz oder durch Bundesgesetz[63] ermächtigt werden[64].

Soweit ersichtlich, wird nicht bestritten, daß jedenfalls die auf Grund des Art. 84 Abs. 1 GG ergehenden Landesgesetze den Gemeinden Organzuständigkeiten zur Wahrnehmung der körperschaftlichen Verwaltungszuständigkeit des jeweiligen Landes zuerkennen dürfen. Umstritten ist hingegen, ob auch dem Bundesgesetzgeber eine derartige Befugnis zusteht. Hierzu ist folgendes zu bemerken:

Wenn es zutrifft, daß die Länder nicht nur den Status der Gemeinden als Selbstverwaltungskörperschaften regeln, sondern die Gemeinden im übrigen durch Zuerkennung von Organzuständigkeiten in den Status bloßer Landesorgane versetzen dürfen, dann läßt sich aus der rechtslogischen und verfassungstheoretischen Struktur der landeseigenen Ausführung von Bundesgesetzen kein durchschlagender Grund ableiten, der insoweit eine Beschränkung der Gesetzgebungsbefugnis des Bundes rechtfertigen könnte. Die Befugnis des Bundes zum Setzen organisatorischer Regelungen gemäß Art. 84 Abs. 1 GG ist eine mit der dementsprechenden Gesetzgebungsbefugnis der Länder alternativ konkurrierende Zuständigkeit. Sie schließt die Gesetzgebungsbefugnis der Länder aus, solange und soweit der Bund von seinem Gesetzgebungsrecht Gebrauch macht. Dies ergibt sich schon klar aus dem „soweit“-Halbsatz des Art. 84 Abs. 1 GG[65], so daß tiefere Begründungen aus der Struktur der landeseigenen Verwaltung hier außer Betracht bleiben können.

---

[61] Eben und nur deshalb ist die Bemerkung *Köttgens* zutreffend, die Gemeinde müsse als eine „Behörde“ i. S. des Art. 84, Abs. 1, GG — also insoweit nicht als Selbstverwaltungskörperschaft — angesehen werden (Die Gemeinde und der Bundesgesetzgeber, S. 74).

[62] Vgl. oben B I 2 a Abs. 1—6.

[63] So ausdrücklich *Köttgen*, Die Gemeinde und der Bundesgesetzgeber, S. 79, letzter Abs.

[64] Dies zu betonen erscheint nicht überflüssig, nachdem zu beobachten ist, daß der Begriff der Auftragsverwaltung vielfach nicht mehr dahin verstanden wird, daß mit ihm ein ganz bestimmtes Organschaftsverhältnis — nämlich die organschaftliche Eingliederung „fremder“ Einrichtungen in den Verband des „Auftraggebers“ und Aufgabenträgers — bezeichnet werden, sondern daß dieser Begriff auf die Rechtsquelle verweisen soll, die den „Auftrag“ begründet. Vgl. *Schäfer*, DÖV 1960, S. 646, Abs. 1, und dazu oben Anm. 35; auch unten Anm. 73.

[65] Vgl. oben Anm. 9.

Handelt es sich aber in Art. 84 Abs. 1 GG um alternativ konkurrierende Gesetzgebungszuständigkeiten mit Prävalenz des Bundes, so folgt daraus — sofern man der Prämisse folgt, daß die Länder die Gemeinden im Rahmen des landeseigenen Vollzuges von Bundesgesetzen mit Organzuständigkeiten versehen dürfen —, daß die gleiche Möglichkeit auch dem Bundesgesetzgeber offensteht. Denn die Anordnung konkurrierender Gesetzgebungszuständigkeiten führt zu dem Schluß, daß sich die Zuständigkeiten der beiden Konkurrenten inhaltlich decken. Ebenso wie die Tragweite etwa des Gesetzgebungskatalogs des Art. 74 GG im ganzen und in seinen einzelnen Nummern nicht verschieden sein kann, je nachdem, ob der Bund oder die Länder gesetzgeberisch tätig werden, kann auch die Tragweite des Art. 84 Abs. 1 GG nicht verschieden sein, je nachdem, ob der Bund oder die Länder die Organisationsgesetze bzw. die Verfahrensgesetze erlassen. Es ist denkunmöglich, daß der Umfang des Begriffs „die Einrichtung der Behörden und das Verwaltungsverfahren“ i. S. des Art. 84 Abs. 1 GG im Wege der Auslegung jeweils verschieden bestimmt werden kann, je nachdem, ob dieser Begriff zur Festlegung des Umfanges der Gesetzgebungszuständigkeit der Länder oder derjenigen des Bundes herangezogen wird. Es ist auch nicht einzusehen, warum die Länder die körperschaftliche Selbständigkeit der Gemeinden durch organschaftliche Inkorporation sollen „überspielen“ dürfen, während dies dem Bunde verwehrt sein soll. Der Hinweis auf Art. 28 Abs. 2 GG hilft hier nicht weiter. Denn es handelt sich insoweit nicht um die Regelung des Status der Gemeinden als Selbstverwaltungskörperschaften und mithin nicht um Fragen des Gemeindeverfassungsrechts[66], sondern um die organschaftliche Eingliederung der Gemeinden in das Gefüge der Landesorganisation[67]. Gerade diese zu regeln, ist aber dem Bundesgesetzgeber mit Vorrang vor dem Landesgesetzgeber durch Art. 84 Abs. 1 GG aufgetragen worden.

Deshalb muß auch der Berufung darauf, die Regelung der Gemeindeorganisation sei eine Angelegenheit der Gemeinde und der Gemeindevertretung[68], der Erfolg versagt bleiben. Denn die Organi-

---

[66] Vgl. oben zu und in Anm. 61.

[67] Eben deshalb ist die Fragestellung des Gutachtens, das dem Rechtsausschuß des Bundesrates unter dem 14./15. Januar 1960 erstattet wurde (Anlage zum Stenographischen Bericht über die 220. Sitzung des Rechtsausschusses des Bundesrates vom 5. Februar 1960), auf die Problemstellung nicht zugeschnitten. Das Gutachten vernachlässigt den Gesichtspunkt, daß die Gemeinden den Status von Selbstverwaltungskörperschaften nur im Bereich der Selbstverwaltungsangelegenheiten, nicht aber in demjenigen der Auftragsangelegenheiten haben, und daß also in bezug auf die letzteren Angelegenheiten Fragen des Gemeindeverfassungsrechts nicht berührt werden. Die wesentlichen Thesen des Gutachtens finden sich bei *von Hausen*, DÖV, a.a.O., S. 441 f.

[68] *Becker*, BayVerwBl., a.a.O., unter II Abs. 4.

sationszuständigkeit der Gemeinde findet ihre Begrenzung in dem Begriff der Angelegenheiten der örtlichen Gemeinschaft i. S. des Art. 28 Abs. 2 GG. Die Regelung der Organschaften zur Ausübung von Verbandskompetenzen des Landes ist aber keine Angelegenheit der örtlichen Gemeinschaft; sie ist mithin aus der kommunalen Zuständigkeit von vornherein ausgeschlossen.

Wenn man es deshalb — und diese Folgerung wird allein schon aus geschichtlichen Gründen nicht zu vermeiden sein — überhaupt für zulässig hält, daß die Gemeinden als Organe in die Landesorganisation eingegliedert werden dürfen, so ist ihre Eingliederung durch Bundesgesetz ebenso zulässig wie durch Landesgesetz.

Dabei kann das Bundesgesetz so weit gehen, nicht nur die Gemeinde schlechthin für zuständig zu erklären, sondern einer bestimmten Gemeindebehörde die jeweilige Organzuständigkeit zu übertragen[69]. Ein Eingriff in das Gemeindeverfassungsrecht liegt auch insoweit nicht vor, weil die betreffende Behörde insoweit nicht als Gemeindeorgan, sondern als Landesorgan[70] geschaffen wird. „Die Magistrate werden in dieser Hinsicht als Behörden des Staates betrachtet"[71] — dieser Satz der *Stein*schen Städteordnung von 1808 bringt das Wesen dieser Eingliederung zu klarem Ausdruck.

Für die organschaftliche Einbeziehung der Gemeinden in die Organisation der Bundesauftragsverwaltung gilt im Ergebnis dasselbe[72]. Zu beachten ist hier allerdings, daß die Gemeinden insoweit zur Ausübung von Verbandskompetenzen des Bundes ermächtigt und also Bundesorgane werden[73, 74].

---

69 Dabei muß sich das Bundesgesetz, wie sich aus Art. 84, Abs. 1, GG unmittelbar ergibt, „damit begnügen, die ‚Einrichtung' der Gemeinde lediglich den speziellen Erfordernissen eines bestimmten Gesetzgebungsvorhabens anzupassen" (*Köttgen,* Die Gemeinde und der Bundesgesetzgeber, S. 88; vgl. dort auch S. 72 bis 74, und 99, Abs. 3).

70 Vgl. oben zu Anm. 61.

71 Vgl. oben Anm. 31.

72 Vgl. dazu *Köttgen,* Die Gemeinde und der Bundesgesetzgeber, S. 77 bis 82.

73 Verwirrend deshalb § 2 des Ersten Gesetzes über Maßnahmen zum Schutze der Zivilbevölkerung vom 9. Oktober 1957 (BGBl. I S. 1696): „Die behördlichen Luftschutzmaßnahmen werden ... von den Ländern im Auftrag des Bundes, von den Gemeinden im Auftrag des Landes durchgeführt" (vgl. dazu oben Anm. 64). Die Regelung zeigt tiefgreifende Unklarheiten über den Rechtscharakter der Auftragsverwaltung. Denn im Bereiche der Bundesauftragsverwaltung der Länder ist eine Landesauftragsverwaltung der Gemeinden deshalb ausgeschlossen, weil den Ländern im Rahmen einer Bundesauftragsverwaltung die Verbandskompetenz/Trägerkompetenz fehlt, diese aber gerade Voraussetzung für eine Landesauftragsverwaltung der Gemeinden wäre.

74 So auch das Mehrheitsvotum der vom Rechtsausschuß des Bundesrates eingesetzten Kommission (vgl. oben Anm. 67); vgl. dazu *von Hausen,* DÖV, a.a.O., S. 441.

Die in die Organisation einer Bundesauftragsverwaltung organschaftlich einbezogenen Gemeinden unterstehen damit den Weisungen der zuständigen obersten Bundesbehörden, die im Falle der Dringlichkeit unmittelbar an die Gemeinden gerichtet werden dürfen[75/76]. *In den Fällen der „Beteiligung" der Gemeinden an der landeseigenen Verwaltung und der Bundesauftragsverwaltung* kommen also *Gemeinschaftsaufgaben nicht* vor.

Außerhalb dieser Fälle ist es jedoch denkbar, daß die Gemeinden als Selbstverwaltungskörperschaften mit der Ausführung von Bundesgesetzen betraut werden. Diese Möglichkeit ist stets dann gegeben, wenn der Bundesgesetzgeber eine Angelegenheit der örtlichen Gemeinschaft i. S. des Art. 28 Abs. 2 GG[77] auf Grund der Art. 70 ff. GG oder anderer Vorschriften des Grundgesetzes zu regeln berufen ist[78]. In diesen Fällen ist der Bund kraft der Selbstverwaltungsgarantie des Art. 28 Abs. 2 GG nicht nur berechtigt, sondern sogar verpflichtet, die Ausführung der Gesetze den Gemeinden als Selbstverwaltungsangelegenheiten zuzuweisen. Erforderlich ist hierzu stets der Nachweis, daß es sich um eine Angelegenheit der örtlichen Gemeinschaft handelt und daß dem Bund diese Angelegenheit zur gesetzgeberischen Regelung zugewiesen ist. So hat das Grundgesetz nach der Auslegung des Bundesverfassungsgerichts dem Bunde in der Gesetzgebungs-

---

[75] So im Ergebnis auch *Görg*, DÖV 1961, S. 43, mit Anm. 18. Unrichtig allerdings seine Ausführungen über die „Transformation" der Bundesweisungen in Landesweisungen (Anm. 18), die auf der hier abgelehnten Annahme des Bestehens körperschaftlicher Verbandszuständigkeiten der Länder im Bereiche der Bundesauftragsverwaltung beruhen.

[76] Ebenso ist es für den Bereich der Bundesauftragsverwaltung der Länder unerheblich, ob die Verfassung des jeweils im Auftrage des Bundes tätigen Landes durch Einführung der sog. „Pflichtaufgaben zur Erfüllung nach Weisung" ein Weisungsrecht von Landesbehörden gegenüber den Gemeinden nur beschränkt zugelassen hat. Denn diesen Regelungen geht Art. 85 GG vor, der — wie sich insbesondere aus dem Zusammenspiel zwischen den Sätzen 1 und 3 seines Abs. 3 ergibt — ein unbeschränktes Weisungsrecht insbesondere der obersten Landesbehörden gegenüber allen in das System einer Bundesauftragsverwaltung einbezogenen Instanzen statuiert. Insoweit die Gemeinden in ein solches System einbezogen werden, sind die von ihnen wahrzunehmenden Angelegenheiten (Bundes-)Auftragsangelegenheiten, nicht aber Pflichtaufgaben zur Erfüllung nach Weisung. Infolge des Vorranges des Art. 85 GG vor den Landesverfassungen besteht deshalb ein unbeschränktes Weisungsrecht der Landesbehörden gegenüber den Gemeinden. Vgl. dazu die — im Ergebnis mit der hier vertretenen Auffassung übereinstimmenden — Ausführungen von *Görg*, DÖV 1961, S. 45, und *Köttgen*, Die Gemeinde und der Bundesgesetzgeber, S. 79 und 80 f. Aus den angeführten Gründen kann auch der Streit um die rechtliche Qualifizierung der Pflichtaufgaben zur Erfüllung nach Weisung (dazu neuestens *Jesch*, a.a.O., S. 739—746) hier unerörtert bleiben.

[77] Vgl. *von Mangoldt-Klein*, a.a.O., Anm. IV 1 c zu Art. 28, S. 706/7.

[78] Vgl. dazu BVerfG Urt. vom 20. März 1952 — 1 BvR 267/51 — BVerfGE, Bd. 1, Nr. 29, S. 167—184 (175 f.); *Becker*, BayVerwBl., a.a.O., unter IV Abs. 2; *Maunz*, Staatsrecht[10], S. 176.

zuständigkeit zur Regelung des Städtebaus[79/80], der Umlegung[81], der Erschließung[82] und im Zusammenhang damit die Zuständigkeit zur Regelung des Enteignungsrechts auf dem Gebiete des Städtebaus[83] zugewiesen. Diese Angelegenheiten sind begrifflich Angelegenheiten der örtlichen Gemeinschaft i. S. des Art. 28 Abs. 2[84].

Es ist deshalb folgerichtig, wenn das Bundesbaugesetz vom 30. Juli 1960 (BGBl. I S. 341) z. B. die Aufstellung der Bauleitpläne (Flächennutzungsplan und Bebauungsplan)[85], die Grenzregelung[86] und Erschließung[87] den Gemeinden als eigene Angelegenheiten zuweist[88].

Derartige Fälle haben im Rahmen unseres Themas jedoch nur insoweit Interesse, als sie die Ausführung der Bundesgesetze aus dem Problembereich der Art. 84 und 85 GG herausrücken, d. h. die dort bestehende Verzahnung von Bund und Ländern lösen. Gemeinschaftsaufgaben in dem Sinne, daß mehrere Körperschaften in wechselseitiger Einflußnahme an der Erfüllung derselben Aufgabe beteiligt werden[89], schaffen derartige Gesetze nicht. Ferner gehören nicht in den Bereich des Themas die Fälle, in denen der Bundesgesetzgeber eine als Angelegenheit der örtlichen Gemeinschaft anzusehende Aufgabe nur teilweise den Gemeinden, teilweise außerstaatlichen Verbänden überträgt[90]. Die Behandlung dieser Sachverhalte würde den Rahmen des Themas sprengen.

---

79 BVerfG Rechtsgutachten vom 16. Juni 1954 — 1 PBvV 2/52 — BVerfGE, Bd. 3, Nr. 29, S. 407—439 (424).

80 Nicht die Zuständigkeit zur Raumordnung auf Landesebene; diese ergibt sich aus Art. 75, Nr. 4, GG (BVerfGE 3, 424).

81 BVerfGE 3, 428.

82 BVerfGE 3, 430.

83 Vgl. Art. 74, Nr. 14, GG.

84 BVerfGE 3, 412, läßt diese Frage ausdrücklich dahingestellt; vgl. aber die in BVerfGE 1, 175 f. (oben Anm. 78) entwickelten Grundsätze.

85 § 2 i. V. mit § 1 Bundesbaugesetz.

86 § 80 Bundesbaugesetz.

87 § 123, Abs. 1, Bundesbaugesetz.

88 Anderseits durfte der Bundesgesetzgeber die in den §§ 6 und 11 des Bundesbaugesetzes angeordneten Genehmigungsvorbehalte zugunsten der höheren Verwaltungsbehörden der Länder anordnen: Da der Bund außer dem Recht des Städtebaus auch die Raumordnung auf Landesebene regeln darf (oben Anm. 80), kann er auch Vorschriften erlassen, welche die Einfügung der städtebaulichen Planung in die Raumplanung des Landes gewährleisten. Vgl. zu dem Zusammenhang zwischen Städteplanung und Raumplanung BVerwG Beschl. vom 21. April 1958 — I B 214/57 — BBauBl. 1958, S. 381 = Giese-Schunck-Winkler, Verfassungsrechtsprechung in der Bundesrepublik, Nr. 8, zu Art. 28, Abs. 2, GG.

89 Vgl. oben A II.

90 Vgl. dazu *Köttgen*, DÖV 1961, S. 1—8.

II. Gemeinschaftsaufgaben auf Grund von Staatsverträgen

1. Allgemeine Grundsätze

Der Abschluß von *Staatsverträgen zwischen Bund und Ländern und zwischen den Ländern* berührt das Thema verfassungsrechtlicher Grenzen der Gemeinschaftsaufgaben in zweifacher Beziehung: Einmal bedeutet der Abschluß von Staatsverträgen eine gemeinschaftliche Regelung des jeweils betroffenen Sachgebietes, zum zweiten kann der Inhalt der Staatsverträge auf ein Zusammenwirken der vertragschließenden Teile bei der Erfüllung bestimmter Aufgaben gerichtet sein. Die Zulässigkeit des Abschlusses von *Staatsverträgen zwischen Bund und Ländern* kann hier nur andeutend gestreift werden. Diese Frage ist bisher kaum[91] untersucht worden. Immerhin wird man die Aussage wagen dürfen, daß überall dort, wo dieselbe Materie einseitig entweder durch den Bund oder durch die Länder geregelt werden muß — und das gilt auch im Bereich der alternativ konkurrierenden Gesetzgebungszuständigkeiten von Bund und Ländern —, der Abschluß von Staatsverträgen im präzisen rechtlichen Sinne dieser Begriffe ausgeschlossen ist. Denn in diesem Sinne würden die Partner der Staatsverträge durch deren Abschluß gebunden werden. Eine solche Bindung würde aber denjenigen Zuständigkeitsbestimmungen des Grundgesetzes widersprechen, die eine Zuständigkeit nur entweder des Bundes oder der Länder zur einseitigen hoheitlichen Regelung des betreffenden Sachgebietes begründen. Soweit die Tragweite dieser Zuständigkeitsvorschriften reicht, ist deshalb der Abschluß von Staatsverträgen zwischen Bund und Ländern im streng rechtlichen Sinne ausgeschlossen — es sei denn, man sieht in dem Abschluß des Vertrags einen rechtlich zulässigen Verzicht auf die Zuständigkeit, was jedoch nicht unbedenklich erscheint. Der damit unausweichlich bleibenden Folgerung steht nicht entgegen, daß zwischen Bund und Ländern eine Vielzahl von Absprachen zustande kommen und befolgt werden; diese Absprachen mögen zwar getroffen und befolgt werden, eine rechtliche Bindung vermögen sie jedoch nicht zu begründen.

Anders ist die Sachlage auf den Gebieten, auf denen Bund und Länder jeweils für ihren eigenen staatlichen Bereich zur Regelung inhaltlich gleicher Angelegenheiten „nebeneinander" zuständig sind. In diesen Materien bieten sich Staatsverträge zur Koordinierung der jeweils zu erlassenden und unabhängig voneinander geltenden Regelungen als adäquates Koordinierungsmittel an. Ein typisches Beispiel dieser Art ist die Vereinbarung über die Erhebung von Gebühren für

[91] *Kölble*, DÖV 1960, S. 650—661.

amtliche Materialprüfungen durch die Bundesanstalt für Materialprüfung und die Materialprüfungsanstalten der Länder vom 7. Januar 1958[92].

Hinsichtlich des Abschlusses von *Staatsverträgen zwischen den Ländern* liegen die Dinge insofern grundsätzlich anders, als eine alternative Zuständigkeitsaufteilung zwischen den Ländern ausgeschlossen ist, die Länder vielmehr inhaltlich übereinstimmende und in ihrer Wirkung auf das jeweilige Landesgebiet beschränkte Zuständigkeiten haben. Deshalb ist für den Abschluß von Staatsverträgen zwischen den Ländern[93] weitaus mehr Raum als für den Abschluß von Staatsverträgen zwischen Bund und Ländern[94]. Zu bemerken ist insoweit, daß die Staatsverträge der Länder dem Bundesrecht im Range nachstehen. So wird z. B. ein Verwaltungsabkommen der Länder auf dem Gebiete der landeseigenen Ausführung von Bundesgesetzen durch eine gemäß Art. 84 Abs. 2 GG erlassene allgemeine Verwaltungsvorschrift der Bundesregierung außer Kraft gesetzt[95].

Der Inhalt der danach zulässigen Staatsverträge ist, insoweit er Gemeinschaftsaufgaben betrifft, hier nur kurz zu behandeln. Es genügt die Anmerkung, daß er nichts anderes enthalten darf, als was ein anstelle dieser Regelungen ergehendes Gesetz oder eine anstelle dieser Regelungen ergehende Verwaltungsvorschrift enthalten könnte.

Diese knappen Anmerkungen mögen hier genügen. Der angeschnittene Fragenkomplex bedarf im grundsätzlichen wie im einzelnen noch der monographischen Durchdringung, die vor allem die Unterschiede des Abschlusses von völkerrechtlichen Verträgen gegenüber dem Abschluß von solchen Verträgen darzustellen hätte, die unter der Geltung einer bundesstaatlichen Zuständigkeitsordnung geschlossen werden sollen[96].

---

[92] Vgl. *Kölble*, DÖV 1960, S. 653, Anm. 26.

[93] Vgl, zu diesen *Schneider*, DÖV, a.a.O., S. 646 f.

[94] Vgl. zu diesen beiden Arten von Staatsverträgen auch *von Mangoldt-Klein*, a.a.O., Anm. VII zu Art. 32, S. 794/95.

[95] Vgl. in diesem Zusammenhang auch *Schneider*, DÖV, a.a.O., S. 647.

[96] Immerhin läßt sich mit Sicherheit entgegen der Auffassung von *Maunz* (Kulturhoheit, S. 12 f.) soviel sagen, daß durch Verträge zwischen Bund und Ländern die grundgesetzliche Zuständigkeitsordnung zwischen Bund und Ländern weder korrigiert noch authentisch interpretiert werden darf. *Maunz* verkennt, daß — mit Ausnahme des grundgesetzändernden Gesetzgebers (Art. 79) — Bund und Länder über ihre grundgesetzlich begründeten Zuständigkeiten nicht verfügen und also die Zuständigkeitsordnung des Grundgesetzes auch nicht „korrigieren“ können, und daß ferner allein das Bundesverfassungsgericht zur authentischen Interpretation des Grundgesetzes berufen ist. Deshalb fehlt einer zur Vermeidung von Verfassungsstreitigkeiten zwischen Bund und Ländern getroffenen „gütliche(n) Verständigung über bestrittene Fragen“ (*Maunz*, Kulturhoheit, S. 13), die rechtliche Verbindlichkeit. Käme es danach doch zu einem Verfassungsstreit, so wäre z. B. bei einem Verfahren gemäß Art. 93, Abs. 1, Nr. 2, i. V. mit den

2. *Grenzen der Errichtung von Gemeinschaftseinrichtungen der Länder*

Auf ein Sonderproblem des Vertragsrechts soll jedoch etwas näher eingegangen werden, weil es an die Grundlagen der bundesstaatlichen Ordnung der Bundesrepublik rührt: die Frage nach den *Grenzen vereinbarter Gemeinschaftseinrichtungen der Länder*. Die Frage gemeinsamer Einrichtungen der Länder wurde kürzlich auf der Arbeitstagung „Föderalistische Ordnung" am 9. und 10. März 1961 in Mainz behandelt. Nach den vorliegenden Pressemeldungen[97/98] wurde dort die Frage erörtert, ob die Länder zur Erfüllung der in ihrer Zuständigkeit liegenden sogenannten „überregionalen" Aufgaben eine *gemeinsame „Koordinierungsstelle"* einrichten *oder* diese Aufgaben *treuhänderisch* durch ein einzelnes Land wahrnehmen lassen können[99].

Zu diesem Problemkreis ist folgendes anzumerken: Mit der gemeinsamen Errichtung einer „Koordinierungsstelle"[100] erreichen die Länder mindestens, mit der „treuhänderischen" Betrauung eines Landes[101] überschreiten sie die Grenzen ihrer Zuständigkeiten. Wenn das Grundgesetz die Zuständigkeiten zwischen Bund und Ländern aufteilt, dann entscheidet es damit zugleich über die Frage, auf welchen Sachgebieten nach der verfassungsrechtlichen Ordnung der Bundesrepublik „gemeines" Recht gesetzt werden darf, und auf welchen Gebieten der Erlaß „gemeinen" Rechts ausgeschlossen ist[102]. Das Grund-

§§ 13, Nr. 7, 68, 69, 64 Abs. 1, und 67 BVerfGG ein über den Streitgegenstand geschlossener Vertrag — unabhängig davon, ob die Entscheidung des Bundesverfassungsgerichts inhaltlich mit diesem übereinstimmen würde oder nicht — für die Entscheidung des Bundesverfassungsgerichts von vornherein unerheblich, weil Bund und Länder über den Streitgegenstand nicht verfügen können (vgl. hierzu insbesondere § 67 BVerfGG).

[97] Vgl. z. B. G-n: Die Länder rüsten zu neuen Vorstößen gegen den Bund, FAZ, Nr. 59, vom 10. März 1961, S. 5.

[98] Inzwischen ist mir durch freundliches Entgegenkommen des Herrn Vorsitzenden des Staatsgerichtshofes und Präsidenten des Oberverwaltungsgerichts Rheinland-Pfalz, Staatsminister a. D. Prof. Dr. Adolf *Süsterhenn*, der vollständige Wortlaut der auf dieser Arbeitstagung gehaltenen Referate (Presseveröffentlichungen über den Bundesrat, Nr. 125, vom 16. März 1961, und Nr. 126, vom 20. März 1961) zugänglich gemacht worden.

[99] Vgl. *Meyers*, Struktur, S. 31 und 48 f.

[100] Vgl. *Meyers*, Struktur, S. 48, letzter Abs. bis S. 49, Abs. 2.

[101] Vgl. *Meyers*, Struktur, S. 49, Abs. 2.

[102] Diese sich gegenseitig ausschließenden Organisationsprinzipien werden von *Meyers*, Struktur, S. 31, letzter Abs., S. 48, letzter Abs. bis S. 49, Abs. 1, und S. 49, Abs. 4, vermengt. Vgl. dort insbesondere S. 31, letzter Abs.: Das Fernseh-Urteil des Bundesverfassungsgerichts habe gezeigt, „daß in unserer Bundesrepublik nicht nur die Organe des Bundes die verfassungsmäßig berufenen Sachwalter derjenigen Anliegen sind, die unseren Staat als Ganzes betreffen, sondern, daß auch der Gemeinschaft der Bundesländer ein Teil dieser Verantwortung zufällt". *Meyers* verkennt, daß die die Bundesrepublik „als Ganzes" betreffenden Angelegenheiten als solche nur durch „gemeines" Recht geregelt werden können, während die „Ge-

gesetz weist ferner das Setzen „gemeinen“ Rechts dem Bunde zu. Ein Höchstmaß an Vereinheitlichung auf den den Ländern zugewiesenen Gebieten kann hingegen nur durch Setzen „gemeinsamen“ Rechts, d. h. solchen Rechts geschaffen werden, das durch jedes einzelne Land für sein Gebiet in inhaltlicher Übereinstimmung mit dem Recht der übrigen Länder erlassen wird. Dieser Satz gilt für förmliche Gesetze ebenso wie für Rechtsverordnungen und Verwaltungsvorschriften, für Verhaltensnormen ebenso wie für Zuständigkeitsnormen und Verfahrensnormen. Die Länder sind dagegen verfassungsrechtlich gehindert, Einrichtungen zu schaffen, die zum Setzen „gemeinen“ Rechts befähigt wären, weil ein solches Vorgehen nichts anderes als den Ansatz zum Schaffen eines „Bundesstaates im Bundesstaate“ bedeuten und der gemeinsam errichteten Institution insoweit die Rolle des Zentralstaates zuweisen würde. Abgesehen davon würde das Schaffen einer zum Erlaß „gemeinen“ Rechts befähigten Einrichtung[103] den Gedanken des Föderalismus insoweit ad absurdum führen: Dieses Vorgehen würde nur beweisen, daß die dieser Institution zugewiesene Aufgabe nach ihrem sachlichen Charakter sinnvollerweise nur durch den Zentralstaat erfüllt werden kann, und daß also das Grundgesetz die Zuständigkeit insoweit unsachgemäß verteilt hätte. Die Veränderung einer unsachgemäßen Zuständigkeitsverteilung des Grundgesetzes wäre aber Aufgabe des verfassungsändernden Gesetzgebers, nicht dagegen der Länder.

Von diesen Grundsätzen her bemißt sich die Zulässigkeit der in Erwägung gezogenen Einrichtung einer „Koordinierungsstelle“ und die Zulässigkeit der „treuhänderischen“ Betrauung eines Landes mit Aufgaben der übrigen Länder.

Die Einrichtung einer *„Koordinierungsstelle“* wäre dann noch grundgesetzlich zulässig, wenn diese Stelle nach dem Bundesratsprinzip organisiert und außerdem für ihre Beschlüsse Einstimmigkeit vorgeschrieben wäre[104]. Nach den bisherigen Feststellungen dürfte die „Koordinierungsstelle“, um verfassungsmäßig zu sein, nur zum Setzen „gemeinsamen“ Rechts befähigt werden. Hinsichtlich der Organisation dieser Stelle bedeutet das zunächst einmal, daß die Länder als solche Sitz und Stimme in dieser „Koordinierungsstelle“ erhalten und dem-

---

meinschaft der Bundesländer“ als solche nur „gemeinsames“ Recht setzen und also diese Angelegenheiten nicht regeln, folglich aber auch die Verantwortung dafür nicht übernehmen kann.

[103] Vgl. dazu *Meyers*, Struktur, S. 48 f., der hinsichtlich der Einrichtung einer „Koordinierungsstelle“ einräumt, „daß diese Frage komplizierte verfassungsrechtliche Probleme in sich schließt“ (S. 48, letzte Zeile, und S. 49, Zeile 1) und Zweifel an ihrer Zulässigkeit erkennen läßt (S. 49, Abs. 2).

[104] So z. B. die von *Meyers*, Struktur, S. 48, letzter Abs., als Beispiel einer „Koordinierungsstelle“ genannte Ständige Konferenz der Kultusminister der Länder. Vgl. zu deren Organisationsprinzipien *Maunz*, Kulturhoheit, S. 15.

entsprechend auch ausschließlich „instruierte“ Vertreter in diese Stelle entsenden müßten. Das allein würde aber — wie das Beispiel des Bundesrates zeigt, der Bundesorgan, nicht aber ein gemeinsames Organ der Länder ist[104a] — nicht genügen. Um eine solche „Koordinierungsstelle“ noch als verfassungsrechtlich zulässig erscheinen zu lassen, müßte die Einstimmigkeit der Beschlüsse vorgeschrieben werden[105]. Denn die mögliche Majorisierung auch nur eines Landes würde die Beschlüsse dieser Stelle — unabhängig davon, ob sie einstimmig oder mit Mehrheit gefaßt wurden — zu gemeinem Recht machen[106]; insoweit käme es nämlich nicht darauf an, daß tatsächlich ein einstimmig gefaßter Beschluß vorliegt, sondern daß rechtlich ein mit Mehrheit gefaßter Beschluß genügt.

Kommt es demnach für die grundgesetzliche Zulässigkeit einer „Koordinierungsstelle“ ganz entscheidend auf die Grundsätze an, nach denen sie organisiert ist, so läßt sich im Gegensatz dazu von der *„treuhänderischen“ Betrauung eines Landes* mit Aufgaben der übrigen Länder von vornherein sagen, daß sie grundgesetzwidrig sein würde[107]. Denn diese Betrauung würde die Entscheidungen, die auf den sogenannt „treuhänderisch“ übertragenen Sachgebieten erforderlich werden, allein in die Hand der sogenannt „treuhänderisch“ betrauten Landesstellen geben und also der Zuständigkeit der nach dem Grundgesetz zuständigen Länder entziehen. Das würde den ersten Schritt zur Bildung eines „Bundesstaates im Bundesstaate“ bedeuten, bei dem das sogenannt „treuhänderisch“ betraute Land in seiner Stellung als vermeintlicher „Treuhänder“ den Zentralstaat verkörpern, hinsichtlich seiner übrigen Aufgaben als fast mit dem Zentralstaat real uniierter Gliedstaat auftreten würde. Das mag deutlich machen, daß die sogenannt „treuhänderische“ Betrauung eines Landes mit Aufgaben der übrigen Länder grundgesetzwidrig ist: Insoweit das Grundgesetz die staatlichen Aufgaben auf den Zentralstaat stellt, sind sie dem Bunde zugewiesen; insoweit es sie den Ländern zuweist, ist die

---

104a Vgl. *von Mangoldt-Klein,* a.a.O., Vorbem. III 2 d Abs. 2 und 3 zum IV. Abschnitt, S. 1002—1004.

105 Infolgedessen würde eine unterschiedliche Gewichtigkeit der Länderstimmen, wie sie Art. 51, Abs. 2, GG für den Bundesrat vorsieht, entfallen. Denn diese hat nur insoweit Sinn, als Mehrheitsbeschlüsse gefaßt werden.

106 Ebenso wie die Beschlüsse des Bundesrates auch dann, wenn sie einstimmig gefaßt werden, Beschlüsse des Bundesorgans „Bundesrat“, nicht aber gemeinsam gefaßte Beschlüsse der Länder sind, weil für das Zustandekommen der Beschlüsse des Bundesrates nur die Mehrheit der abgegebenen Stimmen rechtlich entscheidend ist.

107 Tendenziell anders *Meyers,* Struktur, S. 48 f. Seine Zweifel beziehen sich in erster Linie auf die Einrichtung einer „Koordinierungsstelle“, erst in zweiter Linie und wesentlich abgeschwächt auf die „treuhänderische“ Betrauung eines Landes.

Bildung einer Zentralstaatsgewalt[108] — gleichgültig, ob sie auf den Bund, eine „Koordinierungsstelle" oder einen „Treuhänder" gestellt würde — ohne Grundgesetzänderung durch die dazu berufenen Organe schlechthin ausgeschlossen. Die Länder wären schlecht beraten, wenn sie durch das Schaffen einer „Koordinierungsstelle" mit zentralen Befugnissen oder durch die sogenannt „treuhänderische" Betrauuns eines Landes mit Aufgaben der übrigen Länder selbst die Grundlagen gefährden würden, auf denen sie beruhen.

III. Finanzielle Beteiligung des Bundes an der Erfüllung von Landesaufgaben

1. Die Abhängigkeit der Verwaltungszuständigkeit des Bundes von der Gesetzgebungszuständigkeit des Bundes

Bei Erörterung der landeseigenen Verwaltung ergab sich u. a., daß sich Bund und Länder nur insoweit in beiderseitiger voller Eigenständigkeit gegenüberstehen, als sie Gesetzgebungszuständigkeiten innehaben. Die Erörterung führte ferner zu dem Ergebnis, daß die gesetzgebungsbefugte Körperschaft notwendig zugleich die entsprechende Verwaltungshoheit innehat[109], unabhängig davon, ob die Verwaltung staatsunmittelbar oder körperschaftlich dezentralisiert geführt wird.

---

[108] Gerade darauf zielen die Ausführungen von *Meyers*, Struktur, S. 49, Abs. 4: Es gelte, die Öffentlichkeit mit dem Gedanken vertraut zu machen, „daß für Aufgaben auf Bundesebene nicht nur Organe des Bundes, sondern auch Gemeinschaftseinrichtungen aller Länder zuständig sein können" (vgl. dazu schon oben Anm. 102). Wenn und insoweit das Grundgesetz bestimmte Aufgaben den Ländern zuweist, so bedeutet das, daß es sich dabei nach der Entscheidung des Grundgesetzes um „Aufgaben auf Landesebene" handelt. Bezüglich der Erfüllung dieser Aufgaben ist demgemäß zwar ein gegenseitiges Sich-Abstimmen der Länder bis hin zu einem gemeinsamen Tätigwerden derselben möglich; dadurch werden diese Aufgaben aber nicht zu „Aufgaben auf Bundesebene". Umgekehrt kann eine „Aufgabe auf Bundesebene" nicht durch gemeinsames Tätigwerden der Länder, sondern nur durch eine Zentralinstanz geregelt werden. Wenn man also den Ländern durch das Grundgesetz zugewiesene Aufgaben als „Aufgaben auf Bundesebene" bewertet, so liegt in dieser Aussage objektiv allein eine Kritik an der Zuständigkeitsverteilung des Grundgesetzes; Schlüsse dahingehend, daß es zulässig sei, eine zweite Zentralgewalt neben dem Bunde zu schaffen, lassen sich daraus jedoch nicht ziehen.

[109] Dieses — insbesondere für die Auslegung der Art. 83 und 84 GG wichtige — Problem ist neuestens angesprochen bei *Zeidler*, a.a.O., S. 574 bis 577. *Zeidler* geht davon aus, die die Staatsgewalt ausmachende Herrschaft umfasse sowohl die gesetzgebende als auch die vollziehende Funktion (a.a.O., S. 575), und gelangt von daher zu der zutreffenden Feststellung, „daß die Verfassungsbestimmungen, die dem Zentralstaat die Funktion der Gesetzesvollziehung in bestimmtem Umfang entziehen, nicht etwas ausdrücken, was bereits im Wesen des Bundesstaates selbst notwendig enthalten wäre" (a.a.O., S. 575). Schließlich heißt es in bezug auf Art. 83 GG,

Das bedeutet, daß *im Bereich der Landesgesetzgebung die Verwaltungshoheit den Ländern* zusteht und der Bund von der Verwaltungsführung ausgeschlossen ist, in welchen Formen auch immer er die

---

diese Regelung „ändert an dem Staatscharakter des Zentralstaates deshalb nichts, weil der normsetzende Staat Einflußmöglichkeiten (sc. über Art. 84 GG) auf den Vollzug seiner Gesetze behält. Dieser Einfluß ist das Minimum an exekutivischer Funktion des normsetzenden Staates, das notwendig gegegeben sein muß" (sc. um die Staatsqualität des normsetzenden Verbandes annehmen zu können) (a.a.O., S. 576; vgl. auch die zutreffenden Ausführungen *Zeidlers* über die Frage der parlamentarischen Verantwortlichkeit beim Vollzug der Gesetze des Zentralstaates durch die Gliedstaaten, a.a.O., S. 577 unter III). Die umgekehrte Frage, ob ein Verband auf den Vollzug von Gesetzen beschränkt und ob dann gleichwohl noch seine Staatsqualität angenommen werden kann, obwohl er insoweit „die die Staatsgewalt ausmachende Herrschaft", nämlich die vollziehende und die gesetzgebende Funktion (a.a.O., S. 575), nicht innehat, stellt *Zeidler* allerdings nicht. Nur deshalb ist es ihm möglich, zu sagen, der Vollzug der zentralstaatlichen Gesetze durch die Länder sei „mit dem herkömmlichen Begriff des Bundesstaates ... vereinbar" (a.a.O., S. 575, 1. Sp., Abs. 3 und 4; vgl. auch a.a.O., S. 576, Anm. 43, wo ausgeführt ist, die funktionelle Aufteilung zwischen Gesetzgebung und Verwaltung liege nicht im Wesen des bundesstaatlichen Systems).

Demgegenüber bleibt mit *Forsthoffs* unangefochtener (vgl. etwa aus neuester Zeit *Ehard*, Aufgabe, S. 19, Zeilen 1—3; *Meyers*, Struktur, S. 37, Abs. 2, Zeilen 1—5; *Süsterhenn*, Föderalismus, S. 17, Abs. 2, Zeilen 13—18), für den Bereich des Art. 83 GG aber nicht fruchtbar gemachter These festzustellen, daß dem Bundesstaatsbegriff nur eine solche Zuständigkeitsverteilung entspricht, die „unter Beibehaltung des rechtlichen Charakters, also der Staatsnatur der Beteiligten" vorgenommen wird (*Forsthoff*, Körperschaft, S. 31). Wenngleich *Forsthoff* einerseits eine solche bundesstaatliche Zuständigkeitsverteilung auch beim Vollzug der Gesetze des Zentralstaates (Bundes) durch die Gliedstaaten (Länder) als gegeben annimmt (Körperschaft, S. 34, 36 u. ö.), führt er doch anderseits aus, „daß der Bundesstaat nur insoweit bestehen kann, als die Bundesgewalt und die Gliedstaatsgewalt politisch balancieren. ... Die formalrechtlich mögliche Konstruktion, daß die gesamte Gesetzgebung vom Bunde in Anspruch genommen ist, die Gliedstaaten also nur noch zur Vollziehung berufen sind, ist deshalb politisch nicht vollziehbar" (Körperschaft, S. 45 f.). Diese Ausführungen nötigen zu der Annahme, daß der Vollzug der Gesetze des Zentralstaates (Bundes) durch die Gliedstaaten (Länder) keine spezifisch bundesstaatliche Einrichtung ist, weil den Ländern insoweit die Staatlichkeit fehlt: Weder ist der Bund insoweit „entstaatlicht", noch sind die Länder insoweit „verstaatlicht". Damit erweist sich — im Gegensatz etwa zu der Auffassung von *Meyers*, Struktur, S. 36 f. — die Frage als erörternswert, ob die Länder im Bereiche der Art. 83 und 84 GG etwa nur die Stellung von Selbstverwaltungskörperschaften haben. Diese Frage ist für den Vollzug von Reichsgesetzen durch die Länder bereits mehrfach bejaht worden (vgl. z. B. *Hänel*, a.a.O., S. 798 und 322; *Jellinek*, System, S. 294 f., und Allgemeine Staatslehre, S. 771; *Laband*, a.a.O., S. 90 ff., insbesondere S. 103 f.). Als weitere Folge ergibt sich die oben im Text vertretene Auffassung, daß der gesetzgebungsbefugte Verband notwendig zugleich die Verwaltungshoheit innehat, mag diese sich auch quantitativ in einem „Minimum an exekutivischer Funktion des normsetzenden Staates" (*Zeidler*, a.a.O., S. 576), qualitativ aber in der Vor- und Überordnung des normsetzenden Staates äußern (vgl. im übrigen dazu, daß die dem Bund durch Art. 84, Abs. 2 und 5 GG zugewiesenen Befugnisse über das Minimum hinausgehen, das systematisch durch Art. 83 GG gefordert wird, oben B I 1 b bb).

Verwaltungsführung an sich zu ziehen versucht. Diesen Grundsatz hat das Bundesverfassungsgericht im „Fernseh-Urteil" voll angewandt: Am Maßstabe des Art. 73 Ziff. 7 GG prüfte es, ob die Veranstaltung von Rundfunk- und Fernsehsendungen zu dem nach dieser Bestimmung in die ausschließliche Gesetzgebungszuständigkeit des Bundes fallenden Post- und Fernmeldewesen gehört[110]. Das Bundesverfassungsgericht hat damit gesagt, daß der materienmäßige Umfang der den Ländern und dem Bunde zustehenden „staatlichen Befugnisse" und „staatlichen Aufgaben" i. S. des Art. 30 GG gleich dem materienmäßigen Umfang der Bund und Ländern zustehenden Gesetzgebungszuständigkeiten ist[111], und daß also der Bund von der Verwaltung derjenigen Sachgebiete ausgeschlossen ist, die in die Gesetzgebungszuständigkeit der Länder fallen, gleichgültig, in welchen Formen der Bund die Verwaltung führen würde. Aus diesem Grunde hat das Gericht nicht nur die Gründung der „Deutschen-Fernseh-GmbH" für verfassungswidrig — weil nicht mit den Bestimmungen des Art. 30 und 83 ff. GG vereinbar — erklärt[112], sondern ferner ausgesprochen, daß der Bund die Verleihung der Befugnis zur Errichtung und zum Betrieb von Fernmeldeanlagen gemäß § 2 des Gesetzes über Fernmeldeanlagen vom 14. Januar 1928 (RGBl. I S. 8) und Verträge über die Benutzung von bundes-(post)eigenen Rundfunkanlagen nicht von „Auflagen"[113] abhängig machen dürfe, die über den Bereich sendetechnischer Angelegenheiten hinausgingen[114]. Das Gericht hat damit beispielgebend ausgedrückt, daß jeder Partner einer Gemeinschafts-

---

Instruktiv ist in diesem Zusammenhang auch die Bemerkung von *Scheuner*, Ordnung, S. 61, wonach es in der amerikanischen Verfassungstheorie für „selbstverständlich" gehalten wird, daß die Zuständigkeit zu Verwaltung und Rechtsprechung der Zuständigkeit zur Gesetzgebung folgt (bemerkenswert auch *Scheuner*, Ordnung, S. 63, Anm. 17, mit zugehörigem Text). Diese „Akzessorietät" dürfte allein den Bedingungen des Bundesstaatsprinzips entsprechen; eine bundesstaatliche Ordnung dürfte demgemäß dann nicht vorliegen, wenn diese „Akzessorietät" institutionell nicht gegeben ist.

[110] Urteil vom 28. Februar 1961 — 2 BvG 1/60, 2 BvG 2/60 — (amtlicher Umdruck) S. 57—62, insbesondere S. 59 f. = DVBl. 1961, S. 240—246 (Auszug), S. 241 f. = NJW 1961, S. 547—553 (Auszug), S. 548 f.

[111] Ausdrücklich allerdings nur für die staatlichen Befugnisse des Bundes; vgl. insbesondere Leitsatz 5, Satz 1 des Fernseh-Urteils: „Nach der Systematik des GG bezeichnet die Gesetzgebungskompetenz des Bundes die äußerste Grenze für seine Verwaltungsbefugnisse." Vgl. hinsichtlich der Verwaltungsbefugnisse, welche die Länder in eigener Staatlichkeit innehaben, und hinsichtlich der Frage der Staatsqualität der Länder bei ihrer Beschränkung auf den Gesetzesvollzug aber oben Anm. 109.

[112] Amtlicher Umdruck S. 67 letzter Abs. bis S. 68, Abs. 1 i. V. mit S. 57 vorletzter Abs. bis S. 58, Abs. 1.

[113] Gemeint sind damit wohl auch die „Bedingungen" i. S. des § 2, Abs. 2, des Gesetzes über Fernmeldeanlagen.

[114] Amtlicher Umdruck S. 61, Abs. 2 = DVBl. 1961, S. 242 r. Sp., Abs. 2 = NJW 1961, S. 549, letzter Abs.

aufgabe streng auf den ihm verfassungsrechtlich zugewiesenen Beteiligungsanteil beschränkt ist und die Erfüllung dieses Anteils nicht von Bindungen abhängig machen darf, welche die Entscheidungsfreiheit des anderen Partners hinsichtlich seines Beteiligungsanteils beschränken.

Dieser Grundsatz gewinnt eine besondere Bedeutung dort, wo der Beteiligungsanteil des Bundes in der Finanzierung von Landesaufgaben besteht. Das gilt nicht nur auf dem Gebiet der Finanzierung von Landesaufgaben durch den Bund, sondern auch auf dem Gebiet der Finanzierung der Bundesauftragsverwaltung der Länder; hier insofern, als der Bund über die ihm insoweit gewährten Einflußmöglichkeiten[115] hinaus Einflüsse auf die Verwaltungsführung der Länder bzw. der „beauftragten" Landesbehörden und Gemeinden zu nehmen versucht. Es gilt sowohl für die dem Bunde in der „Finanzverfassung" zugewiesene (2) als auch für die von ihm freiwillig bewirkte (3) Finanzierung der Landes-Verwaltungsführung. Schließlich kann die Übernahme bestimmter Sachgebiete in eine Bundes-Verwaltungsführung auf dem Umweg über die Finanzierung von Landesaufgaben zur verschleierten Okkupation von Landesgesetzgebungszuständigkeiten durch den Bund führen (4).

2. *Einflüsse des Bundes auf die Verwaltungsführung der Länder über die dem Bunde in der „Finanzverfassung" zugewiesene Finanzierung der Verwaltungsführung der Länder*

Die letzte Haushaltsdebatte des Bundestages ließ ein merkliches Unbehagen über die derzeitige *„Finanzverfassung"* deutlich werden. Dieses Unbehagen fand in der Forderung des Bundesministers der Finanzen nach einer Neugestaltung der „Finanzverfassung" seinen prägnantesten Ausdruck. Darüber ist hier nicht zu handeln. Der Beteiligungsanteil „Finanzierung" muß und soll hier nur am Maßstab der geltenden „Finanzverfassung" und unter Ausschluß der de lege ferenda zu erörternden Fragen abgegrenzt werden. Im Rahmen unseres Themas interessiert aus dem Bereich der Finanzverfassung nur die Finanzierung der landeseigenen Ausführung von Bundesgesetzen und der Bundesauftragsverwaltung der Länder sowie schließlich die Finanzierung von voll eigenständigen Verwaltungsaufgaben der Länder durch den Bund und die auf dem Umweg über die Finanzierung dieser Aufgaben erfolgende Einmischung des Bundes in die Verwaltungsführung der Länder.

a) Die erheblichen *strukturellen Unterschiede,* die zwischen den in voller Eigenständigkeit zu erfüllenden Landesaufgaben, den in be-

---

[115] Vgl. oben B I 2 a Abs. 9—11.

schränkter Eigenständigkeit zu erfüllenden Landesaufgaben und schließlich den von den Ländern kraft „Bundesauftrages", also durch bloße Abgabe ihrer Organe in bundesunmittelbare Verwaltungsführung, zu erfüllenden Aufgaben bestehen, haben — von der noch zu besprechenden Sondervorschrift des Art. 120 GG abgesehen — *in der Finanzverfassung keinen Niederschlag* gefunden. Art. 106 GG — insbesondere dessen Absätze 3 und 4 — und Art. 109 GG lassen insoweit keine Anpassung der Finanzverfassung an das komplizierte Gefüge der ineinandergreifenden Verwaltungsaufgaben von Bund und Ländern erkennen. Die drei angeführten Verwaltungsformen werden aus der Sicht der Art. 106 und 109 GG völlig gleich behandelt.

Dadurch gewinnt der Bund mittels des vertikalen Finanzausgleichs, den er durch zustimmungsbedürftiges Bundesgesetz bewirkt, einen erheblichen Einfluß auf die in voller Eigenständigkeit wahrzunehmenden Landesaufgaben. Der Bund kann nämlich auf dem Gebiete der landeseigenen Verwaltung und der Bundesauftragsverwaltung die Verwaltungsführung der Länder durch den Erlaß nicht nur der auszuführenden Gesetze, sondern auch von allgemeinen Verwaltungsvorschriften und Einzelweisungen an Hand der auszuführenden Bundesgesetze auch und vor allem auf dem Gebiete der leistungsgewährenden Verwaltung steuern. Daraus folgt, daß zur voll eigenständigen Verfügung der Länder nur diejenigen Mittel stehen, deren Verausgabung der Bund durch den Erlaß von allgemeinen Verwaltungsvorschriften und Einzelweisungen nicht beeinflussen kann. Infolge des Zusammenspiels zwischen den Art. 83 ff. GG mit den weitgehenden Verwaltungsbefugnissen des Bundes in Art. 84 Abs. 2 und 5 GG sowie in Art. 85 Abs. 2 und 3 GG und der Zuständigkeit des Bundes für den vertikalen Finanzausgleich gemäß Art. 106 Abs. 4 GG liegt es wesentlich in der Hand des Bundes, ob und inwieweit die Länder auf den ihnen in voller Eigenständigkeit zugewiesenen Gebieten tätig werden können. Der Bund verwaltet auf Grund von Bundesgesetzen über Art. 84 Abs. 2 und 5 GG sowie Art. 85 Abs. 2 und 3 GG mittelbar einen wesentlichen Teil der Landeshaushalte, indem er durch Ausnutzung seines Rechts zum Erlaß von allgemeinen Verwaltungsvorschriften und Einzelweisungen gewissermaßen den Inhalt der zu Lasten der Landeshaushalte erteilten Zahlungsanweisungen bindend vorschreibt und die dafür erforderlichen Mittel aus den Landeshaushalten für Bundeszwecke vorausgaben läßt. Das wird besonders bedeutsam auf den Sachgebieten, auf denen die spezifischen Vollzugsakte gerade in der Gewährung von Leistungen bestehen. Damit wird von vornherein ein großer Teil der Landeshaushalte für die Erfüllung von Bundesaufgaben beansprucht, die infolge der bundesgesetzlichen Statuierung der Leistungstatbestände und der Bindung der Verwaltungsstellen der Länder an die Bundesgesetze, allgemeinen Verwaltungsvorschriften und Einzelweisungen des Bundes zunächst sichergestellt sein muß, bevor die Länder die von ihnen in voller Eigenständigkeit zu erfüllenden Aufgaben aus ihren Haushalten finanzieren und mithin tatsächlich erfüllen können. Deshalb ist die Gestaltung des Finanzausgleichsgesetzes nach Art. 106 Abs. 4 GG für die Aufgabenerfüllung der Länder in ihrem staatlichen Bereich grundlegend bedeutsam.

b) Anders ist die Sachlage im Bereiche des *Art. 120 GG*. Wenn diese Bestimmung u. a. anordnet, daß der Bund nach näherer Bestimmung eines Bundesgesetzes die Aufwendungen für die Besatzungskosten und die sonstigen inneren und äußeren Kriegsfolgelasten zu tragen hat, so ordnet sie damit die Finanzverantwortung auf Gebieten, welche die Länder gemäß Art. 83 und 84 GG in landeseigener Verwaltung zu führen haben, dem Bunde zu. In dieser Bestimmung zeigt sich auf haushaltsrechtlichem Gebiet ganz deutlich, daß es sich bei der landeseigenen Ausführung von Bundesgesetzen eigentlich um eine dezentralisierte Bundesverwaltung, anders ausgedrückt, um die Verwaltungsform eines mehr zentralistischen als partikulären Bundesstaates (*Giese:* nach dem Maß der Verteilung der Zuständigkeiten zwischen Gesamtstaat und Gliedstaaten) handelt; Art. 120 GG läßt sich theoretisch nur im Zusammenhang mit der Tatsache deuten, daß es sich bei der landeseigenen Ausführung von Bundesgesetzen im Grunde um eine körperschaftlich dezentralisierte[116] Bundesverwaltung handelt[117], und daß infolgedessen die gemäß Art. 120 GG aus dem Bundeshaushalt bereitzustellenden Mittel durch die Länder für Bundeszwecke verausgabt werden. Art. 120 GG hat sich als ein Einfallstor für Versuche des Bundes erwiesen, seinen Einfluß auf die landeseigene Ausführung von Bundesgesetzen über den Rahmen der ihm grundgesetzlich zuerkannten Einflußmöglichkeiten hinaus zu verstärken[118]. Von diesen sind vor allem die *Einführung von „Interessenquoten“*[119], d. h.

---

[116] Vgl. oben Anm. 109.

[117] Vgl. oben B I 1 a Abs. 1. — *Köttgen*, JöR, a.a.O., S. 88, meint sogar, die Regelung des Art. 120 GG sei „an sich nur der Bundesauftragsverwaltung adäquat“. Diese Auffassung deckt sich mit der hier vorgetragenen jedenfalls insoweit, als sie zum Ausdruck bringt, daß Art. 120 GG nicht die einer bundesstaatlichen Zuständigkeitsverteilung entsprechende Finanzierungsvorschrift ist. Ob allerdings „verfassungsimmanente Widersprüche“ zwischen Art. 83 GG einerseits, Art. 120 GG anderseits bestehen, wie *Köttgen* annimmt (JöR, a.a.O., S. 88, Abs. 4 einerseits, S. 87, letzter Abs., bis 88, Abs. 3 anderseits), wird davon abhängen, ob Art. 83 GG institutioneller Ausdruck des Bundesstaatsprinzips ist oder aber das Prinzip der körperschaftlich dezentralisierten Bundesverwaltung verkörpert (vgl. dazu oben Anm. 109).

[118] Vgl. dazu *Görg*, DÖV, a.a.O., S. 274—276; *Köttgen*, DÖV 1955, S. 490 f., und JöR, a.a.O., S. 87—89; *Krause*, a.a.O., S. 278 f.; *Kurzwelly*, a.a.O., S. 281 bis 285.

[119] Vgl. *Kurzwelly*, a.a.O., S. 281 f.

prozentuale Beteiligungen der Länder an den entstehenden Verwaltungskosten, und der Versuch der Begründung eines außerhalb des Art. 84 Abs. 5 GG bestehenden sogenannten *haushaltsrechtlichen Weisungsrechts des Bundes*[120] zu erwähnen. Beides erscheint grundgesetzlich sehr bedenklich. Der Bund befindet sich insoweit in der entsprechenden Lage wie die Länder auf den nach Art. 106 GG zu finanzierenden Gebieten der landeseigenen Ausführung der Bundesgesetze. Ebenso wie die Länder dort die über Art. 84 Abs. 2 und 5 GG einströmenden und sich haushaltsrechtlich auswirkenden Bundeseinflüsse nicht abwehren können, muß es der Bund auf den nach Art. 120 GG zu finanzierenden Gebieten der landeseigenen Ausführung von Bundesgesetzen hinnehmen, daß die Länder von ihrer ohnehin durch Art. 84 Abs. 2 und 5 GG erheblich beschnittenen körperschaftlichen Verwaltungszuständigkeit selbständig und mit den dementsprechenden finanziellen Folgen für den Bund Gebrauch machen: Der Träger der Verwaltungsbefugnisse, nicht der Träger der haushaltsrechtlichen Befugnisse entscheidet primär über die aus dem Haushalt zu leistenden Aufgaben. Diesen Satz darf der Bund im Bereiche der nach Art. 106 GG zu finanzierenden landeseigenen Ausführung von Bundesgesetzen zu seinen Gunsten geltend machen, er muß ihn im Bereiche der nach Art. 120 GG zu finanzierenden landeseigenen Ausführung von Bundesgesetzen aber auch gegen sich gelten lassen. Dieser Satz gilt für den Bereich des Art. 120 GG vor allem deshalb, weil die im Bereiche dieser Bestimmung vom Bund aufzubringenden Mittel den Gegenstand der Vollzugsakte bilden, die auf Grund der auszuführenden Gesetze ergehen. Die Verausgabung dieser Mittel richtet sich also primär nach den Vorschriften des auszuführenden Gesetzes und erst sekundär nach den spezifisch haushaltsrechtlichen Vorschriften. Eben deshalb bedeuten sowohl das Einführen einer Interessenquote als auch die Annahme eines sogenannten haushaltsrechtlichen Weisungsrechts eine erhebliche Einflußnahme des Bundes auf die Verwaltungsführung der Länder, die im Falle der Interessenquoten mittelbar, im Falle des Weisungsrechts unmittelbar wirksam wird. Einflüsse auf die Verwaltungsführung der Länder werden dem Bunde über den Rahmen einer reinen Rechtsaufsicht hinaus nur nach Maßgabe des Art. 84 Abs. 2 und 5 GG zugestanden[121]. Diese Vorschriften — die ohnedies den Rahmen einer landeseigenen Ausführung von Bundesgesetzen sprengen — reichen auch aus, um die Verwaltungsführung der Länder zu steuern[122]. Das Grundgesetz hat die Ausführung der Bundesgesetze nach Maßgabe der Art. 83 und 84 GG

---

120 Vgl. *Krause*, a.a.O., S. 280 f.

121 So zutreffend *Gerner*, a.a.O., S. 195.

122 So zutreffend die Auffassung des Bundesrates (vgl. Sten.Ber. über die 136. Sitzung, S. 33 D).

körperschaftlich auf die Länder gestellt. Dies gilt auch insoweit, als die Vollzugsakte gerade Verwaltungsleistungen zum Inhalt haben.

c) Auch auf dem Gebiete der *Bundesauftragsverwaltung* sind Versuche des Bundes festzustellen, über den Umweg der ihm zugewiesenen Finanzierung Einfluß auf den außerhalb der Reichweite der Bundesauftragsverwaltung liegenden „eigenen" Aufgabenbereich der „beauftragten" Stellen zu gewinnen.

Ausgangspunkt dieser Bestrebungen ist *§ 351 Abs. 3 LAG*, wonach der Bund die Hälfte der in Abs. 2 dieser Bestimmung näher umschriebenen Kosten auf dem Gebiete der Ausgleichsleistung zu erstatten hat. Diese Bestimmung gibt dem Bund keinerlei Rechte, auf die Verwaltungsführung der beauftragten Stellen im Zusammenhang mit der Kostenerstattung irgendwelche Einflüsse zu nehmen. Wenn das Bundesausgleichsamt aber die Zahlung des vorgeschriebenen Verwaltungskostenbeitrages von einer aufwendigeren Besetzung der nach § 308 LAG bei den Kreisen errichteten Ausgleichsämter abhängig macht[123], so wird damit ein Bundeseinfluß geltend gemacht, der nicht nur im Widerspruch zu § 351 Abs. 3 LAG steht, sondern das ohnehin nicht unbedenkliche Institut der Bundesauftragsverwaltung der Länder unter Verkennung seiner Struktur in grundgesetzwidriger Weise auf die Figur der bundeseigenen Verwaltung hin verschiebt.

Das Institut der Bundesauftragsverwaltung der Länder kann sinnvoll nur funktionieren, wenn der Bereich der inneren Organisation der „beauftragten" Stellen von Einflüssen des „Auftraggebers" frei gehalten wird. Das folgt aus der Tatsache, daß diese Organisation primär eben nicht zur Erfüllung der „vermöge Auftrages" wahrzunehmenden Aufgabe geschaffen wurde, sondern daß umgekehrt der „Auftrag" erteilt wird, weil die vom „Auftraggeber" vorgefundene Organisation auch seinen Zwecken dienstbar gemacht werden kann.

Ebenso, wie die bereits dargestellten[124] personalrechtlichen Einflüsse des „Auftraggebers" in den eigenen körperschaftlichen Bereich des „Beauftragten" ausstrahlen, bleiben auch organisatorische Einflüsse des „Auftraggebers" auf dem Gebiete der inneren Organisation in jenen Bereich nicht ohne solche Ausstrahlungen. Die Rechtfertigung der Figur der Bundesauftragsverwaltung der Länder steht und fällt aber mit dem Nachweis, daß die in ihrem Rahmen zulässigen Einflüsse des Auftraggebers nicht in den „eigenen" Bereich des „Beauftragten" hineinwirken.

Das vorbildliche Modell der Steinschen Städteordnung hatte gerade deshalb vorgesehen, daß der Staat wählen konnte, ob er die örtliche Polizei durch den Magistrat „vermöge Auftrages" oder durch staatliche

---

[123] Vgl. *Becker*, Referat unter B I Abs. 9.

[124] Vgl. oben B I 2 a Abs. 9—11.

örtliche Polizeibehörden wahrnehmen lassen wollte. Diese Wahlmöglichkeit gestattete es einerseits dem Staat in den Fällen, in denen die innere Organisation der städtischen Verwaltung eine zweckmäßige Polizeiausübung nicht zu gewährleisten schien, staatliche Behörden zu errichten. Sie bewahrte anderseits die Städte davor, ihre innere Organisation, die auf eine ordnungsgemäße Erfüllung der Selbstverwaltungsaufgaben hin zugeschnitten war, allein im Hinblick auf eine ihnen organschaftlich überbürdete staatliche Polizeifunktion umstellen oder erweitern zu müssen.

Die angesprochene Bestimmung der Steinschen Städteordnung bezeichnet deshalb genau die Grenze, bis zu der das Institut einer Auftragsverwaltung sinnvoll angewendet werden kann.

Dem Bunde wird nach Art. 120 a GG eine solche Wahlmöglichkeit nicht zugestanden. Die Bestimmung läßt zwar zu, daß das Lastenausgleichsgesetz auf dem Gebiete der Ausgleichsleistungen teils durch den Bund, teils im Auftrage des Bundes durch die Länder ausgeführt wird, aber das bedeutet gerade, daß jedenfalls die Verwaltung auf der untersten Stufe — und das ist die Stufe der Ausgleichsämter — durch die Länder im Auftrage des Bundes auszuführen ist. Der Bund ist mithin grundgesetzlich insoweit auf die Ausführung des Gesetzes durch Behörden angewiesen, die unter Umständen die zugewiesene Aufgabe nicht sachgerecht erfüllen können. Das zeigt einmal mehr die verfassungsrechtliche Bedenklichkeit der Bundesauftragsverwaltung der Länder, die einerseits nur in beschränktem Maße das leisten kann, was man von ihr erwartet, anderseits aber durch den „Auftraggeber" nicht umorganisiert werden darf, weil er sonst den letzten Schritt zur Umwandlung der „beauftragten" Behörden in Bundesbehörden tun und damit die Grenzen der Auftragsverwaltung überschreiten würde.

3. Einbrüche des Bundes in die volle Eigenständigkeit der Länder über die freiwillige Finanzierung von Landesaufgaben durch den Bund

Äußerten sich in den bisher behandelten Fällen „Ausuferungen" der Finanzierungsfunktion des Bundes, so treten Bundeseinflüsse verstärkt dort zutage, wo der Bund eine ihm *nicht in der Finanzverfassung zugewiesene Finanzierungsfunktion* an sich zieht, in Anknüpfung an diese das finanzierte Sachgebiet in Verwaltung nimmt und schließlich seiner Gesetzgebung unterwirft[125]. Als Beispiel dieser stufen-

[125] Instruktiv für die strukturell analoge Entwicklung in den USA: *Scheuner,* Ordnung, S. 62, 78 und S. 79, Anm. 48: Auch dort begründet „die Bewilligung von Subsidien des Bundes mit daran geknüpften Bedingungen" (Ordnung, S. 78) „eine immer wachsende Zusammenarbeit und Aufsicht der Zentrale auch über administrative Bereiche der Einzelstaaten" (Ord-

weisen Verdrängung der Länder aus ihrer hier allein grundgesetzgemäßen vollen Eigenständigkeit sei das *„Honnefer Modell"* betrachtet. Im Bundeshaushaltsplan für 1960 wurden im Einzelplan 06 — Geschäftsbereich des Bundesministers des Innern — Kapitel 0602 — Allgemeine Bewilligungen — Titel 615 unter a für die Studentenförderung 58 8000 000 DM veranschlagt, von denen für die Förderung nach dem Honnefer Modell gemäß den Erläuterungen zu diesem Titel 47 150 000 DM vorgesehen waren.

Nach § 17 RHO dürfen in den Haushaltsplan des Bundes nur solche Ausgaben aufgenommen werden, die — außer für die Bundesverwaltung — zur Erfüllung der Aufgaben und der rechtlichen Verpflichtungen des Bundes notwendig sind. Die Bereitstellung von Mitteln im Bundeshaushalt ist mithin nach dieser Vorschrift, die materiell als Verfassungsvorschrift anzusehen ist, abhängig von dem Nachweis einer rechtsgültig begründeten Aufgabe des Bundes. Ausgaben für die Studentenförderung dürfen mithin nur dann im Bundeshaushalt veranschlagt werden, wenn der Bund für die Studentenförderung zuständig sein sollte. Wie bereits mehrfach dargelegt wurde, ist die Verwaltungszuständigkeit des Bundes stets abhängig von einer entsprechenden Gesetzgebungszuständigkeit des Bundes. Eine Gesetzgebungszuständigkeit des Bundes für die Studentenförderung besteht aber nicht. Sie läßt sich insbesondere nicht aus Art. 74 Ziff. 13 GG ableiten, der dem Bunde die konkurrierende Gesetzgebungszuständigkeit nur für die Förderung der wissenschaftlichen Forschung zuweist. Denn wenn auch unter das Sachgebiet „Förderung der wissenschaftlichen Forschung" das dementsprechende Fördern nicht nur durch Bereitstellung organisatorischer Maßnahmen (Schaffung bestimmter notwendiger Institutionen und Organisationen), sondern auch durch Bereitstellung geldlicher Mittel (finanzielle Beihilfen) gehören, so muß es sich doch immer um die wissenschaftliche Forschung im spezifischen Sinne des Begriffs, nicht um das „wissenschaftliche Forschen" von Studierenden im Rahmen ihres Hochschulstudiums und ihrer Hochschulausbildung handeln, da diese Studierenden im Zeitpunkt der finanziellen Zuwendungen an sie überhaupt nicht und später — wenn überhaupt, so — doch nur zu einem geringen Bruchteil wissenschaftliche Forschung im spezifischen Sinne des Begriffs betreiben. — Daß übrigens der Haushaltsgesetzgeber selbst die von § 17 RHO vorausgesetzte Bundesaufgabe hinsichtlich der Bereitstellung der Mittel für

---

nung, S. 62), hat also dieselben Wirkungen wie verfassungsgesetzlich herbeigeführte „drastischere Kompetenzverschiebungen" (vgl. Ordnung, S. 79, Anm. 48).

[126] Vgl. etwa *Hamann*, a.a.O., Erl. B 24 zu Art. 74, S. 336 mit weiteren Nachweisen.

das Honnefer Modell nicht aus Art. 74 Ziff. 13 GG abgeleitet hat, er-
im selben Kapitel 0602 ein anderer, besonderer Titel 614 gewidmet ist.
gibt sich daraus, daß der Förderung der wissenschaftlichen Forschung

Grundlage für die Einstellung des Titels 615 a in den Bundeshaushaltsplan 1960 waren allein die Empfehlungen für eine hochschulgerechte Förderung von begabten und bedürftigen Studenten, die auf der Hochschulreform-Tagung in Bad Honnef vom 18. bis 22. Oktober 1955 unter Beteiligung des Bundes, der Länder, der Westdeutschen Rektorenkonferenz, des Hochschulverbandes, des Deutschen Studentenwerks und des Verbandes deutscher Studentenschaften zustande gekommen waren[127]. Die Zweckmäßigkeit dieser Regelung soll hier ebensowenig behandelt werden wie die Frage, ob sie de lege ferenda eine Legalitätsgrundlage erhalten sollte. Hier ist nur festzustellen, daß diese Empfehlungen eine grundgesetzgemäße Grundlage für die teilweise Inverwaltungnahme der Studentenförderung durch den Bund deshalb nicht bilden konnten, weil der Bund einerseits bei Vereinbarung dieser Empfehlungen eine Zuständigkeit zur Studentenförderung nicht besaß, und weil anderseits die Empfehlungen nicht imstande waren, die grundgesetzliche Zuständigkeitsordnung zu ändern[128]. Die gemäß § 17 RHO für eine Aufnahme des Titels 615 a in den Bundeshaushaltsplan erforderlichen Voraussetzungen waren damit nicht gegeben. Bemerkenswert erscheint insoweit, daß die Vorbemerkung zu Kapitel 0602 — innerhalb dessen der Titel 615 a seinen Platz hat — lautet: „Hier sind Mittel veranschlagt, die — vorwiegend als Zuschuß- und Förderungsmittel — zur mittelbaren Erfüllung bundeswichtiger Aufgaben notwendig sind.“

Damit hat der Bund in dem beschriebenen Fall — wie auch in einer Reihe weiterer Fälle — in Umkehrung des Grundsatzes des § 17 RHO „auf der alleinigen Grundlage seines Haushaltes unmittelbare Sachkompetenzen entwickelt“[129].

---

[127] Vgl. *Kölble*, DÖV 1960, S. 650, Anm. 10.

[128] Vgl. dazu oben Anm. 96.

[129] *Köttgen*, JöR, a.a.O., S. 80, dort (1954!) allerdings nicht mit unmittelbarer Bezugnahme auf das Honnefer Modell. Die Auffassung von *Maunz*, Kulturhoheit, S. 10 f., es sei zwar verfassungswidrig, daß der Bund derartige Zuschüsse gebe, jedoch nicht verfassungswidrig, daß die Länder derartige Zuschüsse entgegennähmen, vermag nicht zu überzeugen. Es ist nicht nur ein Unterschied im „Gesichtspunkt“ (Kulturhoheit, S. 10, Abs. 2), im „Titel“ (ebda.) oder in der „Begründung“ (Kulturhoheit, S. 11), sondern ein den Status der Länder berührender struktureller Unterschied, wenn die Länder die bisher zuschußweise und zweckgebunden aus dem Bundeshaushalt gewährten Werte im Wege des Finanzausgleichs erhalten, über diese im Wege der Landes-Haushaltsgesetze verfügen und schließlich auf Grund der Landes-Haushaltsgesetze verausgaben.

4. *Verschleierte Okkupation von Bundesgesetzgebungszuständigkeiten*

Von dort aus hat der Bund seine *Einflußnahme auf den Gesetzgebungsbereich ausgedehnt.* Denn die Richtlinien des Bundesministers des Innern, nach denen die für die Förderung im Rahmen des Honnefer Modells vorgesehenen Mittel vergeben werden, erfüllen insoweit die Funktion von gesetzvertretenden Verordnungen[130]. Die mit der Vergabe der Mittel nach diesen Richtlinien betrauten Studentenwerke aber sind nichts anderes als „beauftragte" Stellen im Rahmen einer Bundesauftragsverwaltung[131]. Damit hat der Bund über den Haushaltsplan staatliche Funktionen an sich gezogen, die im Bereich der Gesetzgebung im Verordnungswege, im Bereich der Verwaltung durch eine Bundesauftragsverwaltung wahrgenommen werden, ohne daß die Tätigkeit des Bundes oder seiner Organe auf gültige Zuständigkeitsnormen gestützt werden könnte: Weder besteht zugunsten des Bundes eine Zuständigkeitsnorm, noch wurde dem Bundesminister des Innern eine den Vorschriften des Art. 80 GG entsprechende Ermächtigung zum Erlaß von Rechtsverordnungen erteilt[132], noch wurden die — die Funktion von gesetzvertretenden Verordnungen erfüllenden — Richtlinien des Bundesministers des Innern als Rechtsverordnungen verkündet, noch lassen sich Zuständigkeitsnormen nach-

[130] Diese Feststellung kann unabhängig von der Beantwortung der Frage getroffen werden, „ob die herkömmliche Abgrenzungsformel für den Vorbehalt des Gesetzes (ein Gesetz sei überall erforderlich, wo ‚Eingriffe in Freiheit und Eigentum' in Frage stünden) seit der Hinwendung zu einer ‚egalitär-sozialstaatlichen' Denkweise noch ausreiche" (*Kölble*, DÖV 1960, S. 656, Anm. 50, unter Heranziehung von BVerfGE 8, 166 f.). Denn die Bejahung dieser Frage würde — sofern der Begriff des Vorbehalts des Gesetzes nicht mit dem Gesetzesbegriff als solchem vermengt werden soll — nur bedeuten, daß die Verwaltung Leistungen auch gewähren könne, ohne durch eine diese Leistungen vorschreibende oder gestattende Norm gedeckt zu sein. Die Bejahung der Frage würde hingegen nicht die Annahme rechtfertigen, daß Anordnungen von Regierungs- oder Verwaltungsstellen, die generell und abstrakt Voraussetzungen für die Gewährung von Leistungen normieren — also nach ihrem materiellen Gehalt Rechtsverordnungen sind —, nicht der für den Erlaß von Rechtsverordnungen vorgeschriebenen Form bedürfen, sondern in der Form von Verwaltungsanordnungen, Richtlinien o. ä., erlassen werden könnten. Deshalb sind die nur intern bekanntgegebenen Richtlinien des Bundesministers des Innern, welche „die Voraussetzungen normieren, unter denen der Bund bereit ist, Mittel für die genannten Zwecke zur Verfügung zu stellen" (*Kölble*, DÖV 1960, S. 650), Rechtsverordnungen, die der vorgeschriebenen Form ermangeln.

[131] Insoweit liegen die Dinge etwa beim Bundesjugendplan anders: Die dort geförderten Verbände sind Empfänger der gewährten Leistungen. Die Studentenwerke dagegen sind im Rahmen des Honnefer Modells Verwaltungsstellen zur Verteilung der Gelder an die Empfänger.

[132] Eine solche Ermächtigung hätte freilich eine entsprechende Gesetzgebungszuständigkeit des Bundes zur Voraussetzung gehabt, weil der Bundesgesetzgeber im Rahmen des Art. 80 GG nur Gesetzgebungszuständigkeiten des Bundes delegieren kann.

weisen, auf welche die Tätigkeit der Studentenwerke bei der Vergabe von Bundesmitteln gestützt werden könnte: Insoweit der Bund auf dem Gebiete des Honnefer Modells durch den Bundesminister des Innern gesetzgebend, durch die nach den Richtlinien des Bundesministers des Innern als „beauftragte“ Stellen tätigen Studentenwerke verwaltend tätig wird, hat seine Tätigkeit keine rechtliche Grundlage.

Das mag mit Recht bedauert werden; festzustellen bleibt aber, daß eine Verfassung nur befolgt oder geändert, aber nicht als nicht bestehend behandelt werden darf, wenn sie ihre Autorität behalten soll.

Literaturverzeichnis

Anschütz, Gerhard: Die Verfassung des Deutschen Reiches vom 11. August 1919, Berlin (Stilke), 14. Aufl. 1933.

Bachof, Otto: Teilrechtsfähige Verbände des öffentlichen Rechts. Die Rechtsnatur der Technischen Ausschüsse des § 24 der Gewerbeordnung, in: AöR 83, 1958, 208—279.

Becker, Erich: Das Verhältnis zwischen Aufgaben und Leistungskraft der Gemeinden, in: Nachrichtenblatt Gemeindetag Rheinland-Pfalz 1960, Nr. 7/8 (Hauptreferat anläßlich der Mitgliederversammlung des Gemeindetages Rheinland-Pfalz am 23. Juni 1960 in Bingen). — Referat —

— Die Ausführung von Bundesgesetzen durch Gemeinden und Gemeindeverbände, in: BayVerwBl. 1961, 65—70.

Böhm, Gustav: Zur Rechtsstellung der Bundesoberbehörde, in: DVBl. 1950, 746—747.

Ehard, Hans: Aufgabe und Bewährung des Bundesrates. Referat, gehalten auf der staatswissenschaftlichen Arbeitstagung „Föderalistische Ordnung“ in Mainz am 9./10. März 1961, in: Presseveröffentlichungen über den Bundesrat, Nr. 126, vom 20. März 1961, S. 19—44. — Aufgabe —

Enneccerus, Ludwig, und Hans-Carl *Nipperdey:* Allgemeiner Teil des Bürgerlichen Rechts, Erster Halbband: Allgemeine Lehren, Personen, Rechtssubjekte, Tübingen (Mohr), 15. Aufl. 1959.

Forsthoff, Ernst: Die Öffentliche Körperschaft im Bundesstaat. Eine Untersuchung über die Bedeutung der institutionellen Garantie in den Artikeln 127 und 137 der Weimarer Reichsverfassung. Tübingen (Mohr) 1931. — Körperschaft —

— Fragen der Zuständigkeit des Bundes auf dem Gebiet des Wasserrechts, Rechtsgutachten in Heft 2 der Schriftenreihe „Gegenwartsfragen der Wasserwirtschaft“, herausgegeben von der Arbeitsgemeinschaft zur Förderung der Industrie-Wasserwirtschaft im Bundesverband der Deutschen Industrie, Köln 1956. — Rechtsgutachten —

Füsslein: Mischverwaltung oder Mitverwaltung? in: DVBl. 1956, 1—4.

Gerner, Erich: Zur Frage der „Mischverwaltung“ im Verhältnis zwischen Bund und Ländern, in: BayVerwBl. 1955, 193—195.

Görg, Hubert: Bundesauftragsangelegenheiten der Gemeinden und ihre Pflichtaufgaben nach Weisung, in: DÖV 1961, 41—46.

— Zur Frage der Erweiterung der Bundesauftragsverwaltung, in: DÖV 1955, 273—278.

Haas, Diether: Bundesgesetze über Organisation und Verfahren der Landesbehörden (Art. 84 Abs. I des Grundgesetzes), in: AöR 80, 81—101.

Hänel, Albert: Deutsches Staatsrecht. Erster Band: Die Grundlagen des deutschen Staates und die Reichsgewalt. Leipzig (Duncker und Humblot) 1892.

Hamann, Andreas: Das Grundgesetz für die Bundesrepublik Deutschland. Ein Kommentar für Wissenschaft und Praxis. Berlin-Neuwied-Darmstadt (Luchterhand), 2. Aufl. o. J. (1961).

von Hausen, Heinz: Nochmals: Die Zuständigkeit des Bundesgesetzgebers aus Art. 84 Abs. 1 und 85 Abs. 1, in: DÖV 1960, 1—6.

— Zur Diskussion über die Bundeszuständigkeit aus Art. 84 und 85 GG, in: DÖV 1960, 441—444.

von Hausen, Heinz, und Hans-Jürgen *von der Heide:* Die rechtliche und funktionelle Bedeutung der Artikel 84 und 85 GG, in: DÖV 1958, 753—757.

Held, Kurt: Der autonome Verwaltungsstil der Länder und das Bundesratsveto nach Art. 84 Abs. 1 des Grundgesetzes, in: AöR 80, 1955, 50—80.

Huber, Ernst-Rudolf: Wirtschaftsverwaltungsrecht, Bd. 1, Tübingen (Mohr), 2. Aufl. 1953.

Jellinek, Georg: System der subjektiven öffentlichen Rechte, Tübingen (Mohr), 2. Aufl. 1919. — System —

— Allgemeine Staatslehre, Berlin (Springer), 3. Aufl. 1929. — Allgemeine Staatslehre —

Jesch, Dietrich: Rechtsstellung und Rechtsschutz der Gemeinden bei der Wahrnehmung „staatlicher" Aufgaben, in: DÖV 1960, 739—746.

Katzenstein, Dietrich: Rechtliche Erscheinungsformen der Machtverschiebung zwischen Bund und Ländern, in: DÖV 1958, 593—604.

Kölble, Josef: Wer haftet dem Bund bei fehlerhaftem Vollzug von Bundesgesetzen durch die Länder? In: DÖV 1959, 807—813.

— Verwaltungsabkommen zwischen Bund und Ländern, in: DÖV 1960, 650 bis 661.

Köttgen, Arnold: Das Verwaltungsverfahren als Gegenstand der Bundesgesetzgebung, in: DÖV 1952, 422—425.

— Der Einfluß des Bundes auf die deutsche Verwaltung und die Organisation der bundeseigenen Verwaltung, in: JöffR NF., Bd. 3, S. 67—147.

— Der Einwand der Mischverwaltung und das Grundgesetz, in: DÖV 1955, 485—492.

— Die Gemeinde und der Bundesgesetzgeber. Schriftenreihe des Vereins zur Pflege kommunalwissenschaftlicher Aufgaben e. V., Berlin, Bd. 1, Stuttgart (Kohlhammer) 1957.

— Das umstrittene Mandat zur Jugendpflege, in: DÖV 1961, 1—8.

Kratzer, Jakob: Die Bundesoberbehörde, in: DÖV 1950, 529—536.

Krause, Wolfgang: Die Verwaltung von Haushaltsmitteln des Bundes durch die Länder und Gemeinden, in: DÖV 1955, 278—281.

Kurzwelly, Friedrich-Wilhelm: Die Neuordnung der Kriegsfolgenhilfe, in: DÖV 1955, 281—285.

Laband, Paul: Das Staatsrecht des Deutschen Reiches, Bd. 1, Tübingen (Mohr), 5. Aufl. 1911.

von Mangoldt, Hermann: Das Bonner Grundgesetz, Berlin und Frankfurt/Main (Vahlen) 1953.

von Mangoldt, Hermann, und Friedrich *Klein:* Das Bonner Grundgesetz, Berlin und Frankfurt/Main (Vahlen), 2. Aufl. 1955 ff.

Maunz, Theodor: Deutsches Staatsrecht, München und Berlin (Beck), 1. Aufl. 1951, 10. Aufl. 1961.

— Gesetzgebung und Verwaltung in deutschen Verfassungen, in: Nawiasky-Festschrift 1956, S. 255—268.

— Die Kulturhoheit der Länder. Referat, gehalten auf der Staatswissenschaftlichen Arbeitstagung „Föderalistische Ordnung" in Mainz am 9./10. März 1961, in: Presseveröffentlichungen über den Bundesrat, Nr. 126, vom 20. März 1961, S. 2—18. — Kulturhoheit —

Meyers, Franz: Die föderalistische Struktur der Bundesrepublik Deutschland. Referat, gehalten auf der Staatswissenschaftlichen Arbeitstagung „Föderalistische Ordnung" in Mainz am 9./10. März 1961, in: Presseveröffentlichungen über den Bundesrat, Nr. 125, vom 16. März 1961, S. 31—57. — Struktur —

Nawiasky, Hans: Die Grundgedanken des Grundgesetzes für die Bundesrepublik Deutschland, Stuttgart und Köln (Kohlhammer) 1950.

Pathe, Karl: Die Ausführung der Bundesgesetze, in: DVBl. 1951, 681—685.

Peters, Hans: Gutachten über verfassungsrechtliche Fragen des Entwurfes eines Gesetzes über die Regelung der Beziehungen zwischen Ärzten, Zahnärzten und Krankenkassen (Kassenarztrecht), Köln 1953 (nicht veröffentlicht). — Gutachten —

Rohwer-Kahlmann, Harry: Verfassungsrechtliche Schranken der Zustimmungsgesetze, in: AöR 79, 1954, 208—226.

Schäfer, Hans: Bundesaufsicht und Bundeszwang, in: AöR 78, 1953, 1—49.

— Die bundeseigene Verwaltung, in: DÖV 1958, 241—248.

— Die Bundesauftragsverwaltung, in: DÖV 1960, 641—649.

Scheuner, Ulrich: Die föderalistische Ordnung in den Vereinigten Staaten und der Schweizerischen Eidgenossenschaft. Referat, gehalten auf der Staatswissenschaftlichen Arbeitstagung „Föderalistische Ordnung" in Mainz am 9./10. März 1961, in: Presseveröffentlichungen über den Bundesrat, Nr. 125, vom 16. März 1961, S. 58—91. — Ordnung —

Schneider, Hans: Staatsverträge und Verwaltungsabkommen zwischen deutschen Bundesländern, in: DÖV 1957, 644—651.

— Körperschaftliche Verbundverwaltung, verfassungsrechtliche Betrachtungen über die Bildung von landesunmittelbaren und bundesunmittelbaren Verwaltungsträgern durch Bundesgesetz, in: AöR 83, 1958, 1—25.

Süsterhenn, Adolf: Föderalismus und Freiheit. Referat, gehalten auf der Staatswissenschaftlichen Arbeitstagung „Föderalistische Ordnung" in Mainz am 9./10. März 1961, in: Presseveröffentlichungen über den Bundesrat, Nr. 125, vom 16. März 1961, S. 11—30. — Föderalismus —

Triepel, Heinrich: Die Reichsaufsicht. Untersuchungen zum Staatsrecht des Deutschen Reiches, Berlin (Springer) 1917.

Wolff, Hans J.: Organschaft und Juristische Person. Bd. 1: Juristische Person und Staatsperson, Bd. 2: Theorie der Vertretung. Berlin (Heymann) 1933 und 1934.

— Verwaltungsrecht I, München und Berlin (Beck), 3. Aufl. 1959.

Zeidler, Karl: Ausführung von Landesgesetzen durch Bundesbehörden, in: DVBl. 1960, 573—580.

Bericht über die Diskussionsbeiträge zu den Vorträgen über „Gemeinschaftsaufgaben zwischen Bund, Ländern und Gemeinden"

Von Dr. *Hans Heinrich Rupp*, Universität Tübingen

I.

Die Diskussion über den Vortrag von Ministerialrat Dr. *Kölble* (Bonn) „Gemeinschaftsaufgaben zwischen Bund und Ländern sowie zwischen den Ländern — Arten, Formen und Ziele" unterstrich die Aktualität des Themas und spiegelte vor allem die noch offene rechtliche Definition und Problematik der Gemeinschaftsaufgaben wider.

Regierungsdirektor *v. Jouanne* (Bad Godesberg) vertrat als erster Diskussionsredner am Beispiel der Verteilung von ERP-Mitteln zum Zwecke der Reinhaltung der Wasserläufe die Ansicht, daß das Bundesministerium für Atomenergie und Wasserwirtschaft, wenn es derartige Mittel verteile, in der Lage sein müsse, auch darüber zu bestimmen, wofür die Beträge verwendet werden sollen. Die Wasserläufe machten nicht vor den Grenzen der Bundesländer halt, so daß hier eine Aufgabe vorliege, die eine bundeseinheitliche Regelung erfordere. Genauso wie ein Hauseigentümer die Verwendung seiner Mittel zum Zwecke der Schönheitsreparatur einer Mietwohnung festlegen könne, stehe auch dem Bund ein diesbezügliches Recht zu. Nach der neuen gesetzlichen Regelung, gegen die sich allerdings die Verfassungsklage einiger Länder richte, seien daher für die Bearbeitung von Anträgen allein die Wasser- und Schiffahrtsdirektionen zuständig.

Regierungsdirektor *Patzig* (Kiel) wies darauf hin, daß zunächst einmal geklärt werden müsse, welche Aufgaben in wessen Zuständigkeit fielen. In Art. 106 GG werde darüber nichts gesagt. Im übrigen meinte er, daß die von Kölble hervorgehobene Tatsache, daß der Bund von seinen Weisungsrechten gegenüber den Ländern gemäß Art. 84, 85 GG kaum Gebrauch gemacht habe, leicht zu erklären sei. Denn auf Grund von ins einzelne gehender Ausführungsgesetze und Allgemeiner Verwaltungsvorschriften bleibe den Ländern eigentlich keinerlei freier Raum mehr zur Entwicklung eines selbständigen Verwaltungsstils. Aus dieser Sicht erhebe sich aber notwendig die Frage nach den finanziellen Konsequenzen und danach, ob man mit den im GG für die Durchführung von Bundesgesetzen vorgesehenen drei Typen auskomme oder in Wahrheit sich nicht zwischen Auftrags- und bundeseigener Verwaltung eine vierte Form gebildet habe. Das große Problem bestehe in der Finanzierung von Landesaufgaben durch den Bund, die sich, wie der Bundeshaushalt ausweise, immer stärker ausweite. Frage man danach, worauf der Bund diese Finanzierung stütze, so ergäbe sich aus den amtlichen Begründungen, daß „überregionale Interessen", „wirtschaftspolitische", „gesamtdeutsche" Interessen angegeben würden oder schlicht darauf hingewiesen werde, daß eine Finanzierung schon früher erfolgt sei.

Gegenüber den Ausführungen des Referenten machte Präsident a. D. Dr. *Kratzer* (München) geltend, daß die Einrichtung von Bundesoberbehörden gemäß Art. 87 Abs. 3 GG nur dann möglich sei, wenn hierfür ein Bedürfnis bestehe. Das müsse aus Art. 72 Abs. 2 GG abgeleitet werden.

Professor Dr. *Köttgen* (Göttingen) setzte hinter den im Referat verwendeten Begriff der Gemeinschaftsaufgaben ein Fragezeichen. Er wies darauf hin, daß es für den klassischen Bundesstaat keineswegs selbstverständlich sei, die Gesetzgebung und die Ausführung der Gesetze als Gemeinschaftsaufgabe zu qualifizieren. Man laufe hier Gefahr, alle Konturen dieses Begriffs zu verwischen.

Im gegenteiligen Sinn äußerte sich hierzu Professor Dr. *Zeidler* (Karlsruhe-Durlach). Er gab zu bedenken, daß es an sich der Staatlichkeit des Bundes entspreche, daß sie Legislative und Verwaltung umfasse. Mit der Überlassung der Durchführung von Bundesgesetzen erhielten also die Länder etwas, was an sich dem Bund zustehe. Aus dieser Sicht lasse sich daher insoweit der Begriff „Gemeinschaftsaufgabe" durchaus sinnvoll verwenden.

Man müsse sich freilich, angesichts der Bestimmung des Art. 30 GG fragen, ob es überhaupt Aufgaben gebe, die — wie offenbar der Referent angenommen habe — weder dem Bund, noch den Ländern anvertraut seien. Art. 30 GG schaffe eine Zuständigkeitsverteilung hinsichtlich aller „öffentlicher Aufgaben", auch soweit sie im Wege privatrechtlicher Formen durchgeführt würden. Wann eine solche Aufgabe vorliege, lasse sich zwar nicht etwa vom öffentlichen Interesse oder von der Existenznotwendigkeit bestimmen, denn dann müßte auch die Lebensmittelversorgung als eine öffentliche Aufgabe betrachtet werden. Ausschlaggebend könne nur sein, wie das Tätigwerden des Staates in einem solchen Fall zu bewerten sei.

In seinem Schlußwort ging *Kölble* auf die Diskussionsbeiträge im einzelnen ein. Er hob hervor, daß auch er keineswegs bestreite, daß die Zuständigkeitsverteilung nach Art. 30 GG sich auch auf die öffentliche Verwaltung im Gewand des Privatrechts beziehe. Das Mißverständnis sei vielleicht darauf zurückzuführen, daß er den Fiskalbegriff — im Gegensatz zu Zeidler — im Sinne Wolfgang Sieberts verwendet habe. Unter ihn sei etwa die Beteiligung des Bundes an den Saarbergwerken zu subsumieren. Hier beteilige sich der Bund wirklich wie ein Privatmann am Wirtschaftsleben, so daß Art. 30 GG insoweit nicht gelten könne, während andererseits auch hier der Grundsatz bundesfreundlichen Verhaltens Bedeutung besitze. Gegenüber Köttgen räumte der Redner die mangelnde Schärfe des im Referat verwendeten Begriffs „Gemeinschaftsaufgaben" voll ein. Er wies allerdings darauf hin, daß insoweit auch die Wissenschaft eine Definition schuldig geblieben sei und man sich zunächst einmal tastend vorfühlen müsse.

Den Einwendungen Kratzers hielt Kölble entgegen, die Einrichtung von Bundesoberbehörden nach Art. 87 Abs. 3 GG könne nicht ohne weiteres den Erfordernissen der konkurrierenden Gesetzgebungskompetenz des Bundes nach Art. 72 Abs. 2 GG unterstellt werden. Bei der Errichtung von Bundesoberbehörden handele es sich um einen Bereich, der der ausschließlichen Bundesgesetzgebung viel näher stehe. Im übrigen glaube er, daß Patzig Ursache und Wirkung verwechsle, wenn er meine, der Bund mache deshalb von seinen Rechten nach Art. 84 und 85 GG keinen Gebrauch, weil er durch Ausführungsgesetze und Verwaltungsvorschriften alles bis ins einzelne regele. Daß es hierzu gekommen sei, beruhe vielmehr umgekehrt darauf, daß die Länder auf Weisungen sehr empfindlich reagierten und es deshalb kein Bundesministerium mehr auf derartige Weisungen ankommen lassen könne.

II.

Der Vortrag von Präsident Dr. Henle (München) über „Die Förderung von Landesaufgaben aus Bundesmitteln und ihre Problematik" gab den Diskussionsrednern Anlaß, die Frage des Finanzverfassungsrechts mit derjenigen der Verfassungswirklichkeit zu vergleichen. Daß insoweit ein gewisser Gegensatz bestehe, war unstreitig.

Staatsminister a. D. Professor Dr. *Süsterhenn* (Koblenz) meinte, bei bestimmten Aufgaben bestünden notwendige Sachzusammenhänge, die einfach nicht übersehen werden könnten und — wie etwa bei den Rundfunkanstalten — zu einer gemeinsamen Regelung zwischen Bund und Ländern zwängen. Hier gebiete der Verfassungsgrundsatz des bundesfreundlichen Verhaltens zu einer Koordination. Der Vertrag, die Vereinbarung zwischen Bund und Ländern sei also eine dritte Rechtsquelle, die allein eine angemessene rechtliche Erfassung der Wirklichkeit erlaube. Wenn der Bund sich von der Finanzierung von Landesaufgaben zurückziehe, so träte ein kaum erfreulicher Zustand ein. Es bleibe dann nur die Möglichkeit, über Art. 106 GG eine Neuverteilung der Einnahmequellen zwischen Bund und Ländern vorzunehmen.

Ministerialrat *v. Pfuhlstein* (Frankfurt/Main) meinte, jede Trennung von finanzieller Trägerschaft und sachlicher Verantwortung sei gefährlich. Bei Gemeinschaftsaufgaben müsse das Kriterium der Wirtschaftlichkeit im Vordergrund stehen.

In seinem Schlußwort machte *Henle* nochmals deutlich, daß der Finanzausgleich die crux des Bundesstaates sei. Er sprach sich dahin aus, daß kraft Verfassungsrechts Anknüpfungspunkt für die Mittelverteilung Art. 30 GG sein müsse und Sorge dafür zu tragen sei, daß den Ländern eine ausreichende Finanzmasse zur Verfügung stehe.

III.

Zu dem Referat von Professor Dr. Köttgen (Göttingen): „Innerstaatliche Gliederung und moderne Gesellschaftsordnung"[1] nahm zunächst Professor Dr. *Gehlen* (Speyer) Stellung. Vom Standpunkt des Soziologen untersuchte er das Verhältnis Staat-Gesellschaft. Wenn man sich nicht für eine nationale und militärische Prestigerolle, sondern für die Steigerung der Lebensansprüche entscheide, stelle sich der Staat zunächst als Produktionsfaktor dar, als Mitproduzent, als tätiger Teilhaber der Wirtschaft. Aus einem zweiten Aspekt betrachtet, sei der Staat Neuverteiler des Sozialprodukts. Er ziehe nämlich einen großen Teil desjenigen, was er als Produzent im Sinne einer Steigerung angefacht habe, wieder an sich, um es dann neu zu verteilen. Die Bedeutung dieses Vorganges liege darin, daß alle Inhalte unseres Gemeinwesens nur möglich seien, wenn sie der Forderung wachsenden Wohlstandes entsprächen. Daraus resultiere zwangsläufig die Konsequenz, daß der Raum für politische Entscheidungen immer enger werde. So gesehen könne eine Bestandssicherung der Länder bedeuten, daß dadurch ein politisches Potential aufrechterhalten werde.

Diesen Ausführungen setzte Staatsminister a. D. Prof. Dr. *Süsterhenn* (Koblenz) die These entgegen, der Staat könne nicht gleichgesetzt werden mit einer wirtschaftlichen Produktionsfunktion. Auch soweit er als Verteilerstaat angesprochen werde, erfülle er echte politische Aufgaben, das Gemeinwohl sei nicht identisch mit der Forderung nach Produktionssteigerung. Hinter allen staatlichen Aufgaben stünden Ordnungsfunktionen.

Auch *Henle* meinte, es sei für einen Beamten betrüblich, sehe er sich lediglich als Rad eines großen Produktionsapparates, der nur der Aufgabe diene, die Produktion anzufachen und zu steigern. Das von Gehlen entworfene Bild sei theoretisch interessant, aber einseitig bezogen auf die derzeitige Situation der Hochkonjunktur, treffe aber

---

[1] Der Vortrag ist in dieser Sammlung nicht veröffentlicht, weil er an anderer Stelle publiziert werden soll.

sogleich dann nicht mehr zu, wenn etwa die derzeitige Vollbeschäftigung durch eine Wirtschaftskrise verdrängt werde.

In ähnlicher Richtung lagen die abschließenden Ausführungen *Köttgens*. Er machte deutlich, daß das Denken des Juristen nicht im Sein, sondern im Sollen verwurzelt sei, und der Jurist sich mit einer Betrachtung, die derjenigen des Betriebswirts ähnlich sei, nicht begnügen dürfe. Die Verlockung, den Menschen nur als homo oeconomicus zu sehen, sei zwar groß, aber aus dieser Sicht gebe es keine Antwort auf die Frage etwa der Kulturpolitik oder der Stellung des Soldaten. Der Jurist müsse daher nach der Möglichkeit einer politischen Bändigung dieser Fragen suchen, ihre Kristallisationspunkte lägen bei den Ländern.

IV.

Die Diskussion über die Vorträge von Staatssekretär Junker (München): „Gemeinschaftsaufgaben zwischen Staat und Gemeinden (Gemeindeverbänden) unter der Selbstverwaltungsgarantie", von Ministerialdirektor a. D. Wormit (Bonn) über „Ausgleichende Aufgaben der Landkreise" und von Ministerialdirigent *Nouvortne* (Hannover): „Interkommunale Zusammenarbeit, insbesondere zwischen Großstädten und Umland" kreiste in erster Linie um finanzpolitische Probleme der Kommunen.

Hauptgeschäftsführer Dr. *Kottenberg* (Düsseldorf) meinte, die Ausführung von Bundesgesetzen durch die Gemeinden sei nun einmal eine bundespolitische Notwendigkeit (Wehrverwaltung, Bundesbaugesetz). Man sollte deshalb nicht so sehr die verfassungsrechtlichen Aspekte in den Vordergrund rücken, sondern sich von den politischen Notwendigkeiten leiten lassen, um eine zügige Durchführung zu ermöglichen. Gegenüber Wormit machte er geltend, daß rechtliche und tatsächliche Bedenken dagegen bestünden, die Kreisumlage für den Finanzausgleich zwischen den Gemeinden zu verwenden. Ein wirklicher Ausgleich könne nur durch großräumigere Ausgleichsverbände durchgeführt werden. In ähnliche Richtung zielten die Bemerkungen von Rechtsanwalt *Henrichs* MdL (Hilden). Der Kreis sei viel zu klein, seine Mittel auch zu beschränkt, um eine echte Ausgleichsfunktion, die über einen punktuellen Einsatz von Mitteln hinausgehe, zu verwirklichen. Diese Aufgabe könne nur das Land mit Aussicht auf Erfolg bewerkstelligen, die Kreise sollten daher dieses Ziel gar nicht erst ins Auge fassen. Auch Ministerialrat a. D. *Geffers* (Hannover) und Geschäftsführer *Bogner* (Mainz) gaben die finanzielle Leistungsschwäche der Kreise zu bedenken.

In seinem Schlußwort führte *Junker* aus, der Bund solle nicht versuchen, auf direktem oder indirektem Wege in die Selbstverwaltungsangelegenheiten der Kommunen hineinzuregieren. Das Verfassungsrecht müsse nun einmal ernst genommen werden. Andererseits seien die Gemeinden davor zu warnen, sich vom Bund die Errettung aus ihrer Finanznot zu versprechen. Wegen der Strukturierung der Gemeinden sei auch eine Änderung der Realsteuern hierzu nicht geeignet.

Wormit hob nochmals hervor, daß die Kreise näher an der Materie stünden und bei ihnen ehrenamtliche Kräfte eingesetzt werden könnten. Sicherlich seien die Ausgleichsmöglichkeiten der Kreise beschränkt, aber auch die Länder seien für einen wirksamen Finanzausgleich nicht finanzkräftig genug.

Der Vortrag von Nouvortne gab *Geffers* Veranlassung, darauf hinzuweisen, daß der Begriff „Umland" die Tatbestände unzutreffend wiedergebe und deshalb möglichst vermieden werden sollte. Die Skepsis Nouvortnes gegenüber freiwilligen Gemeinschaften sei nicht angebracht; diese Gemeinschaften hätten sich durchaus bewährt. Im übrigen sei die Alternative: Großraumverband oder Übertragung auf staatliche Behörden keineswegs zwingend.

Beigeordneter Dr. *Wagener* (Düsseldorf) wies darauf hin, erste Voraussetzung interkommunaler Zusammenarbeit sei, daß man sich zunächst einmal in geeigneter Form zu einem gemeinsamen Gespräch zusammenfinde. Dies werde sehr erleichtert, wenn man hierfür — etwa in der Form von Arbeitsgemeinschaften — neue Vereinigungsformen anbiete, aus denen sich dann festere und den jeweiligen Zwecken entsprechende Verbandsformen entwickeln könnten. Planungsträgerschaft und Aufgabenträgerschaft sollten niemals auseinanderfallen.

In seiner Schlußbemerkung hob *Nouvortne* hervor, daß die Individualität der Gemeinden gewahrt werden müsse. Die von ihm aufgestellte Alternative: Großraumverband oder Übernahme durch staatliche Behörden gelte nur in denjenigen Fällen, in denen es darum gehe, ein einheitliches verbindliches „Leitbild" für eine Region zu schaffen. Neue Rechtsformen des Zusammenschlusses seien nicht erforderlich; denn wenn eine Gemeinde ihre Mitwirkung versage, scheitere auch ein im Rahmen einer Arbeitsgemeinschaft vorgesehenes Gespräch.

V.

Zu dem Referat von Professor Dr. Klein (Münster): „Verfassungsrechtliche Grenzen der Gemeinschaftsaufgaben" machte zunächst Präsident a. D. Dr. *Kratzer* (München) gegen die von Klein vorgenommene Qualifizierung der landeseigenen Verwaltung gemäß Art. 83, 84 GG als im wesentlichen organschaftliche Verwaltung Bedenken geltend.

Professor Dr. *Köttgen* (Göttingen) bezweifelte, ob es richtig sei, die Verwaltungskompetenzen des Bundes ohne weiteres aus der Gesetzgebungskompetenz abzuleiten. In der Trennung von Bundesgesetzgebung und der Ausführung der Bundesgesetze durch die Länder komme die föderative Gewaltenteilung zum Ausdruck. Im übrigen müsse man sich fragen, was geschehe, wenn der Bund nicht nur durch eigene Subventionen mittelbar in die Landes- oder Gemeindeautonomie eingreife, sondern — etwa wie im Jugendwohlfahrtsgesetz — durch Gesetz Gemeinde- oder Landesaufgaben regele und etwa ihnen Subventionspflichten auferlege.

Wiss. Assistent Dr. *Barbey* (Münster) befaßte sich mit den theoretischen Grundlagen des Referats. Seine Bemerkungen mündeten in die Frage, ob in Wahrheit die Länder nicht den Status von Selbstverwaltungskörpern besäßen.

Ministerialrat Dr. *Kölble* (Bonn) meinte, daß man bisher wohl noch nicht daran gedacht habe, bei der Ausgabe der Honnefmittel durch die Studentenwerke handelte es sich um eine Verwaltungskompetenz.

Dem trat Professor Dr. *Zeidler* (Karlsruhe-Durlach) mit der Bemerkung entgegen, daß diese Verteilung, die nach „Richtlinien" des Bundesinnenministeriums durchgeführt werde, echte Verwaltung bedeute, die verfassungsrechtlich zu erheblichen Bedenken Anlaß gebe. *Zeidler* wandte sich ferner gegen die These Kleins, wonach die vom Bunde zu erlassenden Organisationsgesetze nach Art. 84 Abs. 1 letzter Halbsatz GG letztlich als Verwirklichung des durch den Gleichheitssatz geforderten Gebots zu erfassen seien, die gleiche Durchführung von Bundesgesetzen für das ganze Bundesgebiet zu gewährleisten, während die Allgemeinen Verwaltungsvorschriften nach Art. 84 Abs. 2 GG eine solche Gleichbehandlung rechtlich nicht ermöglichten, was auch dem Gleichheitssatz nicht widerspreche. Ohne auf die Frage einzugehen, daß bei dieser Argumentation die Forderung des Gleichheitssatzes unterschiedlich bewertet werde, machte *Zeidler* in diesem Zusammenhang geltend, daß nach derzeitiger Praxis und Lehre auch Allgemeine Verwaltungsvorschriften, sind sie einmal erlassen, gerade auf dem Wege über den Gleichheitssatz rechtssatzähnliche Wirkungen entfalteten und im Ergebnis ein wirklich wesentlicher Unterschied zu gesetzlichen Vorschriften nicht bestehe. Im übrigen müsse darauf hingewiesen werden, daß Organisationsnormen des Bundes nach dem eindeutigen Wortlaut des Art. 84 Abs. 1 nicht als das Primäre vorgesehen seien, sondern grundsätzlich die Länder zur Regelung der Organisation und des Verwaltungsverfahrens berufen seien.

Staatsminister a. D. Professor Dr. *Süsterhenn* (Koblenz) gab nochmals zu bedenken, daß jede wissenschaftliche Interpretation der Verfassung an den politischen Erfordernissen und Funktionen orientiert sein müsse und sich diesen anzupassen habe.

Professor Dr. *Ule* (Speyer) ging nochmals auf die mehrfach erörterte Frage ein, ob der Bund aus Art. 74 Nr. 13 GG ein Recht zur Regelung der Honnef-Förderung herleiten könne. Er bestritt dies mit allem Nachdruck. Die Förderung der breiten Masse von Studierenden zum Zwecke einer praktischen akademischen Berufsausbildung könne beim besten Willen nicht als Förderung der wissenschaftlichen Forschung angesehen werden. Mit Köttgen und Zeidler wende er sich gegen die vor allem von Süsterhenn vertretene These, im Wege vertraglicher Abmachungen könnten die verfassungsrechtlichen Kompetenzen in irgendeiner Weise verschoben werden. Die Verfassungstreue gebiete die Beachtung des Grundgesetzes. Wenn das GG den Richter zur Streitentscheidung bei Kompetenzschwierigkeiten zwischen Bund und Ländern berufe, so möge man dies als unzweckmäßig empfinden, die Verfassung habe dies nun einmal gewollt und etwaige Schwierigkeiten in Kauf genommen.

In seiner zusammenfassenden abschließenden Bemerkung hob *Klein* hervor, daß er sich durchaus dessen bewußt gewesen sei, daß die von ihm erarbeitete Konzeption manchen Widerspruch auslösen werde. Wenn ihm vorgehalten werde, sein Referat atme unitarischen Geist, so müsse er dem freilich entgegentreten. Allerdings sei zuzugeben, daß auf dem Gebiet der Finanz- und Wirtschaftsverfassung aus seiner Sicht eine föderalistische Struktur nicht denkbar sei.

Kolibri 360 GmbH
Ferdinand-Jühlke-Straße 7
99095 Erfurt, Deutschland
produktsicherheit@kolibri360.de

Druck:
CPI Druckdienstleistungen GmbH
im Auftrag der
Kolibri 360 GmbH
Ferdinand-Jühlke-Str. 7
99095 Erfurt